卓越教师培养系列教材
高等院校心理学公共课教材

# 简明教育心理学
Jianming Jiaoyu Xinlixue

主编 陈 琦 刘儒德

高等教育出版社·北京

## 内容提要

本书基于 2001 年出版的《教育心理学》（专升本）改编而成。本书结合大量案例阐释了教育心理学知识在教学实践中的应用，进一步吸纳教育心理学成熟的研究成果，根据我国教育教学所关注的焦点问题来编排问题、议题和案例。本书结构科学合理、语言简洁明了，在保持学术性的基础上体现实践性和操作性。书中用二维码关联了数字化教学资源，与正文内容互为补充，既方便教师教学，也方便学生学习。章前的"本章结构"有助于使用者形成知识框架，章后的"本章概要""思考题"与"推荐阅读"有助于使用者进一步加深知识的理解，强化实践技能。

本书可作为师范类院校公共课、通识课教材，也可供中小学教师培训或自学使用，还可作为心理学读物。

### 图书在版编目（CIP）数据

简明教育心理学 / 陈琦，刘儒德主编 . -- 北京：高等教育出版社，2019.1（2024.7 重印）

ISBN 978-7-04-050837-6

Ⅰ. ①简⋯ Ⅱ. ①陈⋯ ②刘⋯ Ⅲ. ①教育心理学 – 高等学校 – 教材 Ⅳ. ① G44

中国版本图书馆 CIP 数据核字（2018）第 243345 号

| | | | | | | | |
|---|---|---|---|---|---|---|---|
| 策划编辑 | 陈　容 | 责任编辑 | 陈　容 | 封面设计 | 李小璐 | 版式设计 | 马　云 |
| 插图绘制 | 于　博 | 责任校对 | 刘娟娟 | 责任印制 | 赵义民 | | |

| | | | | |
|---|---|---|---|---|
| 出版发行 | 高等教育出版社 | 网　　址 | http://www.hep.edu.cn | |
| 社　　址 | 北京市西城区德外大街 4 号 | | http://www.hep.com.cn | |
| 邮政编码 | 100120 | 网上订购 | http://www.hepmall.com.cn | |
| 印　　刷 | 北京市白帆印务有限公司 | | http://www.hepmall.com | |
| 开　　本 | 787mm×1092mm　1/16 | | http://www.hepmall.cn | |
| 印　　张 | 15.5 | | | |
| 字　　数 | 370 千字 | 版　　次 | 2019 年 1 月第 1 版 | |
| 购书热线 | 010-58581118 | 印　　次 | 2024 年 7 月第 7 次印刷 | |
| 咨询电话 | 400-810-0598 | 定　　价 | 32.80 元 | |

本书如有缺页、倒页、脱页等质量问题，请到所购图书销售部门联系调换
版权所有　侵权必究
物　料　号　50837-00

# 前 言

"互联网+"背景下的信息社会要求培养出具有解决实际问题能力、创造能力、学习能力和社会合作能力的一代新人。党的二十大明确提出,要"全面贯彻党的教育方针,落实立德树人根本任务,培养德智体美劳全面发展的社会主义建设者和接班人"。因此教育需要从目标、内容、形式、方法到组织进行全方位的变革,而变革的理论基础来自对学生心理发展规律、学习规律和教学规律的科学研究。为适应这种理论上的需求,国内外涌现出了许多新的学习理论和教学模式。立足于这些理论和科研成果,重新审视学习和教学中的心理规律,指导教师将素质教育纳入科学的轨道、落到实处、生根开花、结出丰硕的果实,正是本书的宗旨。

本书根据《习近平新时代中国特色社会主义思想进课程教材指南》《普通高等学校本科专业类教学质量国家标准》等的相关要求,将国家的思想政治教育整合到相关内容中,以落实立德树人根本任务。

本书共12章。第一章介绍了教育心理学的研究对象和发展情况、对教师的意义和作用、教育心理学的研究方法,帮助教师认识教育心理学与自身工作的密切关系及其在自身成长中的重要性。第二章阐述了学生心理发展与教育的关系,帮助教师理解教育在学生认知、人格和社会性发展中的主导作用,强调教师要根据学生心理发展的一般特点和个体差异进行因材施教。第三、四章结合行为主义、认知主义、建构主义的学习理论和动机理论的发展,探讨了学习、动机、需要等学习基本问题的内涵及其对实际工作的启示,引导教师观照和反思隐含于自身教学行为之后的学习观念,重塑自身教学改革行为的信念基础和出发点。第五、六、七章分别介绍了知识、技能和品德的学习过程,指导教师站在一定的理论高度改进自己的实际教学工作。第八、九章分别讨论了问题解决、创造性思维和学习策略等教育界十分关注的焦点问题,着重介绍了问题解决、创造性思维、学习策略的内涵、培养和训练方法,以便教师在实际教学中灵活运用。第十、十一章专门谈论了教学设计和课堂管理这两个与教学技能密切相关的问题,系统地介绍了教学目标设置、教学过程组织、教学策略选用、课堂规范的建立及维护、课堂问题行为的处理和师生关系维护等方面的具体方法,以求提高教师的实际教学能力,促进他们贯彻实施和灵活运用前述各章中的学习原理和培养策略。第十二章介绍了真实性评定的内涵、教师自编测验的步骤和方法以及评定结果的报告,指导教师的教学评定工作。

本书力求体现科学性与思想性统一,理论联系教育实际,国内外成熟理论及成果与教育心理学基本体系相整合,深入浅出以及实用性强等原则,在保持学术性的基础上,保有实践性和操作性。

教师是奋斗在教学一线的人类灵魂工程师，他们更需要先进的思想和成熟的研究成果作为教学改革的利器，先进的理论通过他们，更能产生直接的实践价值。为便于理解和掌握，本书在各章章前设有"本章结构"栏目，章中用二维码关联了丰富的教学资源，章后设有"本章概要""思考题""推荐阅读"栏目，以便于学习者自学和深入研究。

本书采用了国内外许多研究者的研究材料或吸收了他们的思想，其中，有些材料是二手转引，未能一一注明原始出处。在此，我们对这些研究同行们表示衷心的感谢。本书在结构设计、编写体例、写作风格等方面做了一些尝试，既然是尝试，就难免有缺点和错误，恳请读者批评、指正！

编者

2018 年 10 月

（2024 年 4 月修改）

# 目　录

第一章　教育心理学概论·················································································1

　　第一节　教育心理学的研究对象与发展·····················································2
　　第二节　教育心理学的意义与作用·····························································6
　　第三节　教育心理学的研究方法·······························································10

第二章　学生心理特征与教育···········································································15

　　第一节　认知发展与教育···········································································16
　　第二节　人格和社会性发展与教育···························································23
　　第三节　个体差异与因材施教···································································28

第三章　学习的基本原理···················································································36

　　第一节　学习概述·······················································································37
　　第二节　行为主义学习理论·······································································41
　　第三节　认知主义学习理论·······································································50
　　第四节　建构主义学习理论·······································································58

第四章　学习动机·······························································································65

　　第一节　学习动机概述···············································································66
　　第二节　学习动机理论···············································································70
　　第三节　学习需要的形成与培养·······························································76
　　第四节　学习动机的激发···········································································82

## 第五章　知识的建构 …… 88

- 第一节　知识的获得 …… 89
- 第二节　理解的生成 …… 94
- 第三节　错误观念及其转变 …… 101
- 第四节　学习的迁移与知识的深化 …… 105

## 第六章　技能的学习 …… 114

- 第一节　技能概述 …… 115
- 第二节　学生动作技能的形成 …… 118
- 第三节　学生心智技能的形成 …… 124

## 第七章　品德的学习 …… 129

- 第一节　品德心理概述 …… 130
- 第二节　品德的形成及其培养 …… 135
- 第三节　学生的不良行为及其矫正 …… 141

## 第八章　问题解决与创造性思维 …… 147

- 第一节　问题解决的性质与过程 …… 148
- 第二节　问题解决能力的培养 …… 154
- 第三节　创造性思维及其培养 …… 158

## 第九章　学习策略 …… 165

- 第一节　学习策略概述 …… 166
- 第二节　认知策略 …… 167
- 第三节　元认知策略与资源管理策略 …… 175
- 第四节　学习策略的训练 …… 179

## 第十章　教学设计原理 …… 186

- 第一节　设置教学目标 …… 187
- 第二节　设计教学过程 …… 192
- 第三节　选择教学策略 …… 198

## 第十一章 课堂管理 …… 206

第一节 课堂规范的建立与维持 …… 207
第二节 课堂问题行为 …… 211
第三节 师生互动与人际沟通 …… 215

## 第十二章 学习评定 …… 222

第一节 学习评定概述 …… 223
第二节 教师自编测验 …… 225
第三节 真实性评定与评定结果报告 …… 229

**主要参考文献** …… 236

# 第一章 教育心理学概论

我们身处教育改革的时代。教育改革必须以学生的心理发展规律、学习规律和教学规律为基础。研究教育与心理发展的相互作用、学习与教学的相互作用正是教育心理学的主要任务。因此,教育心理学在当前教育实践中具有非常重要的地位。

## 本章结构

- 教育心理学的研究对象与发展
  - 教育心理学的研究对象
  - 教育心理学的发展概况
  - 教育心理学的发展趋势
- 教育心理学的意义与作用
  - 教学:是科学,还是艺术
  - 教育心理学对教师成长的影响
  - 教育心理学在教师专业中的地位
  - 教育心理学的作用
- 教育心理学的研究方法
  - 教育心理学常用研究方法
  - 教育行动研究
  - 教师参与研究

## 第一节　教育心理学的研究对象与发展

### 一、教育心理学的研究对象

教育心理学（educational psychology）是研究学校情境中学与教的基本心理规律的科学。它是应用心理学的一种，是一门心理学与教育学的交叉学科，但是，这并不意味着它只是一般心理学原理在教育中的应用。相反，教育心理学拥有自身独特的研究课题——如何学、如何教以及学与教之间的相互作用是什么。具体而言，教育心理学旨在理解学生的学习心理，如学习的实质、动机、过程与条件等，以及根据这些理解创设有效的教学情境，如学习资源的利用、学习活动的安排、师生互动过程的设计与学习过程的管理等，从而促进学生的学习。这一研究目的往往通过教育心理学工作者在实际教学情境中进行实验、观察和调查研究来实现。

教育心理学的具体研究正是围绕学与教相互作用的过程而展开的。学与教的相互作用过程包含学生、教师、教学内容、教学媒体和教学环境五种要素，由学习过程、教学过程和评价与反思过程这三种活动过程交织在一起形成（如图 1-1 所示）。

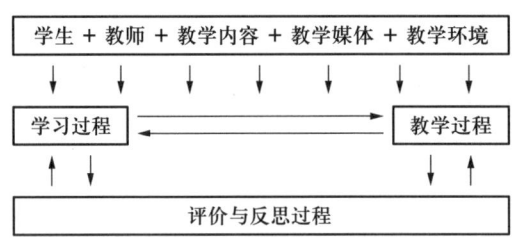

图 1-1　学与教的相互作用过程模式

#### （一）学习与教学的要素

学习与教学主要包括学生、教师、教学内容、教学媒体与教学环境这五种要素。

1. 学生

学生是学习的主体因素，任何教学手段必须通过学生来起作用。学生这一要素主要从以下两个方面来影响学与教的过程。

第一个方面是群体差异，包括年龄、性别和社会文化差异等。以年龄差异为例，年龄差异主要体现在思维水平的差异上。中学生和小学生，小学五年级学生和小学一年级学生，具有不同的思维水平，其学习与教学过程也相应地有所不同。同样一种教学方法，用在小学五年级学生的身上也许效果很好，但对于一年级学生就有可能行不通。

第二个方面是个体差异，包括已有知识基础、学习方式、智力水平、兴趣和需要等。个体差异是任何学习和教学的重要内在条件。在日常生活和以往的学习中，学生已经获得了大量的经验，在开始某一主题的教学之前，他们常常就已经对这一主题有了自己的某些了解和看法。教学不是忽略这些经验另起炉灶，而是要把它们作为新知识的生长点，从已有知识基础出发去引导学生获得更精确、更丰富或更恰当的知识经验。

如果无视学生的这些个体差异，就会使教学过难或过易，从而影响教学的效果和效率。例如，如果一个学生的阅读能力差，教师却时时要求他通过阅读文字材料获取某些事实的信息，这样的教学就不太恰当；如果一个学生早就获得了有关知识，教师还不厌其烦地把教材讲解得细而又细，肯定会遭到学生不同形式的抵抗。在学生这一要素中，无论群体差异还是个体差异，都是教育心理学研究的主要范畴。

2. 教师

在教育过程中，学生是学习过程的主体，但这并不否定教师对学生的指导地位。学校教育需要按照特定的教学目标来最有效地组织教学，教师在其中起着关键的作用。教师这一要素主要涉及敬业精神、专业知识、专业技能以及教学风格等方面。敬业精神包括热情，有责任心，能不断反思和总结经验从而提高专业水平。专业知识不仅包括学科知识，而且包括教育观念、学习和教学的原理以及学科教学知识。专业技能包括教学设计、材料组织、信息交流、教学活动组织、课堂管理、教学评价和管理等方面。教学风格涉及教师在课堂管理、教学组织和信息交流等方面的差异，这些差异对学生的学习有着重大影响。以上这些方面是教育心理学对教师这一要素主要关注的问题。

3. 教学内容

教学内容是教师在教学过程中有意传递的主要信息部分。从宏观上看，它是由社会发展所提出的要求决定的。农业社会注重知识经验的传授，工业社会强调知识和技能的训练，到了信息社会，由于信息量剧增，处理信息能力、问题解决能力以及学习能力的培养显得日益重要，为了达到这些目标，教学内容也要做出相应的变化。教学内容一般表现为课程标准、教材和课程。教材的编制和课程的设置必须以学习和教学的理论与研究为基础。例如，教材的素材、结构以及难度，既要适合学生的现有发展水平，又要最有效地促进学生现有水平向前发展；既要适合学生学习的过程和特点，又要考虑到教学的有效性。这些因素将会在教育心理学的心理发展与教育、学习心理和教学心理等主题中加以研究。

4. 教学媒体

教学媒体是教学内容的载体，是教学内容的表现形式，是师生之间传递信息的工具。教学媒体往往要通过一定的物质手段来实现，如书本、板书、投影仪、录像机以及计算机等。过去，教学媒体被视为教学环境中的一个组成部分。随着科学技术的发展，教学媒体在不断更新，从简单的实物、口头语言、书本、录音、录像，到多媒体计算机网络，教学媒体已成为教学中一个具有独特意义的因素，不仅影响着教学内容的呈现方式和容量的大小，而且对教师和学生在教学过程中的作用、教学组织形式以及学生的学习方法等都产生着主要影响。因此，教学媒体日益成为教育心理学研究关注的一项独特的课题。

5. 教学环境

教学环境包括物质环境和社会环境两个方面，前者涉及课堂自然条件（如温度和照明）、教学设施（如桌椅、黑板和多媒体教学设备）以及空间布置（如座位的排列）等，后者涉及课堂纪律、课堂气氛、师生关系、同学关系、校风以及社会文化等。教学环境影响学生的学习过程和方法、教师的教学方法以及教学组织。教育心理学家越来越认识到，教学环境，尤其是社会环境，不仅关系到学生情感和社会性的发展，而且对学生的认知发展过程也有直接的作用。因此，在教育心理学中，教学环境不仅是课堂管理研究的主要范畴，也是学习过程研究和教学设计研究不能忽视的重要课题。

### （二）学习与教学的过程

学习与教学的过程主要包括学习过程、教学过程、评价与反思过程。

1. 学习过程

学习过程是指学生在教学情境中，通过与教师、同学以及教学信息的相互作用，获得知识、技能和品德的过程。学习过程是教育心理学研究的核心内容，包括学习的实质、条件、动机、迁移以及不同种类学习的特点等。

2. 教学过程

在教学过程中，教师设计教学情境（如教学目标的选择、题材的安排以及环境的设置等），组织教学活动（如讲演、讨论、练习以及实验等），与学生进行信息交流（如信息的呈现方式、课堂提问与答疑等），从而引导学生理解、思考、探索和发现，使其获得知识、技能和品德。此外，教师还要进行教学管理，调节教学的进度，确保教学的有效性。教育心理学对教学过程的研究虽起步较晚，但目前已逐渐形成了一套完整有效的教学理论。

3. 评价与反思过程

评价与反思过程虽是一个独立的成分，但它始终贯穿于整个教学过程，包括在教学之前对教学设计效果的预测和评判、在教学过程中对教学的监控和分析，以及在教学之后的检验和反思。

在教学结束后，教师要特别注意评价学习的结果。如果没有达到预期的效果，就需要学生和教师对自己的行为做出反思：哪里出错了？教学/学习目标合理吗？教学/学习方法恰当吗？是否有必要全部或部分重教/重学一遍？是否可以制定下一个目标？等等。在此基础上提出改进方案，完善教学/学习过程中的不足之处，提高教学/学习的效果和效率。

在教学过程中，学生、教师、教学内容、教学媒体、教学环境这五种因素共同影响了学习、教学、评价与反思这三种过程，而且三种过程交织在一起，相互影响。学生的学习过程是以自身已有知识和学习发展水平为基础的，是在教学过程的背景下进行的，学习的进展因教学质量的变化而变化。反过来，教师的教学过程要以学习过程为基础，例如，教学目标的确定必须考虑学生的已有知识基础和学习能力，考虑所教内容的学习过程特点等；必须通过学习过程起作用，要依学生的学习进展情况而不断地做出改变。教学过程还要根据教师自身特点、教学内容的难度以及教学媒体和教学环境情况而加以调节。评价与反思过程随学习过程和教学过程的进行而发生相应变化，反过来又可以促进学习过程和教学过程，从而确保学习与教学实现最好的效果。

## 二、教育心理学的发展概况

### （一）西方教育心理学的发展

教育心理学的发展经历了一个蜿蜒曲折的过程，它遵循学科发展的一般历史发展规律。从最初依附于普通心理学或融合于发展心理学到成为一门独立学科并形成比较完整的体系，大致经历了以下四个时期。

1. 初创时期（20世纪20年代以前）

1903年，美国心理学家桑代克（E. L. Thorndike）出版了《教育心理学》，这是西方第一本以"教育心理学"命名的专著。这一时期的著作内容多以普通心理学的原理解释实际的教育问题,主要是一些有关学习的资料。

2. 发展时期（20世纪20年代初到50年代末）

20世纪20年代以后,西方教育心理学吸取了儿童心理学和心理测验方面的成果,大大地扩充了自己的内容。30年代以后,学科教学心理学发展很快,也逐渐成为教育心理学的组成部分。到了40年代,弗洛伊德（S. Freud）的理论广为流传,有关儿童的个性和社会适应以及生理卫生问题也进入了教育心理学的研究领域。50年代,程序教学和教学机器兴起。同时,信息论的思想为许多心理学家所接受。这些成果影响和改变了教育心理学的内容。这一时期的教育心理学尚未成为一门具有独立理论体系的学科。

3. 成熟时期（20世纪60年代初到70年代末）

自20世纪60年代开始,西方教育心理学的内容和体系出现了某些变化。教育心理学的内容日趋集中,有几个方面的研究为大多数人所公认,如教育与心理发展的关系、学习心理、教学心理、评估与测量、个体差异、课堂管理和教师心理等,教育心理学作为一门具有独立的理论体系的学科正在形成。

在这一时期,西方教育心理学比较注重结合教育实际,注重为学校教育服务。20世纪60年代初,布鲁纳（J. Bruner）发起课程改革运动。自此,美国教育心理学逐渐重视探讨教育过程和学生心理等方面的问题,重视教材、教法和教学手段的改进。人本主义思潮也掀起了一场教育改革运动。同时,美国教育心理学比较重视研究教学中的社会心理因素,不少教育心理学家开始把学校和课堂看作社会情境,注意研究其中影响教学的社会心理因素。随着信息科学技术尤其是计算机的发展,美国教育心理学对计算机辅助教学（CAI）的研究也方兴未艾,对CAI的教学效果和条件做了大量的研究。20世纪60年代以后,苏联教育心理学日趋与发展心理学相结合,开展了许多针对儿童心理发展的实验研究。

4. 完善时期（20世纪80年代以后）

自20世纪80年代以后,教育心理学的体系越来越完善,内容越来越丰富。随着皮亚杰（J. Piaget）和维果茨基（L. S. Vygotsky）的理论被大量介绍到美国,加之认知心理学研究的深刻影响,人们对学习概念的理解发生了很大变化,对学习过程和教学过程及其影响条件研究得越来越深入、细致,如从认知层面研究问题解决过程、学习策略以及学习动机等,并且,越来越注重为教学实践服务,开发了许多有效的教学模式,如合作学习等。

**（二）我国教育心理学的发展**

我国的教育心理学最初是从西方引进的,1924年廖世承编写了我国第一本教育心理学教科书,此后,又出现了几本翻译或自主编写的教育心理学教科书。在1949年前,某些学者结合我国的实际对学科心理尤其是汉语教学心理、教育与心理测验进行了一定的科学研究,但研究问题的方法和观点大都模仿西方,没有形成自己的理论体系。在1949年之后,国内学者主要学习和介绍苏联教育心理学的理论和研究,做了一些有关教学改革和儿童入学年龄的实验研究。20世纪60年代初,国内学者在学科心理方面做了大量的实验研究。从60年代后期到70年代中期,我国教育心理学的研究一度中断。自70年代后期起,教育心理学的研究复苏并逐渐繁荣,国内学者自主编写和翻译介绍的教育心理学教科书越来越多。

目前，我国教育心理学的工作者们正在不断地吸收国内外先进的科研成果，结合我国教育教学的实际，开展理论和应用研究，对教育教学实践产生越来越大的影响。

### 三、教育心理学的发展趋势

面对社会教育的新变化，教育心理学的研究表现出以下发展趋势。

① 研究学习者的主体性。例如，探讨学生是如何进行知识建构的，如何为学生创设最近发展区以促进其自身的认知发展，如何为学生构建学习支架以帮助其自主学习，如何营造以学习者为中心的学习环境，学生在多元智力、学习风格等方面存在哪些个体差异。

② 研究学习者的能动性。例如，探讨学生如何对自己的学习过程进行反思、自我监控、调节和管理，学生如何进行自我激励（涉及自我效能感、学习目标、信念系统以及成就归因等）。

③ 研究学习的内在过程和机制。例如，研究知识获得的深层加工过程（如双向建构过程、概念地图学习等）、高级知识的获得过程、已有经验的构成以及概念转变过程。

④ 研究社会性环境的影响。例如，研究社会合作、师生之间或同伴之间的互动对认知与情感的影响。

⑤ 研究情境性环境的影响。例如，探讨情境性任务和真实性任务对学习的作用，知识的情境化性质，基于问题的学习以及结构不良领域的问题解决。

⑥ 研究文化背景的影响。例如，研究不同文化背景对学习的影响，多元文化对教学的影响。

⑦ 研究学习环境设计和有效教学模式。例如，研究发现和探索学习、合作学习、建模、支架式教学以及跨学科项目研究。

⑧ 研究信息技术的利用。例如，研究如何利用、管理学习资源和学习过程，信息技术环境下的学习过程与教学模式，网络条件下的学习与远程教学。

## 第二节 教育心理学的意义与作用

### 一、教学：是科学，还是艺术

教学是科学还是艺术？对于这一问题，教育界争论已久，一些教育家采取了非此即彼的极端立场。教学艺术论者坚信，好的教师需要天赋、灵感和创造性，他们根据直觉而行动，因此，好的教师是天生的而不是造就的。教学科学论者则认为，有效的教学要建立在教学科学的基础之上，而教学科学是从某些教师的经验中找出规律，教师能从中学到有效的教学知识和技能。然而，如果把"教育是科学"这一观点推向极端，教师充其量不过是为每种课堂情境选用了正确的公式而已。当然，现在一般认为，教学既是科学又是艺术，两者不可偏颇。说它是科学，是因为它包含一套技术程序，能被系统地描述和研究，能被传授和改进；说它是艺术，是因为它需要天赋和创造性的反复实践。

有人认为，教学好比医生看病，需要把天赋和创造性建立在基本的专业知识之上。在教学中，教师既要掌握基本的教学理论和技能，如备课、讲演、课堂问答、个别指导、课堂管理和编写试题等，又要对变化莫测的教学问题进行不断思索，还要综合这些基本理论和技能，灵活地解决实际问题。优秀教师大都懂得：教学要因时、因地、因人而异。在复杂多变的实际教学情境中，难免出现一些新问题。当现有答案行不通时，教师就要寻找其他方法，有时需要打破常规，哪怕是一些已经被实践证明行之有效的方法，也要做出相应的改动。

教育是一种特殊的社会实践活动，教师要不断面对新学生、新情境，使用新材料，没有任何人也没有任何书会预测到所有可能出现的问题并提供这些问题的解决方法。教师必须依靠自己，在充分掌握基本的教学理论和技能的基础上，不断思考和探索，使自己成为一个艺术的、自我教育的、具体问题具体分析的教育专家。无论是基本的教学理论和技能，还是教师自己的思考和创造，都离不开教育心理学。

### 二、教育心理学对教师成长的影响

执教伊始，教师将面临诸多问题，如课堂纪律、学生动机、因材施教、学习评价、人际关系、教学组织和管理等。有研究者根据教师关注的焦点问题把教师的成长分为下面三个阶段。

1. 关注生存阶段

新教师非常关注自己的生存适应性问题。例如，学生喜欢我吗？同事怎么看我？领导是否觉得我干得不错？由于这种生存忧虑，有些教师可能会把大量的时间花在如何与学生搞好个人关系上，想方设法地控制学生，而不是教导他们知识和技能，让他们获得学习上的进步。这可能是教师在学校的社会化过程所致。

2. 关注情境阶段

当教师感到自己完全能够生存时，他们就会越来越关注学生的成绩，从而把精力放在如何教好每一堂课上，会考虑一些与教学情境本身有关的问题。例如，教学材料是否充分得当？如何呈现教学信息？如何掌握教学时间？

3. 关注学生阶段

当顺利适应了前两个阶段后，教师将考虑学生的个体差异和个体需要问题，认识到学生的已有知识与学习能力是不同的。同样一种教学材料可能适于某些学生，但不适于另外一些学生；同样一种教学方法可能对一些学生有效，但对另一些学生则行不通。从而，教师会对不同的学生确定不同的学习目标、选择不同的学习材料、采用不同的教学方法。如果说之前教师关心的问题是"我教得怎么样"，那么在这一阶段，教师关心的问题则是"学生学得怎么样"。事实上，有些教师从来没有进入到这一阶段。

由此可见，教师在成长过程中的每一个阶段都有自己的需要，这些需要将影响他们的课堂行为和教学活动。无论是课堂管理、教学设计还是因材施教，教育心理学都积累了丰富的理论和研究，教师可以从中获得一定的知识、技能和启示，使自己尽快完成这一成长过程，早日成为一名专家型教师。

### 三、教育心理学在教师专业中的地位

教师是一种专门的职业，不是任何具有相应学科知识的人都能胜任的。在国外，一个大学生要想当一名教师，还必须到教育学院完成学位后资格教育（Postgraduate Certification Education，简称 PGCE 课程），接受专门的教育培训，获得教学专业知识和专门技能。在我国，目前只有参加国家统一考试并通过后，方可申请教师资格证。

教师应具备的教学专业知识是多方面的。具体说来，包括以下7个方面。①学科知识；②教学目标；③课程材料；④教学方法和理论，包括适用于不同学科的一般教学策略（如课堂管理的原理，有效教学、评价等）；⑤特定学科教学法，包括教某些学生和某些概念的特殊方式，例如，选择最佳方法对不同学生解释什么是负数；⑥学习者的个性和文化背景；⑦学生学习的环境——同伴、小组、班级、学校以及社区等。在这7个方面的专业知识中，除学科知识外，第②③两方面的知识与教育心理学间接有关，其他方面都是教育心理学研究的范围。可见，学好教育心理学对获得这些专业知识是多么重要！

教师仅仅具备教学专业知识是不够的，还必须掌握一定的教学专业技能，如讲解、演示、课堂提问、反馈、组织讨论、教学管理和课堂管理，等等。所有教学专业技能都建立在教育心理学的理论和研究的基础之上，教育心理学对这些技能的结构、过程以及效果进行了大量的研究。因此，学习教育心理学有助于教师对这些技能的领会、掌握和应用。

**四、教育心理学的作用**

教育心理学对教育实践具有科学理论上的指导作用和研究方法上的指导作用。

**（一）科学理论上的指导作用**

1. 为教育现象提供不同于常识的新观点

在教育实践中，许多教学方法和行为都是传统的沿袭，或者出自想当然。教育心理学常常对这些方法和行为进行分析和研究，提出不同的观点。例如，在小学语文课上，教师应该采用什么方式指定学生起来朗诵课文？常识认为，教师应该随机选择学生朗诵课文，这样做会迫使每个学生都紧跟课文朗读进度。如果教师每次都以同样的顺序点名，学生就会预先知道什么时间该轮到自己，因此只注意自己要朗诵的那一部分内容，而不关心课文的其他部分。但是，教育心理学的研究表明，对这一问题的答案并非如此简单。在一定情境下，按顺序轮流朗诵确实存在弊病，但是不能以偏概全，也要看到其优点。在一年级，循环轮流朗诵能给每个学生朗诵机会，可造就良好的整体成就感。每个学生都有机会练习某些段落，每一次实践都能得到教师的反馈，这比集中注意于别人的朗诵对学生自己的朗诵学习更重要。此外，循环意味着教师并不偏心。

2. 为课堂教学提供理论性指导

教育心理学为实际教学提供了一般性的原则或技术。教师可结合自己的教学材料，将这些原则转变为一定的教学程序或活动。例如，根据直接教学原理，教学包括如下步骤：复习和检查已有的学习基础、呈现新材料、提供有指导的练习、提供反馈和纠正、提供独立的练习以及进行单元复习。教师可以根据这些步骤来安排教学活动，设计适当的材料来实现每一步骤。

例如，在有些读物中，数字过于抽象，学生难以理解数字之间的关系。下面这位教师便利用直观教学原则来进行课文中抽象数字的教学。

在文章《郑和下西洋》中提到，郑和第一次就带了27 800人，最大的海船长130多米，宽50多米。这些抽象的数字概念让小学生不太好理解。教师具体解释为：我们学校大约500人，郑和带的27 800人是多少呢？大概相当于55个我们学校人数的总和，如果每辆汽车运50人，要550多辆汽车才能把这么多人运走；船长130多米，宽50多米，就相当于3个我们学校的操场那么大。

这位教师的讲解就是用形象的人群和场地来描述抽象的数字，将教学内容与学生的生活经验相联系，使学生容易理解所学内容。

3. 帮助教师分析、预测并干预学生的行为

利用教育心理学原理，教师可以正确分析学生行为的原因，并能采取一定的干预措施，达到预期的效果。例如，当学生反复出现擅自离开座位的行为时，教师应该怎么办？如果每当学生站起时，教师都提醒他要留在自己的座位上，那么，课堂教学节奏就会被打乱，影响课程安排；相反，如果听之任之，那么，他和班上的其他学生就会以为"上课期间不准肆意走动"这条纪律可有可无。研究表明，在低年级，当学生擅自离开座位时，教师越是让学生坐下，学生反而要离开座位；相反，当教师对这些学生置之不理，转而表扬那些坐在座位上的学生时，离座率反而会下降。如果教师对学生行为的原因进行一番分析，就知道该怎么应对了。如果学生离座是为了引起教师或同学的注意，那么，教师的批评或提示正中下怀，强化了他的问题行为。此时，教师表扬其他守纪律的同学，忽视该同学的离座行为，则可强化好的课堂行为，减少课堂问题行为的发生。

（二）研究方法上的指导作用

1. 帮助教师应用研究的方法来了解问题

学生的情况是千差万别的，一旦出现了学习困难，教育心理学虽不能直接告诉教师如何有针对性地处理，但可帮助他采用多种方法来了解背后的原因，对症下药。例如，一名小学四年级的学生在语文阅读方面存在困难，我们就可以从各种测验的结果中找出症结。如果该生智力测验成绩较低，而且其他各科成绩都很差，那么就表明他在阅读和其他科目方面的学习困难可能与智力有关。如果发现他的智力水平较高，而除阅读外，其他各科成绩并不差，那么，他在阅读方面的学习困难与其智力及学习能力无关，我们需要对他过去的经验，对正字、发音以及语义方面的情况做进一步的考查。此外，进行健康检查也是必要的，因为生理因素有时也与学业成绩有关。例如，听觉有缺陷的儿童常听不清教师的讲解，视觉缺陷、内分泌失调以及营养不良等也都会影响学生的学习效率。有时，阅读方面的困难也可能与个人的生活经验有关，如父母离异，家长对儿童漠不关心，家长期望过高致使儿童学习动机受挫，或者学生与教师关系不和、教学方法不当等致使儿童失去学习兴趣等。教师如果掌握了教育心理学的理论和研究方法，就能对儿童的学习困难追根溯源。如此，教师会采取更宽容的态度以及更有针对性的方法，使学生学业获得进步。

2. 帮助教师结合实际教学进行创造性的持续研究

教育心理学为教育提供一般性的理论指导，而不提供用以解决一切问题的固定公式。因此，教师在应用一般性的原理和方法的同时，还需进行创造性的持续研究，验证这些原理并解决特定问题。创造性的研究意味着教师要因人、因事、因时、因地而相机行事，因为每一个学生、每一个班级、每一所学校以及每一种社会环境各有其不同的情况，教师需要察其异同，随机应变。持续研究意味着教师必须对自己教学计划或方法的成效进行动态的研究，不断反思，随时做出相应的变动。例如，教师在小学数学分数除法的教学中，通过提问和作业成绩发现学生在乘除转换方面存在理解不到位的情况。于是，他设法通过某些典型错误与标准转换过程的对比，引导学生系统认识这些错误，加深对分数除法的理解。至于这种方法是否有效，教师还需进一步在新的情境中考查学生的反应。这种方法在另一个班级是否有效？对此，教师也不能想当然，而需持续研究。教师需要进行创造性

的持续研究的另一个原因在于，教育心理学家在某一时期进行某一项研究时，往往以当时的实验情境为准，但这种实验情境未必能与实际的教育情境相吻合，故而教师不能将这一项研究的结果或理论直接应用到实际教育情境中，而需要适当调整，通过研究验证其效度。

## 第三节　教育心理学的研究方法

自从科学的心理学诞生之后，心理学一直努力遵循自然科学的研究范式，对各种心理现象进行精确的、定量的研究，但心理学又不同于一般的自然科学。相比之下，心理现象更为复杂，而且具有明显的社会性和历史文化特征。因而，心理学的研究方法又有很多独特之处，这在教育心理学的研究中表现得尤其突出。为更好地理解教育心理学的研究成果，同时以一定方式进行关于学习、教学的研究和探索，我们有必要了解教育心理学的研究方法。

### 一、教育心理学常用研究方法

在教育心理学的研究中，研究者首先要选择、确定所需探讨的问题，例如，什么样的教学方法更有利于培养学生的创造力？其中，往往涉及不同的变量，要考查这些变量间尚未知晓的关系。这些问题可能来自理论文献，也可能来自教育实践。针对所要研究的问题，研究者要对自己的研究进行具体设计和安排，包括进一步明确研究目的、选择研究对象、研究方法以及研究工具与材料等，设计研究程序和环境。之后，研究者就可以依据当前的研究设计开展研究活动。下面，我们就对教育心理学中常用的研究方法加以介绍。

#### （一）观察法

观察法是指研究者通过感官或借助一定的设备仪器，在一定时间内有目的、有计划地记录、描述客观对象的表现来收集研究资料的一种方法。研究者可以通过详细观察，记录学生、教师在各种情境下的活动表现，了解他们的心理特点和过程，分析师生、生生交往的模式。例如，研究者可以对学生在团体活动中的交往方式进行观察，分析学生在不同情境下的攻击性行为与亲和行为的频率、强度及表现形式。在研究中，研究者一般是在自然条件下对对象的行为进行观察、记录，不做任何控制和干预，这叫作自然观察。有时，研究者会在有意控制和干预的情境下对对象的表现进行观察，这叫作实验观察。在对观察、记录结果进行分析时，研究者需要编制一个分类编码系统，从而对不同类别的行为表现进行量化和统计分析。

观察法是在自然或接近自然的条件下进行的，这能保证研究与真实情境的一致性，提高研究成果的可推广性。但要防止研究者主观意志及感情的干扰，提高研究的客观性。

#### （二）访谈法

访谈法是研究者通过与研究对象进行口头交谈来收集有关心理、行为资料的一种研究方法。例如，研究者可以通过访谈法来考查父母离异对学生个性、社会性发展的影响。在这种研究中，访谈者和被访者在不断地进行相互作用，访谈者的提问在影响着被访者的回答，而被访者的回答也进一步影响着访谈者提问。在访谈过程中，访谈者首先要取得被访者的信任和配合，要采用恰当的方式来提问，使被访者能坦率、真实地表达自己的观念、态度和情感。另外，访谈不是聊天，一定要围绕所研究的问题进行访谈，要提前编制访谈提纲，要对访谈过程进行准确的记录。

访谈法有利于研究者更深入地了解人们的态度、情感、思想观念和主观感受，从而对各种心理和行为进行多方面的分析和研究。在当前的心理与教育的诸多研究领域中，这种方法得到了越来越多的运用。当然，访谈法的有效运用对研究者具有很高的要求，研究者要努力保证访谈结果的客观性和准确性。

### （三）问卷法

问卷法是研究者利用统一的、严格设计的问卷来收集有关研究对象的心理、行为资料的一种研究方法。研究者要根据研究目的，确定问卷的内容结构，然后编写各个部分的问题，并对各个问题的适当性进行认真的分析、评价。研究者通常需要对最初编制的问卷进行试用和修改。在发放问卷时，研究者可以采用个别发放的形式，也可以采用集体分发的形式。在使用问卷法时，研究者要尽量保证问卷的回收率。

问卷法有利于进行大样本施测，省时、省力，而且可以方便地进行统计分析。但这种方法缺乏灵活性且不够深入。

### （四）实验研究法

实验研究法是指研究者创设一定的情境，对某些变量进行操纵或控制以揭示教育、心理现象的原因和发展规律的研究方法，这种研究的基本目的是揭示变量之间的因果关系。实验研究法可以是在实验室情境下进行的实验室实验，也可以是在现场情境下进行的自然实验。在进行实验研究时，要明确研究中的各种变量，包括自变量、因变量以及无关变量等。自变量是指可以影响研究对象的心理、行为表现的因素，如教学方法、学习情境或者学习者的某些个人特征等；因变量则是用以反映研究对象心理行为特征的变量（指标），如学习成绩等。实验研究就是要考查自变量对因变量的影响。但是，因变量的变化往往不只受所研究的自变量的影响，它常常还会受其他众多变量的影响，这些可能干扰因变量结果的其他变量就是无关变量。在研究中，研究者必须采取一定的方法、程序来消除或控制各种无关变量的干扰。假如在研究"小组合作对学生学习成绩的影响"时，自变量是学习方式（小组合作与个别学习），因变量是学生的学习成绩。研究者让一组学生进行小组合作学习，而让另一组学生进行个别学习，最后检验两组学生学习成绩的差异。在这一研究中，研究者必须考虑以下无关变量：两组学生已有的学业水平、教师的教学水平和方式、学生的学习时间，等等。研究者必须保证两组学生在这些变量上对等。

实验研究法可以通过对变量的操纵、控制来深入揭示变量间的因果关系，这是实验研究法的突出优势。但是，实验研究法往往需要对实验情境进行人为的处理，这会妨碍研究结果的外推效度。另外，在教育领域中，有时研究者往往很难对无关变量进行有效的控制。

## 二、教育行动研究

教育研究者与教育工作者都关心教育问题，但他们的出发点不同。教育研究者关心的是理论，是客观地、精确地发现学与教的规律，他们需要的是数据。一般，只要获得了所关心的数据，他们就可以分析教与学的规律，解决自己所关心的理论问题。而教育工作者更关心的是如何解决现行教学中的实际问题，而不是什么客观的数据资料。从研究过程来看，教育研究者的研究活动讲求客观和精确，要控制教学情境，便于操作各种变量，而实际教学活动则有自己的进度和方式，往往不能随意进行操纵。作为研究的结果，教育理论可以自圆其说，却不一定能对教学改革提出具体的指导。教育研究者与教育工作者之间的不同，研究活动与教学活动的反差，教育理论与实际教学之间的距离，给教育理论与实践的发展造成了巨大障碍。如何才能使研究贴近教学，使教学包容研究，从而实现研究与实践之间的沟通？行动研究作为一种日益受到重视的研究模式，可以为此提供有益的启示。

行动研究（action research）是在教育情境中进行的、与特定问题相联系的一种方法，旨在对现实世界进行功能性的干预，并检验这种干预的效果。它是从行动出发，通过行动进行并着眼于改进行动的研究思路。行动研究主要具有以下特点。①①情境性。行动研究旨在通过现场研究来诊断和解决具体情境下的问题，逐步采取各种改革措施，不断地通过问卷、访谈、个案研究等手段来监控这种调整后的效果，以便基于这些反馈来对教学做出进一步的调整，逐步达到改革的目标，而不只是留待以后再付诸实施。②合作性。行动研究可以由教师独立进行，但教师与研究者共同协作来完成更为普遍。研究者要通过各种方式与教师充分沟通，反复磨合，包括共同讨论、评课、写教案、相互听课、写教学日记等，从而在教学改革的目标上达成一致，在对教学和学习的理解、具体实施方案上逐步达到一致，这种沟通和反思对于提高教师的教学能力、转变他们的教学观念来说也有重大意义。③参与性。各个成员都直接或间接地参与研究的实施，而不只是"被试"。④自我评价。教师随着教育情境的发展而不断地、自然而然地对各种干预措施进行评价和反思。这样，行动研究针对实际问题提出调整方案，进行实际干预，随时监控干预的效果，进而针对更多的、更深层的问题展开更深入的探索，就像滚雪球一样，逐渐走向更广泛、更深入的教学改革。

教育行动研究所探索的是具体教育情境下的具体问题，如课程改革、教学方法、学习策略、测评方法、态度价值观、教师的职业发展、学校及课堂管理、行政改革等。由于研究目的、研究条件的不同，行动研究的具体程序也会有所差异。根据有关文献，行动研究大致可以分为如下环节。①从日常教学情境中确定、评价和形成有意义的问题。这里的问题并不一定是科学研究中的严格意义上的选题，但它对改进教学来说是有意义的问题。②与有关人士初步讨论和协商，形成初步的意向。③查阅相关文献，从同类研究中汲取经验教训，包括研究目标、程序以及遇到的问题等。④重新修改和定义问题。⑤选择研究程序，如取样、管理、材料选择、学与教的方法、资源与任务的配置、人员准备等。⑥选择评价方法。研究者要在教学情境中通过一定的方式连续地评价和反思教学方案，包括课堂观察和记录、访谈、问卷、测验和教学日记等。⑦实施，包括开展教学、收集资料、监控评价、反馈改进、资料的分类分析等。在这一阶段，实时地根据教学反馈提出进一步改进的措施是很重要的。⑧资料解释、推论和课题的评价。行动研究中得到的资料很多是定性的资料，在分析时需要进行归类和编码，将定性资料量化。行动研究的目的是获得关于具体情境下的具体问题的具体知识，获知新方法的实施效果，这对其他教学情境具有借鉴意义，但并不作为一般性规律。当然，研究者也可以围绕行动研究开展旨在探索一般规律的研究。

### 三、教师参与研究

在以前，教学与学习的研究基本是大学和研究机构的专家的事，而当前，教师自己开始越来越多地参与到教学与学习的研究中。科研兴教，提高教师的科研意识，让教师直接

---

① COHEN L, MANION L, MORRISON K. Research methods in education [M]. London: Routledge, 1995: 186-203.

参与教学科研,已经成为众多知名中小学的成功经验,也是国际上的重要倾向。

教师参与研究可以采用行动研究的范式,也可以进行准实验研究与单一被试实验研究。

### (一)准实验研究

在大多数的教育情境中,研究者无法随机分配被试到不同的组,或者因操纵自变量存在困难而不能进行严格的实验研究,转而采用准实验研究来推断因果关系。例如,研究者利用同一所学校三年级的两个班作为精读训练的实验组和控制组。在准实验研究中,研究者无法确定实验结果只是由自变量引起的,研究者不能随机将儿童分配到离异和非离异家庭、虐童或不虐童家庭以及社会经济地位高或低的家庭。在另外一些情况下,研究者的行动受限于学区规则、时间和经费,不可能对实验组和控制组进行操纵。研究者因此不能在自变量和因变量之间建立直接的因果关系,研究结果可能是由于研究者不能控制的其他变量导致的。准实验研究尽管存在这些不足,却能让研究者考查群体之间的差异或者在时间跨度上的变化。

### (二)单一被试实验研究

单一被试实验是通过对个体进行系统干预以观察干预效果的实验设计。一般做法是:首先观察个体行为的基线水平(A1);然后尝试对个体进行一段时间的干预,并记录干预期间个体的行为变化(B1);接着撤销干预处理,再观察这一段时间的行为水平(A2);最后重复进行干预,观察再次干预期间的行为变化(B2)。这种单一被试实验设计形式被称为"ABAB实验"。例如,有研究者运用ABAB设计探索了集体游戏对矫正幼儿社交退缩问题的效果。[①] 研究记录了一名5岁男孩在16天内每天上午11:00—11:30的幼儿园集体活动时间里与他人交往的时间(如图1-2),A1是基线期被试的与人交往时间,B1是干预期(包括角色游戏、音乐游戏和体育游戏,侧重于角色的扮演、交往和合作)被试的与人交往时间,A2为干预撤销期被试的与人交往时间,B2为再次干预期被试的与人交往时间。

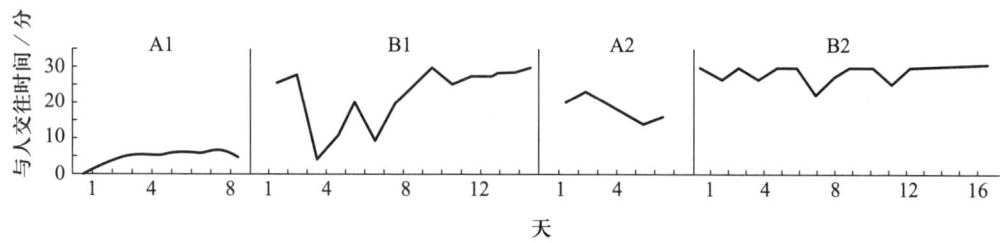

图1-2 幼儿社交退缩在不同处理条件下的变化

教师进行的研究与专家的研究往往有所不同,这主要表现为以下几点。①研究问题来自教师自己的日常教学经验中的任何问题,而不一定是大的课题。②研究途径可以是任何非正规的方法,包括做笔记、写日志、谈话记录以及保留整理学生的作品等,而不一定像专家那样严格遵循研究的套路。③教师可以形成研究者的团体,其中包括教师与其他成员之间正式的联系,更重要的是在课堂教学中与学生的联合。

教师参与研究可以是教师结合一定的理论和实际经验,对某些教学问题进行独立研

---

① 叶平枝. 集体游戏矫正幼儿社交退缩的个案研究 [J]. 中国心理卫生杂志, 2003, 17(1): 27–29.

究，如学困生的成因和转化、学习兴趣的激发或者某些教学方法的尝试等，也可以是教师与专门的研究者一起进行合作研究。但值得注意的是，在这类研究中，专家是以平等的身份与教师就一些问题进行共同研究，而不是以权威的身份"指挥"教师改变原来的教学。当然，在这种合作研究的开始阶段，教师可能需要更多地"跟随"专家，他希望专家能告诉自己应该了解些什么，应该如何做，邀请专家协助其确定研究意图。随着研究的不断深入，教师能够慢慢地增强自己的科研能力和自信，能够针对理论研究与自己教学经验的冲突和教学中存在的实际问题提出研究课题，形成自己的研究假设和研究方案。在与专家的合作研究中，教师会逐渐看到自己的优势，增强自己研究的兴趣和自信。

## 本章概要

1. 教育心理学是研究学校情境中学与教的基本心理规律的科学，其具体研究正是围绕学与教相互作用的过程而展开的。学与教的相互作用过程包含学生、教师、教学内容、教学媒体和教学环境五种要素，由学习过程、教学过程和评价与反思过程这三种活动过程交织在一起形成。

2. 教育心理学的发展大致经历了初创时期、发展时期、成熟时期和完善时期这四个阶段。

3. 新教师的成长经历了关注生存、关注情境和关注学生这三个阶段，教师在每一个阶段都有自己的需要。教师可以从教育心理学中获得一定的知识、技能和启示，使自己尽快完成这一成长过程，早日成为一名专家型教师。

4. 教育心理学对教育实践具有科学理论上的指导作用和研究方法上的指导作用。

5. 教师参与教育研究是当前教育心理学研究的一个重要趋势。教师除了沿用常用的观察法、访谈法、问卷法和实验研究法以外，行动研究也是沟通教育理论与实践的一种研究模式。

## 思考题

1. 为什么说教学既是科学的又是艺术的？
2. 教师的成长要经历哪几个阶段？
3. 举例说明教育心理学对教学实践的作用。
4. 结合你的教育实践，考虑如何进行教育研究。

## 推荐阅读

1. 陈琦，刘儒德．教育心理学[M]．2版．北京：高等教育出版社，2011：第一章．
2. 皮连生．教育心理学[M]．4版．上海：上海教育出版社，2010：第一章．

# 第二章　学生心理特征与教育

学生心理特征及其发展规律是教育的基本依据。教育工作要想取得预期的效果，必须了解学生心理特征及其发展规律、学生的个体差异，从而使教育活动与学生的心理特点相适应。

## 本章结构

- 认知发展与教育
  - 皮亚杰的认知发展理论与教育
  - 维果茨基的发展观与教育
- 人格和社会性发展与教育
  - 埃里克森的心理社会发展理论
  - 自我概念与自尊
- 个体差异与因材施教
  - 个体的智力差异
  - 个体的学习风格差异

## 第一节 认知发展与教育

### 一、皮亚杰的认知发展理论与教育

皮亚杰是瑞士著名心理学家和哲学家,他创立的"发生认识论"(genetic epistemology),是一种独具特色的认知发展观,对教育产生了巨大的积极影响。

#### (一)皮亚杰认知发展理论的基本内容

1. 建构主义的发展观

皮亚杰认为,发展是一种建构过程,是个体在与环境不断的相互作用中实现的。内部心理结构是在不断变化的,这种变化不是简单的量的变化,而是涉及思维过程的质的变化。皮亚杰认为,所有有机体都有适应和建构的倾向,同时,适应和建构也是认知发展的两种机能。一方面,由于环境的影响,生物有机体的行为会产生适应性的变化;另一方面,这种适应性的变化不是消极被动的过程,而是一种内部结构的积极的建构过程。皮亚杰用图式这一概念来描述个体的这种内部心理结构。图式(schema)是指动作的结构或组织,这些动作在同样或类似的环境中由于重复而引起迁移或概括[①]。例如,"用棍棒推动一个玩具"这类动作经过重复和概括,形成一个图式"以某物推动某物",随后被运用到其他客体(不是棍棒或玩具的)上。图式实际上是在个体解决某类相似问题时概括而成的比较固定的动作和思维模式,是在多次解决具有某类共性的问题后逐步演化而成的,直至成为主体以后解决类似问题的认知工具。

皮亚杰认为,适应包括同化和顺应两种作用和过程。当有机体面对一个新的刺激情境时,主体能够利用已有图式或认知结构把刺激整合到自己的认知结构中,这就是同化(assimilation)。例如,儿童用筷子推动面包就是"以某物推动某物"图式对新刺激的同化;当有机体不能利用已有图式接受和解释新刺激时,其认知结构由于刺激的影响而发生改变,这就是顺应(accommodation)。例如,当物体太重,用棍棒推不动,儿童尝试着将物体放在小车上,然后推动小车,将物体推走。这时,已有的"以某物推动某物"的图式不能解决眼前的问题,需要改变已有图式,形成了新图式"以某物运载某物,推动运载物。"皮亚杰认为,个体的心理发展就是通过同化和顺应日益复杂的环境而达到平衡的过程。他指出,智慧行为依赖同化和顺应从最初不稳定的平衡过渡到逐渐稳定的平衡。[②] 但是,这种新的暂时的平衡不是绝对静止或终结,而是某一水平的平衡成为另一高水平的平衡运动的开始,个体也正是在平衡与不平衡的交替中不断建构和完善其认知结构,实现认知的发展。

2. 认知发展的四个阶段

皮亚杰认为,个体从出生到成熟的发展过程中,其认知结构在与环境的相互作用中不断重构,从而表现出按不变顺序相继出现的四个阶段。每一阶段有它主要的行为模式,标志着这一阶段的行为特征。

---

① 皮亚杰,英海尔德. 儿童心理学[M]. 吴福元,译. 北京:商务印书馆,1980: 5.
② 皮亚杰,英海尔德. 儿童心理学[M]. 吴福元,译. 北京:商务印书馆,1980: 5.

（1）感知运动阶段（0—2岁）

在这一阶段，儿童的认知发展主要是感觉和动作的分化，其认知活动主要是通过探索感知觉与运动之间的关系来获得动作经验，在这些活动中形成了一些低级的行为图式，以此来适应外部环境和进一步探索外界。其中，手的抓取和嘴的吸吮是他们探索周围世界的主要手段。

从出生到2岁，儿童的认知能力也是逐渐发展的。一般，从对事物的被动反应发展到主动探究，例如，从只是抓住成人放在儿童手里的物体到儿童自己伸手去拿物体；认识事物的顺序是从认识自己的身体到探究外界事物。儿童渐渐获得了客体永久性（object permanence），即当某一客体从儿童视野中消失时，儿童知道该客体并非不存在了。儿童在9—12个月获得客体永久性。在此之前，儿童往往认为不在眼前的事物就是不存在了，并且不再去寻找。客体永恒性是认知活动的基础。这一阶段的儿童还不能用语言和抽象符号来命名事物。

（2）前运算阶段（2—7岁）

儿童在感知运动阶段获得的感知运动图式在这一阶段开始内化为表象（或形象）图式。语言的出现和发展，使得儿童的表象日益丰富，其认知活动已经不只局限于对当前直接感知到的环境施以动作，开始能运用语言或较为抽象的符号来代表他们经历过的事物。但这一阶段的儿童还不能很好地掌握概念的概括性和一般性，思维仍受具体直觉表象的束缚，难以从知觉中解放出来。

在前运算阶段，儿童的心理表象是直觉的物的图像，还不是内化的动作图式。他们还不能很好地把自己与外部世界区分开，认为外界的一切事物都是有生命的，即所谓的万物有灵论；认为其他所有人跟自己都有相同的感受，表现为不为他人着想，一切以自我为中心。他们的认知活动具有相对具体性，还不能进行抽象的运算思维。思维具有不可逆性，即其思维只能前推，不能后退。在注意事物的某一方面时往往忽略其他方面，即思维具有刻板性。与思维的不可逆性和刻板性等特点相联系，儿童尚未获得物体"守恒"的概念，守恒（conservation）是指物体不论其形态如何变化，其物质总量是恒定不变的。

例如，在这一阶段的儿童面前放两杯一样多的水，当着他们的面将其中一杯水倒入另外一个细长的容器中（如图2-1所示）。然后问他们：是左边容器中的水多还是右边容器中的水多。前运算阶段的儿童还不能正确回答这个问题。在做出判断时，他们不能将细长容器中的水"倒回"原来的容器中，表现出思维的不可逆性；他们倾向于运用一种标准或维度，如长得多、密得多、高得多。这一阶段的儿童在做出判断时，只能运用一个标准或维度，尚不能同时考虑两个维度。

图2-1 数量守恒实验

（3）具体运算阶段（7—11岁）

在这一阶段，儿童的认知结构已发生了重组和改善，具有了抽象概念，能够进行逻辑推理。进入这一阶段的标志是出现守恒的概念，儿童开始能凭借具体事物或从具体事物中获得的表象进行逻辑思维。但在这一阶段，儿童的思维仍需要具体事物的支持，他们还不能进行抽象思维。因此，皮亚杰认为对这一年龄阶段的儿童应多做事实性的技能性的训练。此外，此阶段的儿童虽已能理解原则和规则，但在实际生活中只能刻板地遵守规则，不敢改变。

（4）形式运算阶段（11—16岁）

在这一阶段，儿童的思维已超越了对具体的、可感知的事物的依赖，使形式从内容中解脱出来，进入形式运算阶段。在此阶段，儿童的思维是以命题形式进行的，能发现命题之间的关系；能够根据逻辑推理、归纳或演绎的方式来解决问题；能理解符号的意义、隐喻和直喻，能做一定的概括，其思维发展水平已接近成人的水平。儿童不再恪守规则，常常由于规则与事实的不符而拒绝规则或违抗师长。对这一年龄阶段的儿童，教师和家长不宜采用过多的命令和强制性的教育，而应鼓励和指导他们自己做决定，而后对他们考虑不全面的地方提出改进建议。

以上四个阶段之间不是简单的量的差异，而是质的差异。前一阶段的行为模式总是整合到下一阶段。每一行为模式源于前一阶段的结构，由前一阶段的结构引出后一阶段的结构。前者是后者的准备，并为后者所取代。发展的阶段性不是截然的阶梯式，而具有一定程度的交叉重叠。各阶段出现的年龄因各人的智慧程度和社会环境教育影响而有差异，可提前或推迟，但阶段的先后次序保持不变。

3. 影响认识发展的因素

皮亚杰提出，以下四个基本因素对个体的认识发展具有重要影响。

（1）成熟

成熟是指机体的成长，特别是神经系统和内分泌系统的成熟。皮亚杰认为，成熟主要在于揭开新的可能性，它只是某些行为模式出现的必要条件，如何使可能性成为现实性，这依赖个体的练习和经验。

（2）练习和经验

练习和经验是指个体对物体做出动作过程中的反复练习和习得的经验（不同于社会性经验）。他把经验区分为物理经验和逻辑数理经验两种。物理经验是指个体通过与物体打交道而获得的有关物体特性的经验，是从物体特性中直接引出来的信息，如物体的大小和质量等。逻辑数理经验不是基于物体的物理特性，而是基于施加在物体上的动作，是从动作及相互关系中抽象出来的经验。如在具体运算阶段，儿童获得了逻辑思维能力，能从经验中发现一组物体的总和（如几颗卵石的数目）与这组物体中各个成分（如各个卵石）空间排列的位置无关，与计数的先后次序也无关。因此，皮亚杰说，知识来源于动作（动作起着组织或协调作用），而非来源于物体①。

（3）社会性经验

社会性经验是指社会环境中人与人之间的相互作用和社会文化的传递。社会性经验

---

① 皮亚杰，英海尔德. 儿童心理学 [M]. 吴福元，译. 北京：商务印书馆，1980: 116.

对个体的发展具有重要影响,它可以加速或推迟个体的发展。社会性经验不像物理经验和逻辑数理经验那样,能从作用于物体的动作中获得,它是儿童通过自己作用于他人的动作(儿童与儿童之间、儿童与成人之间的相互作用)建构起来的。但是,社会环境因素不是发展的充分因素。社会性经验与物理经验一样,要想对主体的发展发挥作用,就必须建立在能被主体同化的基础上;否则,便不会有效。正如皮亚杰所说,即使在主体似乎非常被动的社会传递条件下,例如,在学校教学中,如果缺少儿童主动的同化作用,这种社会化作用仍将无效,而儿童主动的同化作用则是以儿童是否已具备适当的运算结构为前提的。[①]成人所教的内容只有引起儿童积极从事再造和再创活动的动机,才会有效地被儿童同化。

(4)具有自我调节作用的平衡过程

皮亚杰认为,智力的本质是主体改变客体的结构性动作,是介于同化和顺应之间的一种平衡,是主体对环境的能动适应。实现平衡的内在机制和动力就是自我调节。自我调节是认识活动的最一般性机制,它使得认知结构由低级水平向高级水平发展。其具体模式是:当个体已有图式或认知结构能够同化新的知识经验时,他就会在心理上感到平衡;当个体已有图式或认知结构不能同化环境中新的知识经验时,就会在心理上感到失衡。心理失衡使得个体产生一种自我调节的内驱力,驱使个体改变或调整已有图式或认知结构,容纳新的知识经验。经过调整、吸收新的知识经验,即经过顺应,个体的心理状态又达到新的平衡。个体每经历一次由失衡到新的平衡的过程,其认知结构就会发生一次改变。个体认知结构的改变使之能够吸收容纳更多的新的知识经验,其结果自然使其智力水平随之得到发展和提高,所以,皮亚杰认为,具有自我调节作用的平衡过程是智力发展的内在动力。

(二)皮亚杰认知发展理论的教育价值

皮亚杰的认知发展理论蕴含着十分丰富的教育意义,主要包括以下几个方面。

1. 充分认识到儿童不是"小大人",这是教育获得成功的基本前提

针对有人肯定儿童的认识活动与成人的认识活动没有质的差异的情况,皮亚杰从思维和语言两方面进行研究,指出儿童不是"小大人",而是具有同成人有质的差异的独特心理结构的个体。

从思维方面讲,成人考虑问题往往从多方面入手,且常常通过命题思维进行,而儿童就不同。儿童对问题的解决,最初依赖先天图式,到感知运动阶段末期,出现动作思维的萌芽。到前运算阶段,开始能够借助表象和直观进行思维,但这种表象是静态的,而直观是不可逆的、不守恒的。到具体运算阶段,开始能够形成正确的运动和转换表象,使直观转化为运算,因而具备了一定的心理运算能力。但此时儿童的思维尚不能离开具体事物的支持,仍需和具体情境相联系。到形式运算阶段,儿童的思维才与成人一样,能够彻底摆脱时间、空间的限制。

在实际教育过程中,将儿童成人化的现象普遍存在。首先,这表现在许多教师和家长望子成龙心切。为了使孩子早日成才,成人往往不顾儿童的认知特点及接受能力,一味地增加学习内容,将许多根本不可能理解的东西强灌给儿童,逼迫他们阅读大量的超出其理解范围的课外书籍,认为只要这样做,就可发展其智力。这种"教育者首先只关心教

---

① 皮亚杰,英海尔德. 儿童心理学[M]. 吴福元,译. 北京:商务印书馆,1980:117.

的目的，而不关心教育的技术，只关心培养出来的完人，而不关心儿童以及其发展规律"[1]的现象，究其原因，就是因为人们自觉不自觉地把儿童看成一个受教育的"小大人"。其次，在教学过程中，教师往往习惯单纯使用成人语言，对于儿童的活动或语言也时常按成人的方式去理解，而不是从儿童的角度去考虑。这些现象如不加以克服，教育就很难获得成功。教育者需要充分认识儿童与成人所具有的质的差异，使教育符合儿童的心理发展规律。

2. 遵循儿童的思维发展规律是教育取得成效的根本保证

根据皮亚杰的研究，儿童的思维发展经历了感知运动、前运算、具体运算和形式运算四个阶段，每一个阶段都有其特定的优势和劣势，表现为一方面儿童具有完成一定的典型活动的能力，另一方面又具有犯一定典型错误的倾向。智力发展是一个渐进的过程，新的心理结构是通过同化和顺应这两种过程从已有心理结构中演化来的。然而，并非所有形式的新经验都能被同化和顺应。一定年龄阶段的儿童所具有的心理结构只能同化和顺应一定形式的内容。

儿童的智力发展不仅是渐进的，而且是遵循一定顺序的，前一阶段总是后一阶段发展的条件，每个阶段之间是不可逾越、不可颠倒的。因此，教育必须遵循这一规律。但是，教育的目的之一就是要促进儿童智力的发展。所以，我们不能消极地等到儿童智力达到一定水平再进行教育，而是要先行一步，加快儿童智力的发展。事实上，皮亚杰也认为，虽然四个阶段的发展顺序是不可逾越和颠倒的，但通过增加适当的环境刺激可以在一定程度上加速发展的进程。他指出，环境在心理发展中能够发挥决定性的作用，每个阶段和每一年龄的思想内容并不是固定不变的，所以，良好的方法可以增进学生的效能，乃至加速他们的心理成长而无所损害。[2]

**二、维果茨基的发展观与教育**

苏联心理学家维果茨基从历史唯物主义的观点出发，在20世纪30年代提出了"文化历史发展理论"（cultural-historical theory），主张人的高级心理机能是社会历史的产物，受社会规律的制约，十分强调人类社会文化对人的心理发展的重要作用，以及社会交互作用对认知发展的重要性。

**（一）维果茨基的发展观的基本内容**

1. 心理发展观

维果茨基从种系和个体发展的角度分析了心理发展的实质。他区分了两种心理机能：一种是作为动物进化结果的低级心理机能，这是个体早期以直接的方式与外界相互作用时表现出来的特征；另一种则是作为历史发展结果的高级心理机能，即以符号系统为中介的心理机能。高级心理机能是人类所特有的，它使得人类心理在本质上区别于动物。在个体心理发展的过程中，这两种机能是融合在一起的。高级心理机能的实质是以心理工具为中介的，受到社会历史发展规律的制约。因此，与动物心理相比人的心理不仅是量上的优势，更是结构的变化。

---

[1] 皮亚杰. 教育科学与儿童心理学[M]. 傅统先, 译. 北京：文化教育出版社, 1981: 138.
[2] 皮亚杰. 教育科学与儿童心理学[M]. 傅统先, 译. 北京：文化教育出版社, 1981: 176.

在对人的高级心理机能及其特征进行详细论述的基础上,维果茨基提出了关于儿童认知发展的观点。他认为,心理发展是个体的心理自出生到成年,在环境与教育的影响下,在低级心理机能的基础上,逐渐向高级机能转化的过程。由低级心理机能向高级心理机能的发展有四个主要的表现。①随意机能的不断发展。随意机能是指心理活动的主动性、有意性,是由主体按照预定的目的而自觉引发的。儿童心理活动的随意性越强,心理水平越高。②抽象—概括机能的提高。儿童随着语言的发展,随着知识经验的增长,各种心理机能的概括性和间接性得到发展,最后形成了最高级的意识系统。③各种心理机能之间的关系不断变化、重组,形成间接的、以符号为中介的心理结构。儿童的心理结构越复杂、越间接、越简缩,心理水平越高。④心理活动的个性化。维果茨基强调个性特点对认知发展的影响,认为儿童意识的发展不仅是个别机能由某一年龄阶段向另一年龄阶段过渡时的增长和提高,更主要的是其个性的发展、整体意识水平的提高与发展。个性的形成是高级心理机能发展的重要标志,个性特点对其他机能的发展具有重要的作用。

2. 文化历史发展理论

维果茨基提出了社会文化历史理论(包括活动论、符号中介论和内化论),从三个方面阐述了儿童心理发展的原因。①心理机能的发展起源于社会文化历史的发展,受社会规律的制约。②从个体发展来看,儿童在与成人交往过程中通过掌握高级心理机能的工具——语言符号系统,从而在低级心理机能的基础上形成了各种新质的心理机能。③高级心理机能是外部活动不断内化的结果。

根据恩格斯关于劳动在人类适应自然和在生产过程中借助工具而改造自然的作用的思想,维果茨基详细地论述了他对高级心理机能的社会起源和工具中介(语言符号系统)的看法。工具的使用引起了人类新的适应方式,即物质生产的间接方式,而不再像动物那样以身体的直接方式来适应自然。在人的工具生产中凝结着人类的间接经验,即社会文化知识经验,这就使人类的心理发展规律不再受生物进化规律的制约,而是受社会历史发展规律的制约。维果茨基提到的工具有两个层次:物质生产的工具和精神生产的工具——语言符号系统。物质生产工具指向外部,它引起客体的变化;语言符号系统指向内部,影响人的心理结构和行为。

维果茨基十分强调教学的作用,认为儿童通过教学掌握了人类的经验,并内化于自身的认知结构中。维果茨基内化理论的基础是他的工具理论。他认为,语言符号系统的运用将促使心理活动得到根本改造,这种改造转化不仅在人类发展中进行,也在个体的发展中进行。儿童早年还不能使用语言来组织自己的心理活动,心理活动是直接的、不随意的、低级的、自然的。只有掌握了语言这个工具,才能将心理活动转化为间接的、随意的、高级的、社会历史的。新的心理活动,首先是作为外部形式的活动而形成的,之后才"内化",转为内部活动,最终默默地在头脑中进行。具体地说,在儿童认知发展的内化过程中,语言符号系统的作用是至关重要的。语言一方面为儿童表达思想和提出问题提供了可能性,也为儿童从周围人那里学习提供了可能性。同时,儿童的言语也直接促进了其高级心理机能的发展。

维果茨基认为,人的思维与智力是在活动中发展起来的,是各种社会性相互作用不断内化的结果,这种社会性相互作用包括教学。儿童的认知发展更多地依赖周围人们的帮助,儿童的知识、思想、态度、价值观都是在与他人的交往中发展起来的,儿童发展的情况取决于儿童自己学习的方式和内容。

3. 教育和发展的关系——最近发展区

关于教学和发展的关系，维果茨基认为，教学必须要考虑儿童已达到的水平，要走在儿童发展的前面。因此，教师在教学时，必须考虑儿童的两种发展水平，一种是儿童已有的发展水平，另一种是在有指导的情况下借助成人的帮助可以达到的问题解决的水平，或者说是借助他人的启发、帮助后可以达到的较高水平。这两者之间的差距，即儿童的现有水平与经过他人帮助后可以达到的较高水平之间的差距，就是最近发展区（zone of proximal development，ZPD）。教学应着眼于学生的最近发展区，把潜在的发展水平变成现实的发展，并创造新的最近发展区。最近发展区的教学为学生提供了发展的可能性，教和学的相互作用刺激了发展，社会和教育对发展起主导作用。从这个意义上，维果茨基认为教学"创造着"学生的发展。

教学对发展的促进作用表现在两个方面，一方面，教学决定着学生发展的内容、水平、速度等，另一方面，教学创造着最近发展区，因为学生的两种水平之间的差距是动态的，它取决于教学如何帮助学生掌握知识并促进其内化。只要教学充分考虑到学生已有的发展水平，而且能根据学生的最近发展区给学生提出更高的发展要求，就一定能够促进学生的发展。

**（二）维果茨基的发展理论对教学的影响**

维果茨基的思想体系是建构主义发展的重要基石，启发着建构主义研究者对学习和教育进行了大量理论建设和实际探索。

维果茨基用历史唯物主义的观点，较为全面地阐述了教育与发展的辩证关系，即教育不等于发展，但不受限于发展；在一定范围内，教育可以促进发展。该理论重视社会历史背景对儿童发展的作用，对语言以及高级思维发展的阐述，最近发展区概念的提出和阐述，与成人、同伴的相互作用在儿童学习发展中的重要作用，等等，已经被越来越多的研究者和教育人员接受和重视。维果茨基的思想影响了建构主义研究者对教学和学习的看法。

1. 学生是积极自主的"学徒"

学生不是被动地接受知识，而是有能动性的，他通过参与指向一定目标的、共同协作的活动来学习。维果茨基十分重视儿童的高级心理机能，他认为学生的学习就是根据自己所知道的东西构造出一个内在的结构或图式，用以吸收、接纳和解释新信息。学生会有意识地模仿专家或同伴的行为来思考和完成具体的任务。在合作的社会性背景下完成任务时，学生会对所运用的心理策略进行明确或不明确的模仿、证明和辩论，就像手工作坊中的学徒。

2. 学生的学习受背景影响

任何学习都是处在一定的社会的或实际的有意义的背景中，它包括学习者的已有经验、所处的社会文化系统、课堂中与教师和同伴的相互作用等，这些背景，尤其是社会性相互作用，将从不同途径影响学习的过程和结果。学生的学习要受他们在特定情境下激活的经验的影响。个体对某一领域知道得越多，他通过学习能掌握到的内容就越多。而且由于新知识是在已有知识的基础上建构的，学生必须学会运用已有的经验、知识和技能。所以，教师应该使教学在开始时适应学生的现有水平，然后帮助他们建构和联结新信息。

3. 教学应向学生提供挑战性的认知任务和支架

挑战性的认知任务是指那些稍微超出学生能力、但在教师的帮助下可以完成的任务，即该任务处在最近发展区内，与学生的能力形成了一种积极的不匹配状态。维果茨基认为，教学不仅应该考虑学生已经达到的水平，而且要考虑学生经过努力可能达到的水平，主张教师要重视学生学习的最佳期限，不应盲目拔高或迟滞，以免错过最近发展区。教师应该向学生提供挑战性的认知任务并同时提供支架，使得学生可以借助支架来参与问题解决，并获得意义上的理解，从而确保教学获得最大效益，即教师要进行支架式教学（scaffolding teaching）。这种教学方式的要点在于：强调在教师指导的情况下，学生进行发现学习；教师指导成分将逐渐减少，最终要使学生实现独立发现的目的，将监控学习和探索的责任由教师向学生转移。维果茨基的理论对于合作学习、情境学习等教学模式也有一定的指导性。

4. 教学是一个相互作用的动态系统

教学应该是一种合作的、协商的活动过程，师生的相互作用会增强各种联系，例如，不同学生对任务表征的联系，知识与活动的联系等。

## 第二节　人格和社会性发展与教育

### 一、埃里克森的心理社会发展理论

#### （一）基本观点

埃里克森（E. H. Erikson）受过弗洛伊德精神分析的训练，但他并不主张把一切活动和人格发展的动力都归结为"性"。对美洲印第安人部落、第二次世界大战中的士兵、儿童精神病患者的研究，加深了埃里克森对影响个体发展的社会文化因素的认识，使他逐渐扬弃了弗洛伊德过分强调性本能冲动的局限，转而强调社会文化背景的作用，强调个体与社会文化、外界环境相互作用的影响。基于对文化和个体关系的重要性的认识，埃里克森提出了他的心理社会发展理论。

埃里克森的心理社会发展理论认为，儿童人格的发展是一个逐渐形成的过程，它必须经历一系列顺序不变的阶段。每一阶段都有一个由生物学的成熟与社会文化环境、社会期望之间的冲突和矛盾所决定的发展危机，每一个危机都涉及一个积极的选择与一个潜在的消极选择之间的冲突。如果个体能够成功而又合理地解决每个阶段的发展危机或冲突，就会形成积极的人格特征，有助于健全人格的发展；反之，发展危机或冲突得不到解决或解决得不合理，个体就会形成消极的人格特征，导致人格向不健全的方向发展。

埃里克森认为，人格的发展贯穿个体的一生，整个发展过程可以划分为以下八个阶段（如表2-1所示）。

1. 学习信任的阶段

埃里克森认为，信任感是人对周围世界及社会环境的基本态度，是个体人格健康的基础。这种信任感是在出生的头两年内发展起来的。一个婴儿出生后最迫切的需要是父母爱他、照顾他。如果他们能得到合理的照顾、哺育、关切与爱抚，就会感到世界是个安全而可信赖的地方，因而发展起对他人信赖的人格。反之，如果父母对婴儿照顾不周，环境多变,哺喂习惯欠缺等,就会使他们对周围环境产生猜疑,形成不信赖他人的人格。所以,这个阶段所包含的矛盾就是信任与不信任的矛盾,其人格发展的任务就是获得信任感,克服不信任感。

表2-1 埃里克森的心理社会发展阶段[①]

| 阶段 | 年龄/岁 | 主要挑战 | 充分解决 | 未充分解决 |
| --- | --- | --- | --- | --- |
| 学习信任的阶段 | 0—1.5 | 信任对不信任 | 基本的安全感;依靠外力的能力 | 不安全感,焦虑 |
| 成为自主者的阶段 | 1.5—3 | 自主性对羞怯或自我怀疑 | 认为自己是生活的主宰;有能力控制自己的身体和事情的发生 | 感到自己无法控制自我和事件 |
| 发展主动性的阶段 | 3—6 | 主动性对内疚 | 对自己的创造能力充满信心 | 对自己的局限或无能感到内疚 |
| 变得勤奋的阶段 | 6—12 | 勤奋对自卑 | 认为自己具备基本社会技能和智力;自我接纳 | 缺乏自信,失败感 |
| 建立自我同一性的阶段 | 12—18 | 同一性对角色混乱 | 能自我感知到自己是一个独立的人,既是独特的,又能被社会接受 | 破碎的、不断改变的、不清晰的自我认知 |
| 承担社会义务的阶段 | 18—25 | 亲密性对孤独 | 拥有与他人形成亲密关系并做出承诺的能力 | 孤独感、分离感;否认亲密需求 |
| 显示充沛感的阶段 | 25—60 | 繁衍对停滞 | 关注点超越自身,延伸到家庭、社会和后代 | 自我放纵;缺乏未来的方向 |
| 达到完善的阶段 | 60岁以后 | 自我整合对失望 | 完整感;对一生基本满意 | 无价值感,失望 |

2. 成为自主者的阶段

如果说儿童在前一阶段还处于依赖性较强的状态,那么这一阶段的儿童就要学会许多动作,如独立地穿衣、吃饭、走路、开关门窗等。他们开始试探自己的能力,喜欢自己动手做许多事情,不愿他人干涉。如果这种试探能得到成人允许,父母鼓励幼儿做力所能及的事,幼儿就会逐渐体会到自己的能力,出现一种自主的感觉,养成自主发展的人格。反之,如果父母过于溺爱与保护,对他们的独立行动表现得不耐烦,横加干涉,孩子就会对自己的能力表示怀疑,发展出羞怯的人格。所以,这个时期的主要矛盾是自主性对羞怯或自我怀疑,人格发展的任务就是获得自主感,克服羞怯和怀疑。因此,埃里克森主张,在安全范围内给儿童一定的自由,鼓励他们在活动中获得成功,对于发展儿童的自主性是非常必要的。否则,就会使他们的依赖性长期存在下去,或者变得过分羞怯、难为情或疑

---

① 津巴多,约翰逊,麦卡恩.津巴多普通心理学:第7版[M].钱静,黄珏苹,译.北京:中国人民大学出版社,2016: 277. 引用时有修改。

虑。但是埃里克森也指出，儿童在实现自主时也要接受一定的限制，以便为将来有约束的生活做准备。

3. 发展主动性的阶段

这一阶段的儿童开始对那些能发展其想象力、允许他自由地参与的活动感兴趣，儿童日益增强的言语和运动能力使他有可能把自己的活动扩展到家庭以外的范围。如果父母或教师耐心听取并认真回答儿童的问题，适当地鼓励与妥善地处理儿童的建议，则儿童的主动性就会得到加强，发展出了解是非的良知。反之，父母或教师对儿童提出的问题感到不耐烦或不屑一顾，或对儿童的建议不是禁止便是讽刺，则儿童就会形成退缩、压抑、被动与内疚的人格。

4. 变得勤奋的阶段

这是儿童进入学校掌握知识、技能的时期。儿童在这个时期第一次被赋予一些成人期望他们去完成的社会任务。儿童所追求的是自己的工作获得成就与成绩，并因此而得到认可和赞许。如果儿童能够得到教师的支持，并且经常获得成功的经验与赞许，则勤奋感就会加强，进而培养起乐观进取和勤奋的人格。反之，如果对儿童教育不当，或屡遭败绩，或其成绩受到成人的冷漠对待，则儿童就会自视不如他人，发展出自卑的人格。

5. 建立自我同一性的阶段

在这一时期，儿童最主要的特点是出现了自我同一性。所谓自我同一性就是指个体尝试把与自己有关的各个方面整合起来，形成一个自己觉得协调一致的整体。这些方面包括自己的身体相貌、自己以往的状况、自己的现状、环境与条件的限制以及对自己未来的展望等。个体要综合这些侧面，判断"我是个什么样的人"。进入青春期的男女开始对自己进行认真的评价，但是，如何明确地认知自己，保持自我的一致性，这并非易事。如果家庭、学校提供的工作与社交经验足以使他们发展出明确而一致的角色，则统一的自我就可以得到发展。自我同一性的建立可以使青少年了解自己，了解自己和周围环境之间的关系，从而与客观环境保持协调和谐的关系。这些心理特质对青少年走向社会、接受人生的挑战来说都是至关重要的。不能建立自我同一性的青少年就会产生自我否定的情绪，形成角色混乱，致使他们无法觅得自我一致的见解，或朝秦暮楚，或自我混乱。

埃里克森非常重视青少年这一时期的发展，并认为这一阶段的自我同一性的发展与前几个阶段发展任务的完成有着密切关系。如果儿童在进入青春期前有相当多的怀疑感、羞耻感、内疚感、自卑感，那么在此阶段发展出自我同一性就相当困难，甚至不可避免地要发生角色混乱。

6. 承担社会义务的阶段

这是个体解决婚姻问题和进行早期家庭生活的时期。过去所达到的自我同一性加上这个阶段从事工作、从事生产活动的特点，就出现了人与人之间的新关系：乐于与人交往，建立友谊，分享苦乐，身在其中又不迷失自己。如果一个人不能在朋友之间、伴侣之间建立一种友爱关系，他就会产生孤独感，而不会与人分享苦乐、互相关心。

7. 显示充沛感的阶段

这是个体成家立业的阶段。如果个人事业成功，能够关心下一代，造福社会，尽到做父母的责任，就会获得充沛感。反之，就会陷入自我专注的状态，颓废迟滞，以私利和自我娱乐为主。

### 8. 达到完善的阶段

这是个体一生主要努力趋近完成的时期。一个具备信任、自主、主动、勤奋、统一、亲密与充沛感等健全人格的个体，进入老年期后就会有一种完善感，不悔恨当初，认为自己为社会尽了力，对来日不多也不心怀恐惧。相反，那些过去失去了很多好机会的人，这时会悔恨不迭，想要重新开始却又年迈无力，从而产生一种绝望感。

人格发展的上述各个阶段是互相依存的，后一阶段发展任务的完成依赖早期冲突的解决程度，而后期阶段仍有可能产生先前已解决的冲突。个体解决每一个阶段危机的方式对个体的自我概念和社会性发展有着深远的影响。早期阶段中因问题的解决不当所造成的损失，可能会在后期阶段中得到修正，往往会对个体一生的发展造成间接而深远的影响。

### （二）教育价值

埃里克森的心理社会发展理论指出了人生每个阶段的发展任务及所需要的支持帮助，这有助于教育工作者了解中小学生在不同发展阶段所面临的各种冲突，从而采取相应的措施，因势利导，对症下药。

根据埃里克森的理论，小学生正处于第四阶段，即变得勤奋的阶段，其主要任务是培养勤奋感，克服自卑感。对于绝大多数小学生来讲，他们在刚进入学校时，都坚信自己能够学好，他们满心期望通过获得学习或其他工作的成功来得到教师和家长的认可和赞许。但是，学生的期望并非都能顺利达成。有的学校从一开始，就根据学生的某一种表现将学生划分为几个不同层次的组，如分为优、良、中、差。学生一旦被划分到较差组的行列，他们就很可能会丧失信心，从而失去最初对成功的期望，最终导致自卑或颓废。即使是划分到较好组的学生，其成绩如果得不到教师的肯定或积极评价，同样也可能产生自卑或颓废。因此，在某种程度上来说，教师或学校的教育决定着学生的成功或失败。为了培养学生的勤奋感，教师和学校应鼓励学生大胆想象与创造，对学生的建议表示赞赏，并耐心回答其问题，增强其自信心、发展其主动性。教师应给学生创设一种良好的学习环境，要保证每个学生都有机会在其帮助下确立实际的目标，并通过努力获得成功，要给学生表现独立性和责任感的机会。同时，对那些丧失信心的学生提供适当的支持，使他们获得成功的体验。要培养学生正确的成败观，使其懂得偶尔失败是学习过程中必然存在的现象，切不可因偶然的失败而丧失学习信心，更不能因此而自卑、颓废。

初中与高中阶段正是个体开始建立自我同一性的时期，教师要理解学生需要大量的机会来体验各种职业和社会角色，因此要提供机会让学生了解社会，了解自我，通过讨论等形式使他们解决自身所面临的问题。在这个过程中，教师要始终给学生有关其自身状况的真实的反馈信息，以便学生能正确认识自己，确定合理的、适当的自我同一性。教师要最大限度地尊重学生，切不可简单地将其当作"孩子"来看待，特别是不要在其同伴或其他有关人面前批评或轻视他们。

## 二、自我概念与自尊

### 1. 自我概念

自我概念（self-concept）是指由个体对自身的观念、情感和态度组成的混合物。许多研究假设，自我概念是按等级组织的。一般自我概念位于等级的上层，下层是一些具体的各个方面的自我概念，从而构成一个多维结构（如图2-2所示）。

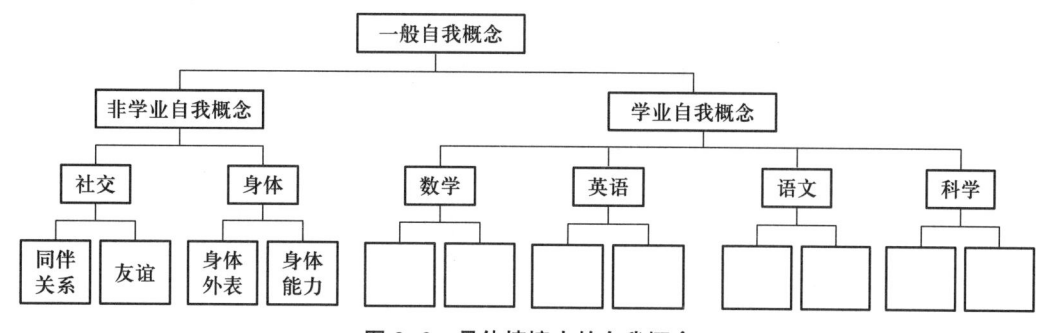

图 2-2　具体情境中的自我概念

自我概念是在与环境相互作用而形成的经验的基础上建立的，主要受到他人的强化和评价的影响。自我概念与学习之间是相互影响的。教育的干预对一般自我概念的影响需要较长时间方可见效，而对于特定领域的自我概念，则可能短期内就取得很好的效果。

刚入学的儿童，阅读自我概念的差异已经开始形成。那些进入学校时已经在语音和文字方面有较好知识的儿童在学习时更加容易，更容易形成积极的阅读自我概念。随着时间的推移，这种差异更加明显。因此，与阅读任务有关的早期经验极大地影响着自我概念。进入小学中年级后，学生会根据自己的标准比较学业自我概念的重要性。例如，如果数学被认为是重要学科，他们的数学自我概念会更积极，即使实际的数学成绩并不好。普通学校中数学成绩比较好的学生比好的学校中同等能力的学生对自己数学能力的感觉要好。

2. 自尊

自尊（self-esteem）是指个体在社会比较过程中获得的有关自我价值的积极的评价与体验，它是个体对自己的价值或者是否接受自己、尊重自己的感受。个体的自尊与学校生活存在着相互作用。自尊影响个体对自己的评价及其情绪，从而影响学生在学校中的行为表现。高自尊的学生在学校里的某些方面表现得更成功，他们常常与学校中较多的赞许性态度、班级中的积极行为和同伴之间的广泛交往而紧密联系。同时，学校环境也影响着学生的自尊。教师的教学过程、教学评价以及对学生的关爱都会影响学生的自尊。

史密斯（C. Smith）在其《自尊心的养成》一书中提出了培养学生自尊心的三个先决条件。①重要感（sense of significance），指个人觉得他的存在是重要的、有意义的。学生的重要感主要来自于与人交往的社会关系，在家庭中得到父母关爱，在学校受到教师及同伴接纳，就会使他们产生重要感。②成就感（sense of competence），指个人能在具有挑战性的工作中获得成就，而且能达到自己的预期目标，这时会产生一种完美感受。学生在学业上的成就感是形成正确自我概念的关键。③力量感（sense of power），指个人感觉到自己有处理事务和适应困境的能力。对学生来说，在智力和经验上能承受学校考试的压力，能每天不需要别人督导协助独立完成课后作业，就会产生力量感。力量感是使人敢于面对困难接受挑战的重要心理特征，也是克服困难获得成功的重要原因。与力量感相对应的是无力感，这是学生多次失败之后形成的结果，也可能成为他们在以后求学过程中畏惧退缩而再度失败的原因。这三个条件实际上是三个方面的心理需求的满足，只有这三个方面的心理需求得到满足后，自尊心才会出现。

## 第三节 个体差异与因材施教

个体差异是指个体之间在稳定的心理特点上的差异,包括性格、能力、兴趣等方面的差异。在学校环境中,学生的个体差异主要表现为学生家庭文化背景的差异、志向水平的差异、智力的差异、学习风格的差异,等等,所有这些差异都直接或间接地影响着教育教学活动。本节主要探讨学生的智力差异、学习风格差异及其与教学的关系。

### 一、个体的智力差异

#### (一)智力与智力测验

众所周知,智力(intelligence)反映了一个人的聪明程度。但要给智力下一个明确的令人满意的定义却十分困难。多少年来,研究者从不同的角度对智力做出了不同的解释。在西方心理学中,有人从理性哲学的观点出发,认为智力是指抽象思维能力,如法国心理学家比内(A. Binet)认为,智力就是做出正确的判断、透彻的理解、适当的推理的能力;美国心理学家推孟(L. M. Terman)认为,一个人的智力和他的抽象思维能力成正相关。有人从教育学的观点出发,认为智力就是学习能力,学业成绩就代表智力水平。也有人从生物学观点出发,认为智力是适应新环境的能力,如德国心理学家施特恩(L. W. Stern)认为,智力是指个体有意识地用思维活动适应新环境的一种潜能。但归纳起来,大多数心理学和教育学领域的专家都同意:智力是指处理抽象观念、处理新情境和学习以适应新环境的能力。一般来说,智力是指认知方面的各种能力,即观察力、记忆力、思维力、想象力的综合,其核心成分是抽象思维能力。

心理学家创造了许多测量智力的工具,这些测量工具被称作智力量表。世界上第一个标准化的智力测验量表是由法国心理学家比内和医生西蒙(T. Simon)于1905年编制而成的,目的是为了筛选不能适应正常班级教学的儿童,该量表史称《比内-西蒙量表》。该量表后被引入美国,经推孟修订,于1916年发表《斯坦福-比内智力量表》,该量表以后又有多次修订,现在已成为世界上著名的心理测验量表。我国有它的修订版。

智力测验中的一个重要概念是智商(intelligence quotient,简称IQ)。《斯坦福-比内量表》采用的是比率智商,即用智力年龄和实际年龄的比值来反映智商,其公式为:

$$IQ = (智力年龄 / 实际年龄) \times 100$$

上述公式中的实际年龄是指从出生到进行智力测验时的年龄,即用参加测验的年月日减去出生年月日所得的年龄。智力年龄是根据智力测验计算出来的相对年龄。智力测验的题目是按年龄分组的。例如,适合7岁儿童的题目放在7岁组,适合8岁儿童的题目放在8岁组,依次类推。随着年龄增高,题目的难度也增大。如果7岁儿童全部做对7岁组的测题,则该儿童的智力年龄与他的实际年龄一致。如果1名7岁儿童不仅做对了7岁组的所有题目,而且做对了8岁组的题目,那么他的智力年龄就是8。将该儿童的实龄数与智龄数代入上述公式,得到:

$$IQ = (8 \div 7) \times 100 = 114$$

比率智商的高低基本反映了一个人的聪明程度。但是,由于个体的智力年龄并非随实际年龄呈线性增长,而是到了一定年龄后出现停滞不前的趋势,因此上述比率智商受到人们的质疑。

1936年，美国的韦克斯勒（D. Wechsler）编制了另外一套量表。该量表采用了"离差智商"的概念，其基本思路是：假定每个年龄阶段总体智力水平呈正态分布，计算个人得分在该年龄组中离开平均数的距离，换算成标准分数，看它的位置离平均数有几个标准差，从而判定此人智力的高低。在采用标准分数表示智商的正态分布时，智商的平均数为100，标准差为15，将个人测验上的原始分数转化为IQ的公式为：

IQ = 100+15（个体测验分数 – 本年龄组的平均分数）/ 本年龄组的标准差

**（二）智力的构成**

对于智力的构成，很多心理学家提出了自己的观点，比如斯皮尔曼（C. E. Spearman）把智力区分为一般因素和特殊因素。瑟斯顿（L. L. Thurstone）提出了7种主要的智力因素：空间关系、语词理解、语词流畅、联想记忆、数字运算、一般推理和知觉速度等。卡特尔（R. B. Cattell）将智力分为流体智力与晶体智力：流体智力（fluid intelligence）是指基本与文化无关的、非言语的心智能力，如空间关系认知、反应速度、记忆力以及计算能力等；晶体智力（crystallized intelligence）是指应用从社会文化中习得的问题解决的方法的能力，是在实践（学习、生活和劳动）中形成的能力。吉尔福特则从操作、内容和产品三个维度来分析智力的结构，提出了智力的三维结构模型。美国哈佛大学珀金斯（D. N. Perkins）教授提出智力公式：

智力＝能量＋技巧＋内容知识

能量是指人的神经系统的生理功能，它很难因环境或教育因素而改变；技巧是指策略性知识；内容知识则是指各个领域的陈述性知识和程序性知识。显然，教育对智力产生影响是通过影响智力中的可习得成分（即技巧和内容知识）来达到目的的，而在技巧和内容知识中，最有效的方法是培养学生应用策略性知识的能力。

下面，我们对三元智力理论、多元智力理论这两种对教育具有重要意义的理论进行简要介绍。

1. 三元智力理论

20世纪70年代中期起，斯滕伯格（R. J. Sternberg）开始对智力进行深入研究。1985年，他完成了《超越智商——人类智力三元论》一书。在书中，他对智力进行了全新的分析与界定，提出三元智力理论（triarchic theory of intelligence）。这一理论认为，人的智力是由分析能力（包括分析、判断、评价能力）、创造能力（包括创造、发现、发明、想象和探索能力）和实践能力（包括适应、改造或选择环境的能力）三个相对独立的能力组成的。斯滕伯格的三元智力理论启示我们：教师一方面需要关注每一种学习行为对发展智力的作用，使所有学生的智力都能得到全面发展；另一方面需要帮助学生认识、利用并发挥自己的优势智力。

2. 多元智力理论

多元智力理论（theory of multiple intelligence）是由美国心理学家加德纳（H. Gardner）所倡议的。加德纳认为，智力是解决实际问题并创造出在所处文化中有价值的产品的能力。人的智力包括以下八种：

① 言语智力，指学习与使用语言文字的能力。

② 逻辑数理智力，指数学运算及逻辑思维推理的能力。

③ 空间智力，指凭知觉确定距离、判定方向的能力。
④ 音乐智力，指对音律节奏的欣赏和表达能力。
⑤ 身体运动智力，指支配肢体以完成精密作业的能力。
⑥ 社交智力，指与人交往且能和睦相处的能力。
⑦ 自我反省智力，指认识自己并确定自己生活方向的能力。
⑧ 自然观察智力，指对生物的分辨观察及对自然景物敏锐的注意力。

加德纳的智力理论拓展了传统智力的观念，对于学校教育具有深远意义。个体智力差异不再是智商的高低，而是结构的不同，每个人都有八种智力，但每个人的优势智力是不同的。他后来提出的"以个人为中心的教育"，对美国教育乃至中国现今的教育改革都有重要启示。

### （三）智力的差异

由于智力是个体先天禀赋与后天环境、教育相互作用的结果，因此，无论是个体还是群体在智力测验上都存在差异。

智力的个体差异既有量的差异又有质的差异，量的差异主要是指个体在智力分数上的不同。大量的研究表明，人们的智力水平近似正态分布。大多数人的智力分数在85—115分，约占总人数的68%。智力分数极高与极低的人很少。一般认为，智力分数超过140分的人属于智力超常，IQ低于70分的人属于智力低下，他们在人口中都不到1%。

质的差异主要指个体的构成成分的差异。心理学家研究认为，智力由许多不同的心理能力构成，如瑟斯顿提出的7种主要智力；吉尔福特（J. P. Guilford）提出的智力结构理论把智力划分为150种不同的心理能力。韦克斯勒的智力测验主要测量了个体在言语和操作两方面的能力，在言语能力中包括常识、类同、算术、词汇、理解及数字广度；在操作能力中包括填图、图片排列、积木图案、物体拼凑、数字符号。这样，即使受测者在测验总分上是相同的，但在各个分测验中也会存在很大差异，从而表现出智力的质的差异。例如，有的学生言语理解能力特别强，而有的学生则表现出较高的空间想象能力。

## 二、个体的学习风格差异

### （一）学习风格及其特征

学习者在学习活动中的个体差异不仅表现为智力的差异，也表现在学习风格上。学习风格（learning style）又名学习方式，是学习者在探究、解决其学习任务时所表现出来的典型的、一贯的、独具个人特色的学习策略和学习倾向。并非所有的学习策略和学习倾向都属于学习风格范畴，有些学习策略和学习倾向会随着学习任务、学习环境的不同而有所变化，这些随学习任务、学习环境经常变化的、不稳定的学习策略、学习倾向不属于学习者的学习风格。学习风格具有持久性，即在时间上学习风格是相对稳定的，也具有一致性，即在完成类似的任务时始终表现出这种稳定性。

学习风格和智力或能力的不同之处在于，智力或能力主要是指学生在智力或学习测验的成绩中表现出来的差异，可以有高低、好坏之分，只有一个维度；学习风格一般是根据两极来描述的，例如，有些学生倾向于采用发散式思维方式，有些学生则趋向于使用辐合式思维方式，但并不能说发散式思维方式就比辐合式思维方式好。对于某些问题来说，发散式思维可能有效些；在另一种场合，辐合式思维可能更合适些。发散式思维者与辐合式思维者同样都可能具有较高的智力水平。我们每个人并非要处于这两极的某一端上,而是根据具体情况,利用多种学习风格。

**(二)学习风格的构成**

一般来说,学习风格可分为生理、心理和社会三个方面。

1. 生理方面的学习风格

学习风格的生理要素主要表现在学习者在进行学习时对时间节律以及感觉通道的偏爱。在时间节律方面,有些人喜欢清晨学习,有些人则喜欢在晚上或深夜学习;有人喜欢在上午学习,有人则喜欢在下午学习。在噪声刺激方面,有的学习者在学习时需要绝对安静,有的则喜欢在背景音乐中进行学习。

在感觉通道方面,学习者有视觉、听觉和动觉的偏爱之分。视觉偏爱型的学习者,对视觉刺激敏感,习惯借助视觉接受学习材料,如景色、相貌、书籍、图片等。此类学习者喜欢通过自己看书和记笔记来学习,而不适合教师的讲授和灌输。听觉偏爱型的学习者则偏爱听觉刺激,他们对语言、声响、音乐的接受力和理解力强,甚至喜欢戴上耳机一边听背景音乐一边学习,他们在学习外语时,大都喜欢多听多说,不太关心具体单词的写法或者句型结构。动觉偏爱型学习者喜欢接触、操作物体,对自己能够动手参与的认知活动更感兴趣。

2. 心理方面的学习风格

学习风格的心理因素涉及认知、情感和意志方面。认知方式是在心理层面上的学习风格成分,指学生在加工信息(包括接受、储存、转化、提取和使用信息)时所习惯采用的不同方式。情感方面的学习风格涉及学习兴趣或好奇心、成就动机的差异、内控与外控以及焦虑性质与水平的差异。意志方面的学习风格涉及学习坚持性、冒险与谨慎等。下面介绍几种经典的认知方式。

(1)场独立型与场依存型

美国心理学家威特金(H. Witkin)把受环境因素影响大者称之为场依存型(field dependence),把不受或很少受环境因素影响者称之为场独立型(field independence)。后来的研究发现,场独立型与场依存型是两种普遍存在的认知方式。场独立型者对客观事物判断时,倾向于利用自己内在的参照(主体感觉),不易受外来因素的影响和干扰;在认知时独立于周围的背景,倾向在更抽象和分析的水平上加工,独立对事物做出判断。场依存型者对物体的知觉倾向依赖外在的参照(客观事物),难以摆脱环境因素的影响;他们的态度和自我知觉更易受到周围的人,特别是权威人士的影响和干扰,善于察言观色,注意并记忆言语信息中的社会内容。

研究表明,场独立型与场依存型和学习有密切关系。一般说来,场依存型者对人文学科和社会学科更感兴趣;场独立型者更擅长学习自然科学。所以,在学习中,凡是与学生的认知方式相符合的学科,成绩一般会好些。场依存型的人的社会定向特征,使他们在学习社会材料时比场独立型的人好;场独立型的人在学习未经充分组织好的材料时比场依存型的人好,但场依存型与场独立型在学习上的区别不是在学习能力上,而是在学习的过程上,他们的学习能力或记忆能力并无显著不同。

场依存型者较易受别人的暗示,他们学习的努力程度往往受外来因素的影响,因而场依存型的学生在诱因来自外部时学得更好;场独立型者在内在动机作用下学习,时常会产生更好的学习效果,尤其明显地表现在数学成绩上。

此外,场独立型与场依存型学生对教学方法也有不同偏好。场独立型学生易于给无结构的材料提供结构,比较适应结构不严密的教学方法;场依存型的学生喜欢有严密结构的教学,因为他们需要教师提供外来结构,需要教师的明确指导与讲解。

当然,场独立型与场依存型的教师在教学中也存在着差异。场独立型的教师喜欢讲演,在讲课时,他们注意教材的结构和逻辑,偏向于使用较正规的教学方式;场依存型的教师使用结构不那么讲究的方法,喜欢与学生相互作用,喜欢采用讨论的方法。

(2)沉思型与冲动型

沉思型与冲动型的认知方式反映了个体加工信息、形成假设和解决问题的速度和准确性。卡根(J. Kagan)经过一系列实验后发现,有些学生知觉与思维的方式是以冲动为特征的,有些学生则是以沉思为特征的。冲动型(impulsive)的学生往往以很快的速度形成自己的看法,在回答问题时,往往根据问题的部分信息或未对问题做透彻分析时就仓促做出决定,反应速度快,但容易发生错误。沉思型(reflective)的学生在碰到问题时则不急于回答,倾向深思熟虑,他们在做出回答之前,倾向用充足的时间考虑、审视问题,权衡各种问题解决的方法,评估各种可替代的答案,然后从中选择一个满足多种条件的较有把握的最佳答案,因而错误较少。研究表明,约 30% 的学前儿童和小学生的认知方式属于冲动型。但值得注意的是,并非所有反应快的学生的认知方式都属于冲动型,有的学生反应快可能是由于任务简单或对任务很熟悉,或者是思维敏捷的缘故。

研究发现,与冲动型学生相比,沉思型的学生易具有更成熟的问题解决的策略,能更多地提出不同假设,而且,沉思型学生能够较好地约束自己的动作行为,忍受延迟性满足,比起冲动型学生,沉思型学生更能抗拒诱惑。然而,也有研究发现,虽然沉思型学生在解决较少维度的问题时比冲动型学生要快得多,但是冲动型学生解决具有多维度的任务时比沉思型学生要快得多。还有研究发现,沉思型学生在完成需要对细节做分析的学习任务时,学习成绩较好;冲动型学生在完成需要做整体解释的学习任务时,成绩要好。可见,冲动型学生在解决问题的能力方面,并不一定比沉思型学生更差。一般人认为,冲动型学生学业成绩差,主要是因为学校里的测验往往注重对细节的分析,而冲动型学生擅长的则是从整体上来分析问题。

此外,沉思型学生与冲动型学生的差别还在于,沉思型学生往往更易自发地或在外界要求下对自己的解答做出解释;冲动型学生则很难做到这一点,即使在外界要求下必须做出解释时,他们的回答也往往是不周全、不合逻辑的。

在不同学习内容的测验中,沉思型学生与冲动型学生的成绩也存在明显差异。一般来说,较之冲动型学生,沉思型学生的阅读成绩、再认测验及推理测验成绩较好,创造性设计的成绩更优秀。相比之下,冲动型学生往往阅读困难,较多表现出学习能力缺失,学习成绩常出现不及格。

为了帮助冲动型学生抑制冲动,心理学家着手创造一些训练方法,对他们的认知方式进行纠正。研究表明,单纯提醒冲动型学生,要他们慢一些做出反应,对他们并无帮助。但通过指导他们具体分析、比较材料的构成成分,注意并分析视觉刺激,对克服他们的冲动型认知方式较为有效。也有人让冲动型学生大声说出自己解决问题的过程,进行自我指导,当获得连续成功以后,由大声的自我指导变成轻声低语,而后变成默默自语。这样做的目的是训练冲动而又粗心的学生有条不紊地、细心地学习和解决问题。这种具体训练收到了较好效果。

（3）整体型和序列型

英国心理学家帕斯克（G. Pask）要求学生对一些想象出来的火星上的动物图片进行分类，并形成自己分类的原则。在学生做完分类任务后，让学生报告他们是怎样进行这项学习任务的。结果发现，学生在使用的假设类型以及建立分类系统的方式上，都表现出一些有趣的差异。有些学生把精力集中在一步一步的策略上，他们提出的假设一般来说比较简单，每个假设只包括一个属性，从一个假设到下一个假设是呈直线的方式进行的。这种策略被称之为序列型（analytic）策略。另一些学生则倾向使用比较复杂的假设，每个假设同时涉及若干属性，从整体上考虑如何解决问题。这种策略被称为整体型（wholistic）策略。

整体型认知方式的学生在完成学习任务时，往往倾向对整个问题涉及的各个子问题的层次结构以及自己将采取的方式进行预测，而且，他们的视野比较宽，能把一系列子问题组合起来，而不是一碰到问题就立即着手一步一步地解决。序列型认知方式的学生一般把重点放在解决一系列的子问题上。在把这些子问题联系在一起时，他们十分注重其逻辑顺序。由于他们通常都按顺序一步一步地前进，所以，只有在学习过程快结束时，他们才会对所学内容形成一种比较完整的看法。如果他们要使用类比或图解等方法，则是比较谨慎的。帕斯克（G. Pask）发现，这两组学生在学习任务结束时，都能达到同样的理解水平，尽管他们达到这种理解水平时所采取的方式是完全不同的。

3. 社会方面的学习风格

学习风格的社会性要素涉及学习者在独立学习与结伴学习、竞争与合作等方面所表现出的特征。例如，有些人喜欢独立学习，当与其他人一起学习时则难以集中精力；有些人则相反，喜欢和他人一起学习。

了解学生在完成各种学习任务过程中所采取的典型的学习风格，有助于教师据此因材施教，采取与学生学习风格相匹配的教学。例如，如果学生是视觉偏爱型，那就多提供阅读材料；如果学生是听觉偏爱型，就多给学生进行口头讲解，与学生进行讨论。教学要想取得成效，提供给学生的学习材料、教学方式乃至教学评价等需要与学生惯用的学习策略或认知风格相匹配。

【微课】
学习风格的
教学应用

## 本章概要

1. 皮亚杰认为，发展是一种建构过程，是个体在与环境不断的相互作用中实现的。图式是指有组织的、可重复的行为或思维模式。当个体面对一个新的刺激情境时，如果能够把已有图式或认知结构刺激整合到自己的认知结构中，就是同化；如果不能利用已有图式接受和解释新刺激，其认知结构由于刺激的影响而发生了改变，就是顺应。个体的心理发展就是通过同化和顺应日益复杂的环境而达到平衡的过程。

2. 皮亚杰认为，个体从出生到成熟的发展过程中，其认知结构在与环境的相互作用中不断重构，相继经历了感知运动阶段、前运算阶段、具体运算阶段和形式运算阶段四个阶段。每一阶段都有它主要的行为模式，标志着这一阶段的行为特征。影响发展的因素包括成熟、练习和经验、社会性经验、具有自我调节作用的平衡过程。

3. 维果茨基的文化历史发展理论认为,人的高级心理机能是社会历史的产物,受社会规律的制约。他区分了两种心理机能:一种是作为动物进化结果的低级心理机能,另一种则是作为历史发展结果的高级心理机能。高级心理机能是人类所特有的,它使得人类心理在本质上区别于动物心理。

4. 维果茨基认为,教师在教学时,必须考虑儿童的两种发展水平,一种是儿童已有的发展水平,另一种是在有指导的情况下借助成人的帮助可以达到的问题解决的水平。这两者之间的差距就是最近发展区。教学必须要考虑儿童已达到的水平,并要走在儿童发展的前面。

5. 埃里克森的心理社会发展理论认为,人格的发展是一个逐渐形成的过程,它必须经历一系列顺序不变的八个阶段,每一阶段都有一个由生物学的成熟与社会文化环境、社会期望之间的冲突和矛盾所决定的发展危机,每一个危机都涉及一个积极的选择与一个潜在的消极选择之间的冲突。如果个体能够成功而又合理地解决每个阶段的危机或冲突,就会形成积极的人格特征;反之,危机或冲突得不到解决或解决得不合理,个体就会形成消极的人格特征。

6. 斯滕伯格的三元智力理论认为,智力是使个体产生适应环境的行为的心理能力,包括分析能力、创造能力和实践能力。教学需要同时发展学生的三种智力,并且认识、利用并发挥学生的优势智力。

7. 加德纳的多元智力理论认为,人类的心理能力至少应该包括以下八种不同的智力:言语智力、逻辑数理智力、空间智力、音乐智力、身体运动智力、社交智力、自我反省智力及自然观察智力。智力既有量的差异又有质的差异。教育需要以人为中心,发展学生的多种智力,并且根据学生的智力差异培养个性化人才。

8. 学习风格是学习者在探究、解决其学习任务时所表现出来的典型的、一贯的、独具个人特色的学习策略和学习倾向。学习风格涉及生理、心理和社会三个层面。认知方式是在心理层面上的学习风格成分,指学生在加工信息时所习惯采用的不同方式,涉及场独立型与场依存型认知方式、冲动型与沉思型认知方式、整体型与序列型认知方式等。

## 思考题

1. 皮亚杰提出了什么样的儿童认知发展观,这对教育有何启示?
2. 评述埃里克森的心理社会发展理论。
3. 如何根据学生的智力差异进行因材施教?

## 推荐阅读

1. 白学军. 儿童发展 [M]. 北京:高等教育出版社,2016.
2. 陈琦,刘儒德. 教育心理学 [M]. 2版. 北京:高等教育出版社,2011:第二、三章.

3．拉宾诺威克兹．皮亚杰学说入门：思维·学习·教学[M]．杭生，译．北京：人民教育出版社，1985．

4．维果茨基．维果茨基教育论著选[M]．余震球，选译．北京：人民教育出版社，2005．

5．加德纳．多元智能[M]．沈致隆，译．北京：新华出版社，1999．

6．STERNBERG R J, SPEAR-SWERLING L．思维教学：培养聪明的学习者[M]．赵海燕，译．张厚粲，审校．北京：中国轻工业出版社，2008．

7．ARMSTRONG T．课堂中的多元智能：开展以学生为中心的教学：第2版[M]．张咏梅，王振强，等译．孔礼光，审校．北京：中国轻工业出版社，2003．

8．谭顶良．学习风格论[M]．南京：江苏教育出版社，1995．

# 第三章 学习的基本原理

学习理论是教育心理学中最基本的问题之一。由于学习问题本身的复杂性，研究者的文化背景、知识经验以及指导思想和研究方法的不同，人们对学习的实质、过程和条件等根本问题的理解存在分歧，形成了各种不同派别的学习理论。

## 本章结构

- 学习概述
  - 学习的一般含义
  - 学习的分类
  - 学习理论的发展脉络
- 行为主义学习理论
  - 桑代克的联结说
  - 经典性条件作用
  - 操作性条件作用
  - 班杜拉的社会学习理论
- 认知主义学习理论
  - 布鲁纳的认知结构学习理论
  - 奥苏贝尔的认知同化论
  - 学习的信息加工论观点
- 建构主义学习理论
  - 建构主义的发展线索
  - 建构主义的知识观与学生观
  - 学习的建构性实质
  - 学习中的社会性相互作用
  - 情境性学习

## 第一节 学习概述

### 一、学习的一般含义

学习是日常生活中相当普遍的一个词，也是教育心理学中最基本的概念之一。综合各心理学流派的观点，学习（learning）是个体由于经验而引起的相对持久的心理结构及其外显行为的变化。我们可以从以下四个方面理解学习的内涵。

首先，学习必须使个体产生某种变化。这种变化，有时直接见诸行为，有时未必直接见诸行为，而是引起个体内部心理结构（知识、技能、态度等）的变化，它可能会在日后的活动中表现出来。

其次，这种变化是由经验引起的。个体通过与外界的相互作用来获得经验，如看剧、听课、讨论、旅游、练习和实践等。虽然成熟（或发展）也会导致个体行为水平的提高，但这种变化是由生理发育引起的，不是学习的结果。当然也有些情况难以明确区分，例如，婴儿逐渐学会说话，这就很难说是成熟还是学习的结果。实际上，它是通过成熟与学习的复杂的共同作用发展起来的。另外一些因素，如疲劳、创伤、适应、药物等，也能引起变化。例如，体育运动员服用违禁药物提高了运动成绩，但这不是学习的结果。

再次，这种变化是相对持久的。有些变化，如疲劳等，通常是暂时的，经过一段时间或一旦条件改变就会自行消失，这种变化也不能称作学习。

最后，上述定义是一个广义的概念，既包括人类的学习，也包括动物的学习。学习是有机体适应其生存环境的重要机制。动物为了适应变化的环境，需要进行学习，而个体不仅要适应环境，而且要改造环境，这就更需要学习。从广义上来说，学习与生命并存，学习广泛地发生于每个个体的生活之中。

当然，人类的学习与动物的学习有着本质区别，这主要表现在：人类学习体现社会性；人类学习具有能动性，个体具有明确的目的性、计划性，并具有高级思维功能；个体不仅可以获得直接经验，而且可以借助语言获取间接经验。

### 二、学习的分类

从不同角度来看，学习可以分为不同类型，而不同类型的学习往往在学习过程和规律上有所不同。

#### （一）加涅的学习分类

加涅（R. M. Gagne）根据学习结果将学习分为五类。学习结果就是个体习得的能力倾向或个性倾向。

1. 言语信息的学习

言语信息（verbal information）的学习，即掌握以言语信息传递（通过言语交往或印刷物的形式）的内容，学习结果是以言语信息表现出来的。例如，"秦始皇统一中国""三角形内角之和等于180°"。这一类学习通常是有组织的，学生得到的不仅是个别的事实，而且是根据一定的教学目标获得许多有意义的知识，使信息的学习和意义的学习结合在一起，构成系统的知识。

## 2. 智慧技能的学习

言语信息的学习帮助学生解决"是什么"的问题，而智慧技能（intellectual skills）的学习要解决"怎么做"的问题，是学习对外界的符号、信息进行处理的学习。例如，怎样把分数转换成小数，怎样使动词和句子的主语一致。加涅按照复杂程度将智慧技能依次分为：辨别——概念——规则——高级规则（解决问题）。辨别是区分两个或以上刺激的特征异同，如区分长方形的不同边的长度特征。概念是一类刺激的共同特征，如长方形中较长的边叫作长方形的长，较短的边叫作长方形的宽。规则是两个或以上概念之间的关系，如长方形的面积是长乘以宽，长方形的周长是长加宽的和乘以 2。高级规则是两个规则之间的关系。如已知一个长方形的面积与长，求长方形的周长。在解决这个问题的过程中，学生需要将长方形的面积公式和周长公式这两个规则结合起来，这样就形成了一个高级规则（可表示为一个综合算式），下一次遇到类似的问题时可以直接应用这个高级规则（综合算式）。

加涅认为，每一级智慧技能的学习要以低一级智慧技能的获得为前提，这叫学习的层级性原则。例如，要想学习长方形的面积公式，必须先学习长方形及其长和宽的概念。最复杂的智慧技能是把许多简单的技能组合起来而形成的，如解决有关长方形的面积或周长的问题时，需要将长方形、长、宽、面积公式和周长公式等智慧技能结合起来。

## 3. 认知策略的学习

认知策略（cognitive strategies）是学习者用以支配自己的注意、学习、记忆和思维等内部心理过程的技能。例如，读书时采用尝试背诵的策略，读一遍后就尝试着回忆，看看自己能够记住多少，然后将未能记忆的部分再看一遍，如此反复，直到背诵所有内容为止。认知策略与智慧技能的不同在于，智慧技能指向学生的外部环境，而认知策略则支配着学生在应对环境时其自身的行为，即"内在的"东西。这种使学生自身能管理自己思维过程的、内在的、有组织的策略是非常重要的。

## 4. 态度的学习

态度（attitude）是影响个体对某种事物、人物及事件采取行动的内部状态。加涅提出了三类态度：对家庭和其他社会关系的认识；对某种活动所伴随的积极的喜爱的情感，如音乐、阅读、体育锻炼；有关个人品德的某些方面，如爱国，关切社会需要和社会目标，尽公民义务的愿望。

## 5. 运动技能的学习

运动技能（motor skills）又称为动作技能，是通过身体动作的质量（如敏捷、准确、有力和连贯等）不断改善而形成的整体动作模式，如体操技能、写字技能、作图技能、操作仪器技能等。

### （二）奥苏贝尔的分类

奥苏贝尔（D. P. Ausubel）根据以下两个维度对认知领域的学习进行了分类：一个维度是学习方式，可分为接受学习和发现学习；另一个维度是学习的性质，即材料与学习者已有知识的关系，可分为机械学习和有意义学习。这两个维度互不依赖，彼此独立，并且每一个维度都存在许多过渡形式，其具体的组合可见图 3-1。

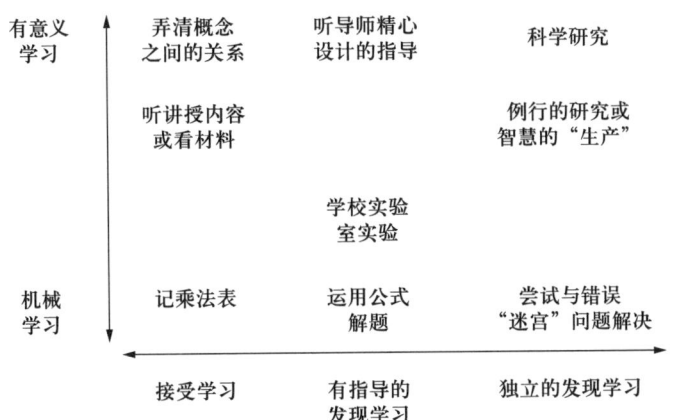

图 3-1　分布于有意义学习—机械学习、发现学习—接受学习之间的学习举例

### 三、学习理论的发展脉络

学习理论是教育心理学的重要内容。学习理论主要回答以下三方面的问题。①学习的实质是什么。即学习的结果到底使学习者形成了什么，或者说发生了怎样的变化，是外部的行为操作还是内部的心理结构，是简单的一条一条经验的积累还是整体的经验结构。②学习是一个什么样的过程。即学习是怎样实现的，或者说怎样才能达到预期的学习结果。③学习有哪些规律和条件。即学习过程受到哪些条件和因素的影响，如何才能进行有效学习。下面对学习理论的发展脉络进行概括的介绍。

#### （一）行为主义、认知主义学习理论的建立与初步发展

1879 年，冯特（W. Wundt）建立了第一个心理学实验室，心理学从此成为一门独立的科学。冯特的理论主要有两个特点。①还原论（或要素主义）。他直接研究人类意识经验，像化学中研究元素一样，试图把意识经验分析为许多最小的基本要素，再研究这些要素之间是怎样联系的。②内省法。他主要通过内省（或称自我分析）来研究人的意识经验，让被试在感知一个物体时详细报告他当时的经验——"原始"经验，而不是报告对该物体的解释，从该物体所学到的东西。可以说，冯特的研究既是现代学习理论的摇篮，又是后来学习心理学家批评的靶子。

对冯特的一种批判来自以华生（J. B. Watson）为首的行为主义学派。行为主义同意研究元素，但他们不同意冯特使用的内省法。华生认为，唯一可以观察到并且可以用科学方法研究的是个体的外显行为。行为主义者一般主张，学习就是在刺激与反应之间建立联结，即 S-R，就是形成行为习惯或条件作用，这一过程是通过反复尝试实现的。个体在一种刺激情境面前做出各种反应，有些反应导致了好的效果，得到了强化，这种反应就可能被保留；相反，有些反应没有产生好的效果，甚至还导致了惩罚，这些反应就会逐渐消退。在这种意义上，学习就是反应发生概率的变化。

对冯特的另一种批判来自与行为主义相对立的一个学派：德国的格式塔学派。它形成于 1910 年，以法兰克福大学的韦特海墨（M. Wertheimer）为首，他们集中批评冯特的还原论，认为它看不到人类经验的真实面貌，就好像如果把每个音符分开就永远听不到主旋律一样。他们强调经验的整体性，"整体不是其各部分的总和"。格式塔派的学者仍然研究

学习的内部过程，研究人的经验，但它强调学习是在头脑中构造和组织一种"完形"，也就是形成对事物、情境的各个部分及其相互关系的理解，而不是经验要素或S-R的简单集合，学习的过程不是什么尝试错误的过程，而是"顿悟"的过程。通过对问题情境的观察，理解它的各部分的构成及相互的联系，并分析出制约问题解决的各种条件，从而发现通向目标的途径。格式塔学派是早期的认知主义理论流派。

### （二）行为主义、认知主义学习理论的相互吸取

在与格式塔学派展开论战的过程中，一些行为主义者开始吸收认知主义者的思想，从而出现了折中倾向的学习理论，其中有两个典型的代表：早期的托尔曼（E. C. Tolman）和后来的班杜拉（A. Bandura）。

托尔曼自称是"目的行为主义者"，他强调以下三个方面。①行为的目的性和整体性。他认为，动物的行为总是指向一定的目的，如获得食物等，它不是胡乱尝试错误。他不研究反应的细节，而是分析动物整体的、指向目的的动作。②中介变量。他认为，从刺激到反应，这之间需要通过一些中介变量，动物需要形成对某个情境的预期，把某些事件（如铃响）当成最终事件（如食物的出现）的信号线索。实际上，托尔曼已经把认知因素引到了学习过程中，从S-R发展到了S-O-R。③潜伏学习。他认为，不能完全以外显的行为来判断学习是否发生，有时学习并不直接反应在行为中，它只是导致学习者对某个情境的理解。强化并不是学习的前提条件，它影响的只是学习的外在表现。可见，托尔曼研究学习者的整体动作，分析认知过程，使用"认知地图"的概念，都体现出了格式塔学派思想的影响。

班杜拉是20世纪五六十年代脱颖而出的学者，他虽然基本沿用行为主义的研究范式，但同时吸收了许多认知主义学习理论的思想。他提出，行为不是单由环境或个体因素决定的，环境、个体的生理与心理、行为三者之间是交互决定的关系。另外，他提出了观察学习理论，强调对行为的自我调节以及认知过程等。行为主义与认知主义在班杜拉身上融合得更为充分。

### （三）认知主义学习理论的发展与人本主义的出现

随着学习理论研究的深入，机械论、还原论等的弊端日益暴露，而在这些方面，认知主义学习理论却有自己的优势，越来越得到人们的重视，同时也由于计算机科学的影响，从20世纪五六十年代开始，认知主义学习理论逐渐进入发展与兴盛的时期。在这一时期，认知主义学习理论主要包括以下两种倾向。①认知结构理论：这与原来格式塔学派有着更为密切的联系，它把人的认知看成整体，而学习就是认知结构的发展过程，就是认知结构的形成和改造的过程。②信息加工的学习理论：它主要受计算机科学的启发，用计算机来类比人的认知加工过程，从信息的接收、储存和提取的流程来分析学习的认知过程。

心理学中同期出现了另一种思潮：人本主义。这一思潮的代表包括马斯洛（A. Maslow）、罗杰斯（C. R. Rogers）等。人本主义反对把人还原和分割为各种要素，主张研究整体的人，从个人追求自我实现的角度来解释学习，强调学习者的自我激励、自我参与、自我发展和自我实现。

### （四）建构主义学习理论的兴起

建构主义的学习理论主要是以皮亚杰、维果茨基等人的思想为基础发展起来的。从行为主义到信息加工论基本都以客观主义为基础，即把事物的意义看成存在于个体之外的

东西,是完全由事物自己决定的,而对事物的认知就是单向的刺激或信息的接收过程,是从事物到心理的过程。建构主义者认为,对事物的理解不是简单地由事物自己决定的,事物信息要被人理解,这依赖个体已有知识经验,不同个体对事物信息的理解常常会有所不同。学习是一个建构的过程,是学生通过新旧经验相互作用来形成、丰富和调整自己的经验结构的过程。教学并不是把知识经验从外部装到学生的头脑中,而是要引导学生从已有经验出发,生长(建构)起新的经验。建构主义日益引起了研究者的关注,对教育改革产生了重要的影响。

## 第二节　行为主义学习理论

如前一节所述,行为主义者主张用自然科学的方法来研究学习,他们用外显的、可以观察的刺激和反应来解释学习过程,反对研究学习的内部过程。当然,不同行为主义者的观点并不完全一致,有的很激进,有的有一定的折中倾向。而且,他们解释学习的角度也存在一定的差别。本节以其中几位主要代表人物为例,介绍行为主义学习理论的主要原理。

### 一、桑代克的联结说

桑代克(E. L. Thorndike)是美国著名心理学家,他的实证主义的取向使教育心理学研究走向了科学化的道路,是科学教育心理学的开创者,是第一个系统论述教育心理学的心理学家,被称为"教育心理学之父"。

#### (一)动物实验

桑代克是最早用动物实验来研究学习规律的心理学家。他从1896年开始从事动物心理的实验研究,最著名的动物学习实验是猫开笼取食的实验(如图3-2所示)。他把一只饿猫关入迷笼中,笼外放着鱼、肉等食物,笼中有一个可以打开门闩的装置——一个连着门闩的踏板。开始,猫在笼中用爪子够食,失败后,便乱咬、乱抓、乱跑。后来偶然碰到了踏板,打开了笼门,吃到了食物。桑代克记录下猫逃出迷笼所花的时间,而后再把它放进笼中,进行下一轮尝试。如此重复进行多次,可以看到猫逃出迷笼所需的时间逐渐减少,无效动作逐渐被排除。直到最后,猫一进迷笼,就去按动可以开门的踏板。桑代克用曲线图来表现学习的过程,说明随着尝试次数的增加,猫做出动作所用的时间逐渐减少(如图3-3所示)。

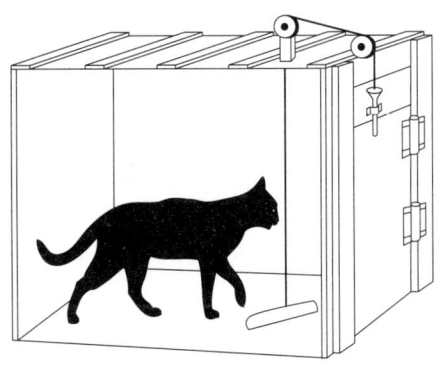

图3-2　桑代克迷笼

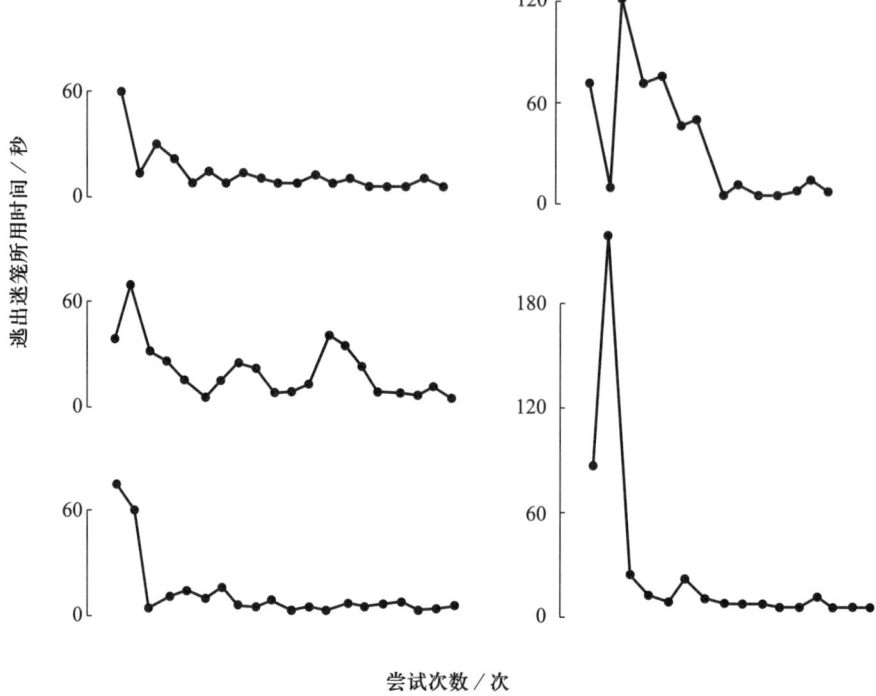

图 3-3　桑代克迷笼实验中 5 只猫的学习曲线

### （二）学习的联结说

通过这类实验，桑代克提出，学习不是建立观念之间的联结，而是建立刺激（情境）-反应联结（S-R），即在一定的情境与某种正确反应之间形成联结，其中，不需要观念或思维的参与。这种刺激-反应联结主要是通过尝试错误、不断修正行为而形成的，是随着错误反应的逐渐减少和正确反应的逐渐增加而形成的。学习就是通过渐进的尝试错误形成刺激-反应联结的过程，桑代克的联结说因此又被称为试误说。

桑代克也以人为被试做了学习实验，他认为，人和动物的学习规律是共通的，但人能够建立更多的、更为复杂的联结，对各种刺激情境及其要素做出反应的倾向的总和就构成了一个人的理智、性格和技能。

### （三）学习规律

桑代克根据其实验提出了三条主要的学习规律：准备律、练习律和效果律。

1. 准备律

准备律（law of readiness）是指学生在进入某种情境时所具有的预备性反应倾向会影响到某种反应的学习。比如，如果猫吃得很饱，那它就可能不会显示出任何学习逃出迷笼的行为，而是蜷缩着睡觉。学生如果有某种反应行为的预备性倾向，当他做出了这种活动时，他就会有满意感；假如不让他做出这种行为，他就会产生烦恼。学生没有准备而强制做出某种活动时也会有烦恼感。准备律实际上体现了学习的动机原则，后来的极端行为主义者批评这一概念的主观色彩太浓。

2. 练习律

练习律（law of exercise）是指对于已经形成的某情境与某反应的联结，正确地重复这一反应会增强这一联结。这就是说,重复做出一种受到奖励的正确反应可以增强这个联结的力量;经常不用,则导致这一联结的减弱或遗忘。

3. 效果律

效果律(law of effect)是最重要的学习规律,指一个联结的后果会对这个联结有加强或削弱作用。在对某个情境做出一个反应之后,如果伴随着一种满意的事件(如猫吃到了食物),那这个反应与情境之间的联结就会增强,学生以后就更可能在类似的情境中重复这一反应。相反,如果在这一反应之后跟随的是一个不满意的事件,这个联结的力量就会减弱。桑代克本来认为,奖励和惩罚都可以用来控制行为,奖励可以增强一种 S-R 联结,惩罚可以减弱一种 S-R 联结,但后来的实验表明,惩罚并不一定会减弱联结。

## 二、经典性条件作用

### (一)巴甫洛夫的经典条件作用学说

巴甫洛夫(I. P. Pavlov)是苏联著名生理学家,他最早用精确的实验对条件作用做了研究,曾获得诺贝尔生理学或医学奖。

在研究狗的消化腺的分泌变化时,巴甫洛夫发现,消化腺分泌的变化与外在刺激的性质和出现的时间有密切关系。比如,当把食物送给一条饥饿的狗时,它就分泌很多唾液,这是一种先天的无条件发射,食物作为一种无条件刺激引起了分泌唾液这种无条件反应。更重要的是,如果在出示食物时伴随或提前出现一种与分泌唾液毫无关系的中性刺激,比如脚步声或铃声,经过多次重复结合后,这种中性刺激若单独出现也会引起狗的唾液分泌。这样,原来的中性刺激(如脚步声或铃声)通过反复与无条件刺激(如食物)结合,变成了一种条件刺激,分泌唾液成了由这种条件刺激引起的条件反应,这就建立了一种条件作用。

条件作用中涉及四个基本的事项。①无条件刺激:指本来就能引起某种固定反应的刺激。②无条件反应:指无条件刺激原本就可以引起的固定反应。③条件刺激:指原来的中性刺激。④条件反应:指条件作用形成后由条件刺激引起的反应。条件作用的建立过程可以用表 3-1 来表示。

表 3-1 经典性条件作用的形成过程

| | | |
|---|---|---|
| 建立前 | 无条件刺激 —————→ (食物) | 无条件反应 (唾液分泌) |
| | 中性刺激 —————→ (铃声) | 引起注意 但无唾液分泌 |
| 建立中,多次重复 | 中性刺激 (铃声) ⋱ | |
| | 无条件刺激 —————→ (食物) | 无条件反应 (唾液分泌) |
| 建立后 | 条件刺激 —————→ (铃声) | 条件反应 (唾液分泌) |

巴甫洛夫对条件作用的研究是开创性的，而且他的实验方法与研究结果被后来的心理学家广泛接受。他的条件作用理论被称为经典性条件作用（classical conditioning）或经典条件反射。

### （二）华生的行为主义

【链接】
华生的恐惧
习得实验

华生（J. B. Watson）于1913年第一个打出了行为主义心理学的旗帜。他主张将巴甫洛夫的条件作用理论及其研究作为学习理论的基础。他认为，学习就是以一种刺激替代另一种刺激建立条件作用的过程，通过条件作用建立牢固的刺激－反应（S-R）联结，从而形成新的行为习惯。在华生看来，人类出生时只有几个反射（如打喷嚏、膝跳反射）和情绪反应（如恐惧、爱、愤怒），所有其他行为都是在此基础上通过条件作用建立的新的刺激－反应联结。

华生是极端的行为主义者，他所倡导的科学、客观、控制和预测的研究取向对后来的行为主义者产生了巨大影响，有一定积极的意义。但他的刺激－反应学习理论完全排斥对学习的内在过程及内在条件的探讨，把桑代克联结说的机械性一面推向了极端，成为典型的机械主义学习理论，无法解释知识等复杂学习活动的规律，这限制了其在教育实践中的价值。

### 三、操作性条件作用

斯金纳（B. F. Skinner）是后期行为主义对学习心理学最具影响力的心理学家。他坚持了科学、客观、控制的行为主义传统，继承了刺激－反应的学习观，以动物实验来研究学习规律，在桑代克、华生等人的基础上，他提出了对教育心理学影响巨大的操作性条件作用（operant conditioning）。

#### （一）斯金纳的学习实验

斯金纳发明了一种叫作"斯金纳箱"（Skinner box）的学习实验装置（如图3-4所示）。

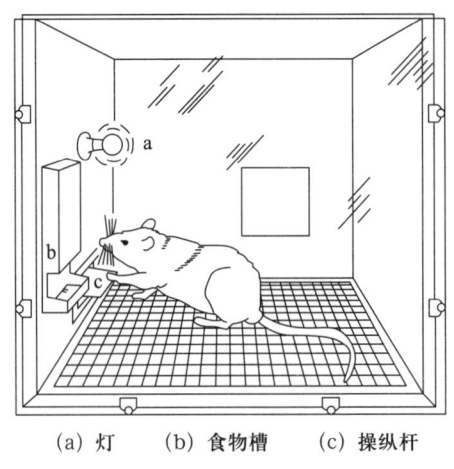

(a) 灯　　(b) 食物槽　　(c) 操纵杆

图3-4　斯金纳箱

箱内装有一操纵杆，操纵杆与提供食丸的食物槽连接，按压一次操纵杆，食物槽内就会自动落下一粒食丸。操纵杆连接着一个记录系统，可以记录下白鼠按压杠杆的次数和时间。把饥饿的白鼠置于箱内，白鼠因饥饿不安而乱动，偶然间，它碰到了操纵杆，得到了一粒食丸，以后又继续活动，偶尔再次压杆得食，经过几次尝试，白鼠会不断按压操纵杆，直到吃饱为止。这时我们可以说，白鼠学会了按压操纵杆以取得食物的反应，按压操作杆变成了取得食物的手段或者工具。斯金纳箱与桑代克的迷笼有些相似，但前者更为精确，而且当动物身在其中时更便于主动地做出自由反应。

### （二）操作性行为与操作性条件作用

斯金纳认为，个体的行为可以分为两类：应答性行为和操作性行为。应答性行为是由先行刺激所引发的反应，如用针刺一下手，手就会马上缩回；当遇到强光时眼睛瞳孔就会马上收缩；等等。操作性行为则是有机体对环境发出的反应，并没有明确的先行刺激，比如白鼠的压杆动作，人的读书写字等。请注意，操作性行为并不是不依赖任何刺激作用，只是说由刺激引起这种行为是未知的，而且去了解其原因也是不重要的。操作性行为不取决于事先的刺激，而是受控于行为的结果。经典条件作用所针对的只是应答性行为，而人类所从事的大多数有意义的行为都是操作性行为，操作性条件作用就是要对操作性行为的习得做出解释。

操作性条件作用的基本原理是：个体在某种环境中做出某种反应，不管有没有引起这种反应的刺激，如果之后伴随着一种强化物，那这个反应在类似环境中发生的概率就会增加。所以，在这种条件作用中，重要的不是反应之前的刺激，而是跟随反应之后的刺激（强化物），操作性行为成了获得某种强化物的工具，操作性条件作用因此又称为工具性条件作用。个体在某种情境中可能有多个自发的反应，研究者如果选择其一给予强化，那这个反应在以后出现的可能性就会增加。

可见，经典性条件作用是先行的刺激引发了所希望的反应，即 S-R 过程，行为的后果对行为不起作用。而操作性条件作用则是随后出现的刺激影响了反应的习得，是先前的刺激 – 反应 – 强化刺激（即 S'-R-S）过程，重要的是跟随反应之后的强化刺激（S），而不是先前的刺激（S'）。

### （三）强化原理

强化原理是斯金纳的理论最重要的部分和基础。他认为，行为之所以发生变化就是因为强化作用，因此，对强化的控制就是对人的行为的控制。

#### 1. 强化物

斯金纳的强化原理受到了桑代克的效果律的影响，但他用"强化"取代了"奖励"，不再用令学生满意与否作为强化的标准，因为这一解释过于主观化。斯金纳认为，学习就是反应发生概率的变化，凡是能增强反应概率的刺激和事件都叫作强化（reinforcement）。反之，在反应之后紧跟一个讨厌的刺激或事件，从而导致反应发生概率下降，则是惩罚（punishment）。

强化又分为积极强化（又称为正强化）和消极强化（又称为负强化）。积极强化通过呈现某种刺激增强反应概率；消极强化通过中止某种（令人讨厌的）刺激来增强反应概率。它们之间的关系可见表 3-2。

表 3-2　强化物与惩罚

| 反应变化 | 刺激增强 | 刺激消除 |
| --- | --- | --- |
| 反应增加 | 积极强化（呈现愉快刺激） | 消极强化（消除不愉快刺激） |
| 反应降低 | 惩罚1（呈现不愉快刺激） | 惩罚2（消除愉快或强化刺激） |

强化还可分为一级强化和二级强化。一级强化满足人和动物的基本生理需要，如食物、水、安全、温暖、性等。二级强化是指任何一个中性刺激如果与一级强化反复联合，它就能获得自身的强化性质，如金钱，最初它对于儿童不是强化物，但当儿童知道钱能换得自己需要的东西时，它就能对儿童的行为产生强化效果。再如考试分数，也是受到教师的注意后才具有强化性质的。二级强化包括社会强化（社会接纳、微笑）、代用券（钱、奖品等）和活动（自由地玩、听音乐、旅游等）。

在强化时，可以运用普雷马克原理（Premack principle），即用高频的活动作为低频活动的强化物，或者说用学生喜爱的活动去强化学生参加不喜爱的活动。比如，如果一个儿童喜爱看电视而不喜欢阅读，可以允许他在完成阅读之后去看一会儿电视。

在实际教育中，不同学生对各种强化物的反应是不同的。有的学生能因在班上被口头表扬而受到激励，但有的学生则不然。一个强化事件本身并不必然有效。因此，在教学中要注意以下两个方面。①要对不同学生提供不同的强化物。教师要注意观察和了解学生对什么强化物感兴趣。在一个三十多人的班级中，可以事先让学生填写一个问卷，如在课堂里你喜欢干什么或玩什么东西？在课堂上你最喜爱干的三件事是什么？如果你去商店，你将买哪三件喜爱的玩具？这些问题还可针对不同年级的学生加以修改。②教师选择强化物时应考虑年龄因素。有些活动，如帮助老师、做谜题，对小学生而言可能是有力的强化物，但对中学生而言，和朋友聊天、玩电子游戏、看杂志或听音乐则可能是更合适的强化物。因此，必须对不同年龄的学生提供相应的有力的强化刺激和事件。

2. 强化的程式

强化的程式是指强化的时间和频率安排，即在什么时候、以何种频度对一种反应施加强化。强化程式的分类情况如图 3-5 所示。

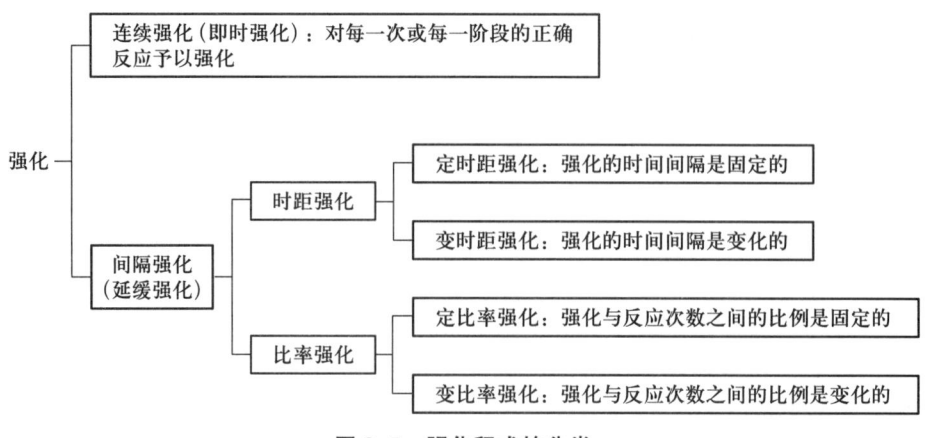

图 3-5　强化程式的分类

不同的强化程式会产生不同的反应模式。连续强化在教学习者习得新的反应时最为有效，但这种强化下的行为容易消退。间隔强化又称为延缓强化，它比连续强化具有更高的反应率和更低的消退率。定时距强化由于有一段时间间隔，随之会出现较低的反应率，但在这段时间间隔的末尾，反应率会迅速上升，学生在期终考试时临时抱佛脚就说明了这一点。定比率强化对稳定的反应率比较合适，而变比率强化则对维持反应的稳定性和频率最为有效。

根据这些特点，教师在教学中应注意以下几点。①教新任务时，要进行连续强化，不要进行间隔强化，后果紧跟着行为出现比延缓出现要有效得多。②在任务的早期阶段应对每一个正确的反应都进行强化，随着学习的进行，应逐渐地转到间隔强化，不必事事都表扬。③不要一开始就要求做到十全十美，要朝正确方向逐步引导和增强学生的行为。

### （四）新行为的塑造

一名幼儿教师是否要等到幼儿背出全部字母之后才给予强化呢？肯定不是！最好的方法是对学生说出一个字母、几个字母、全部字母时予以逐步强化。当我们期望学生习得的行为不是单一的反应，而是多个反应组合而成的复杂行为时，我们不能等到学生完全表现出这一完整行为之后再给予强化，而需要把目标行为分解，分成一个个的逐渐趋向目标的小步子。在学生每表现出一种趋近目标行为的小反应之后就给予强化，逐步提高要求，直到把多个反应连贯成一种复杂的行为，这种通过小步子反馈来帮助学生形成新行为的方法就是塑造（shaping）。在课堂教学中，塑造是一个重要的工具。如一个刚入学的学生，要训练他认真听讲，教师可以在讲课时观察他的表现。在开始阶段，一旦他能够连续 1 分钟将目光集中在教师身上，教师就给予微笑或表扬，而后当他能够连续 3 分钟集中听讲时再给予表扬，逐步提高要求，直到他在一堂课中都能集中听讲。塑造有顺向链式塑造和逆向链式塑造两种具体技术。

1. 顺向链式塑造

顺向链式塑造是指将任务分成许多小步子，当学生从前往后完成每一步时都予以强化，直到完成整体任务。其步骤如下。①终点行为：选择目标行为，越具体越好。②起点行为：了解学生目前能做到什么。③步调划分：列出一系列阶梯式的步子，让学生从起点行为达到终点行为，步子的大小因学生的能力高低而异。④即时反馈：对学生的每一次进步都予以反馈，学习任务越难，教师要给予的反馈就越多。

2. 逆向链式塑造

逆向链式塑造就是"倒序地"习得复杂的行为。将任务分成许多小步子，当学生从后往前完成每一步时都予以强化，直到完成整体任务。以习作为例，教学目标是让学生学会写带有主题句、佐证材料和总括句的段落。首先，我们可以给学生提供一段没有总括句的段落，要求学生补充，使之成为一篇完整的段落。然后，我们可以提供一段不完整的文字，要求学生加上一个佐证材料和总括性句子。最后，只提供一个主题句，要求学生写出几个佐证材料和总括句，直至学生能独自完成一篇这样的段落练习。这种教学策略的优势在于，每一次练习的结果都是一段完好的文字，以这种方式，学生能更好地看见全貌，并且强化的路线较短。

### （五）程序教学

程序教学（programmed instruction）是基于操作性条件作用和积极强化的原理而设计

的教学模式，并依此设计了教学机器。程序教学的基本做法是：把教材内容细分成很多的小单元，按照这些单元的逻辑关系顺序进行排列，构成由易到难的很多层次或小步子，让学生循序渐进，依次进行学习。在学习过程中，学生要尽量做出正确反应，教师（或教学机器）要在学生每回答一个问题、做出一个反应之后立即反馈，出示正确答案。这是一种个别化的学习方式，每个学生都可以按照自己的步调进行学习。程序教学基本上是一种自学程序，缺少学生与教师之间的互动。它适合那些能力高且个性独立的学生，也特别适合学生的自学需要。

### 四、班杜拉的社会学习理论

班杜拉受过严格的行为主义训练，但不满于极端行为主义的观点，他吸取了认知主义学习理论的观点，而且重视对社会学习的研究，形成了独具特色的社会学习理论（social learning theory），又被称为社会认知理论（social cognitive theory）。

#### （一）交互决定论

在斯金纳等极端行为主义者看来，个体的行为完全是由环境刺激决定的，而人本主义心理学家则基本上只是以人的内部动因来解释行为。班杜拉反对这种环境决定论和个人决定论的观点，他提出交互决定论（reciprocal determinism）。这一理论认为，个体（主要是认知等个人因素）、环境和行为三者都是作为相互决定的因素而起作用的，它们彼此之间的影响都是相互的，三者影响力的大小取决于当时的环境和行为的性质。个体、环境和行为三者的关系可用图 3-6 表示。

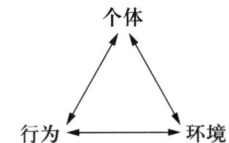

图 3-6 个体、环境与行为三者的关系示意

#### （二）观察学习

1. 观察学习的含义

按照斯金纳等人的观点，人只能通过自己对环境做出反应来学习。这种学习只能说明人的直接经验的获得。然而，人不可能通过自己亲身试误来习得一切行为。人有思维和观察能力，可以在社会交往中获得间接经验。班杜拉强调，由直接经验导致的所有学习现象，都可以在替代的基础上发生，即都可以通过观察他人行为及其结果而实现。所谓观察学习（observational learning），又称为替代学习，是指个体通过对他人及其强化性结果的观察而获得某些新的行为反应，或者矫正原有的行为反应。观察学习是人类学习的另一重要来源。与直接的刺激-反应学习不同，在观察学习中，学习者只是观察他人的反应，自己并没有尝试。相应地，学习者并没有获得强化刺激，他只是从观察对象的行为结果中获得了替代性的强化。而且，观察过程需要有认知活动的参与，而不可能只用外显行为来解释。另外，班杜拉对观察学习的研究是以人为被试的，是在自然的社会情境中进行的，而不是在实验室环境下研究动物的行为。在这些方面，班杜拉都与以往的行为主义者有明显不同。

在观察学习中，观察学习的对象称为榜样或示范者，可以是活生生的人，也可以是通过言语或影视图片呈现的榜样。观察学习可以归纳为以下三类。①直接的观察学习：对示范行为的简单模仿。②抽象性观察学习：从他人的行为中获得一定的行为规则或原理，以后并不表现出所看到的具体反应方式，而是在一定条件下做出体现所获得的原理或原则的行为，如儿童看暴力电影习得了一般的攻击性态度，而不只是具体的攻击行为。③创造性观察学习：即从不同的示范行为中抽取出不同的行为特点，组合成新的行为方式。可见，观察并不是简单机械的模仿，它是一个积极主动的、复杂的过程。

2．观察学习的过程

班杜拉把观察学习分为四个过程。

（1）注意过程

注意过程即对榜样情境各个方面的注意和知觉。学习者必须对示范行为给予足够的注意，并精确知觉到行为的特点和突出线索，抽取出相关信息，而不能只是泛泛地看。观察者比较容易观察那些与他们自身相似的或者被认为是优秀的、热门的和有力的榜样。有依赖性的、自身概念低的或焦虑的观察者更容易模仿他人的行为。强化的可能性或外在的期望也会影响个体决定观察谁、观察什么。

（2）保持过程

保持过程即对示范信息的记忆，这是一个从外到内的过程。观察的行为在记忆中以表象和言语两种形式存储。个体储存他们所看到的感觉表象，并且使用言语编码记住这些信息。

（3）复制过程

复制过程即仿照做出从榜样情境中观察到的行为，这是一个从内到外的过程。为了将符号表征转换成适当的行为，个体必须选择和组织反应要素，必须在信息反馈的基础上精炼自己的反应，即自我观察和矫正反馈。

（4）动机过程

经过前三个环节，个体基本上已经获得了所观察的行为，但他却可能极少甚至从不真正实施这种行为。个体是否愿意表现出这一行为，取决于对行为的强化，这可能是因为行为可以导致有价值的结果，即直接强化，也可能因为替代性强化或者自我强化。

**（三）对强化的重新解释**

除了直接强化外，班杜拉还提出了另外两种强化：替代性强化和自我强化。

1．替代性强化

替代性强化是指学生通过观察他人行为所带来的奖励性后果而受到强化。例如，教师对一个学生的助人行为进行表扬，这对其他同学来说就是一种替代性强化。替代性强化还有一个功能，就是情绪反应的唤起。例如，当电视广告上某明星因穿某种衣服或使用某种化妆品而显得迷人时，如果你能知觉到或体验到明星因受到注意而感觉到的愉快，对于你来说这便是一种替代性强化。

2．自我强化

人能观察自己的行为，并根据自己的标准进行判断，从而强化或惩罚自己。学生可以参照一定的社会情境对自己的行为形成某种预期的标准，当他的行为表现符合甚至超过这一标准时，他就会对自己的行为感到满意，进行自我奖励，这同样对行为具有强化作用，这种强化就是自我强化。自我强化参照的是自己的期望和目标。例如，在一次测验中一个学生可能因得了 90 分而沾沾自喜，而另一个学生则可能对 90 分感到大失所望。

在斯金纳的学习理论中，强化是学习的必要条件，而班杜拉认为，强化本身并不能对个体的反应产生任何强化作用，它只是关于行为结果的信息，基于这些信息（知识），学生就可以形成对行为结果的预期，激发行为的动机。如果一种行为得到了强化，这就是在告诉学生该行为是对的，是可以带来奖励的，那以后他就还会这样做。如果一种行为带来了消极的后果，学生就知道自己做错了，以后他就会避免这样做。人会从自己的活动中获得经验，活动结果是人类学习的重要信息来源。

## 第三节 认知主义学习理论

与行为主义者不同，认知主义心理学家重在研究学生处理环境刺激的内部过程和机制。他们一般强调，学习是内在心理结构的形成、丰富或改组的过程，而不是刺激 – 反应联结的形成或行为习惯的加强或改变。本节不再对格式塔学派等早期的认知主义学习理论做介绍，而是主要介绍认知主义学习理论的主要原理。

**一、布鲁纳的认知结构学习理论**

20 世纪 50 年代，行为主义心理学在美国的心理学界处于绝对主导地位，以斯金纳等人的理论为基础的行为主义教学理论被普遍用到教育实践当中。1957 年，苏联率先发射了第一颗人造地球卫星。被这一事件震惊了的美国教育界当即反省，认定美国太空科技的落后根源于美国中小学科学教育的落后。斯金纳的理论只能让学生在控制的环境中机械、被动地学习一些固定的、零碎的知识，无法培养出能够创造性地解决问题的学生。在这一背景下，认知学习理论又重新受到了人们的重视，并得以迅速发展。

布鲁纳是一位在西方教育界和心理学界都享有盛誉的学者。布鲁纳主要研究知觉与思维方面的认知学习，并在此基础上形成了他自己的教学理论。他非常关心学校教育和学生学习的问题，强调学习理论和教学理论在教学上的应用，这和在实验室里研究鸽子和白鼠的联结理论迥然不同。从心理学的角度来看，他受皮亚杰、维果茨基、格式塔学派和托尔曼等人的影响。从哲学的角度来看，他受皮尔斯、詹姆斯和杜威实用主义的影响，尤其是杜威的影响。他最为知名的著作是 1960 年出版的《教学过程》。

**（一）认知表征与认知生长**

人会通过知觉将外在事物、事件转换成内在的心理事件，布鲁纳将这一过程称为认知表征（cognitive representation）。他认为，认知生长（或者说智慧生长）的过程就是形成认知表征系统的过程。认知表征系统的发展经历了三个主要的阶段。

1. 动作性表征

动作性表征（enactive representation）是指 3 岁以下的幼儿靠动作来了解周围的世界。他们在最初几年的生活中充斥着这样一些问题等待被解决，如怎样爬、如何走路、如何玩玩具。他们一般利用身体动作影响周围环境，动作是他们形成对事物的认知表征的中介和手段。这一阶段大致相当于皮亚杰的感知运动阶段。

## 2. 映象性表征

映象性表征（iconic representation）是指儿童形成图像或表象来表现他们的世界中所发生的事物。他们能记住过去发生的事件，并能借助想象力来预见可能再发生的事情。凭借关于事物的心理表象，儿童可以脱离具体的实物来进行一定的心理运算，如他们可以在心里比较"西瓜大还是桃子大"。映象性表征是认知从具体到抽象的开始，这大致相当于皮亚杰的前运算阶段的早期。

## 3. 符号性表征

符号性表征（symbolic representation）是指儿童能够通过符号再现他们的世界。其中，最重要的符号是语言。这些符号既不是直接的事物，也不必是现实世界的映像，而是抽象的、间接性的和任意性的。借助这些抽象的符号，个体可以通过抽象思维去推理、解释周围的事物。这个阶段大体相当于皮亚杰的前运算阶段的后期及以后。

当一个人可以进行符号性表征时，并不意味着认知发展就停止了，它只是意味着这个人具备了进一步理解世界的基本工具：语言。通过语言，人们能为将来做计划，能从他人的行为中抽象出有关的意义，能与别人交流，从而可以了解不同时代、不同世界的知识观念。

人的认知发展顺序经历了上述三个阶段，但它们并不是相互取代的关系，每个成人都在同时使用这三种表征方式。

### （二）认知结构

#### 1. 作为编码系统的认知结构

布鲁纳非常重视认知结构在学习中的作用。他强调，教学必须使学生形成良好的认知结构。关于什么是认知结构，他并没有提出一个统一的说法。概括地说，认知结构（cognitive structure）就是人关于现实世界的内在的编码系统（coding system），是一系列相互关联的、非具体性的类目（如图3-7所示）。这种编码系统的一个重要特征，是对相关的类别做出层次性的结构安排，概括性水平较高的类别处于高层，而比较具体的类别处于低层。

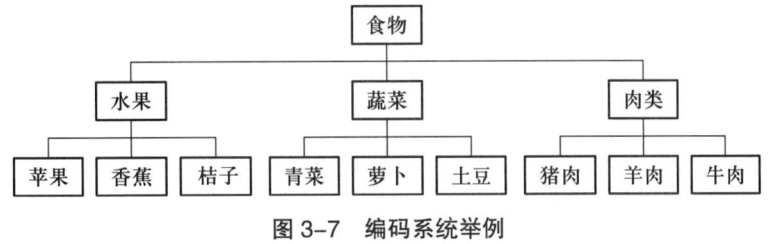

图3-7 编码系统举例

世界是由如此之多的物体、事件和人物组成的，而人的认知系统之所以没有被周围环境的复杂性压垮，是由于人具有归类的能力。在与环境的相互作用中，人建立了一套相互关联的、具有一定概括性的分类系统，构成了人内在的编码系统。人是根据类别或分类系统来与环境相互作用的，人借助已有的类别来感知、处理外来信息，并基于外来信息形成新的类别。如果新信息与已有的分类系统全然无关，那它就很难被理解。

编码系统是人用以感知外界的分类模式，是新信息借以加工的依据，也是人的推理活动的参照框架。布鲁纳认为，人在感知外界时，不仅要把感觉信息输入某一类别中，还要根据有关的类别进行推理。然而，我们并没有直接知觉到这些。对事物进行分类和概括的过程实际上是"超越所给信息"的过程，通过归类，我们可以将关于这一类别的知识推论到这个具体事物上，从而超越了所感知到的外界信息，超越了直接的感觉材料。

在布鲁纳看来，学习就是类别及其编码系统的形成，学生要把同类事物联系起来，赋予它们意义，并把它们联结成一定的结构。为了促进学生最佳地学习，提供信息是必要的，但是，掌握这些信息本身并不是学习的目的，学习还应该超越所给的信息。

2. 学科结构的掌握

与认知结构的思想相联系，布鲁纳强调，教学一定要促进学生对学科结构的一般理解。他说，不论我们选择要教什么学科，务必使学生理解该学科的基本结构[①]。学科的基本结构是指学科的基本概念、基本原理以及学习该学科的基本态度和方法，如物理力学中的惯性定律、实验方法，代数中的交换律、分配律和结合律等。教学不能只是着眼于一门学科的事实和技巧的掌握，学习一门学科的关键是理解、掌握那些核心的、基本的概念、原理、态度和方法，抓住它们之间的意义联系，并将其他知识点与这些基本结构逻辑地联系起来，形成一个有联系的整体。

理解学科的基本结构有以下好处。①理解了基本结构可以使得学科更容易被理解。弄懂了学科的基本原理，其他具体内容就能更好地被理解了，因为具体内容常常是围绕着基本的核心内容转化、衍生出来的。理解了基本结构有助于学科知识的记忆。布鲁纳说，除非把一件件事情放进构造得很好的模型里面，否则就会忘记。详细的资料是靠简化的表达方式保存在记忆里的。这些简化的表达方式具有一种特性，可以叫作"再生的"特性[②]。③从结构中获得的基本概念、原理将有助于以后在类似的情境中广泛地迁移应用。理解了更基本的原理和结构，学生就可以把事物作为更普遍的事情的特例去理解。④理解学科的基本结构有助于提高学习兴趣。⑤对学科基本原理的理解可以促进学生的认知发展。基于这些有结构联系的基本概念原理，学生可以进一步独立探求知识，以获得更高层次的知识。因此，教学必须适应各个年龄阶段学生的特点，按照他们观察和理解事物的方式表现学科结构，让他们能理解学科的基本结构。

（三）发现学习

发现学习（discovery learning）是指学生在学习情境中通过自己的探索寻找获得问题答案的学习方式。布鲁纳认为，学习、了解一般的原理原则固然重要，但更重要的是形成发现的态度和方法。学生应该有一种探索新情境的态度，喜欢去做出假设，推测关系，发挥自己的能力去解决新问题，发现新事物。布鲁纳认为，教学生学习任何科目，绝不是对学生灌输固定的知识。而是启发学生主动获取知识与组织知识。教师不能把学生教成一个活动的书橱，而是要教学生如何思维；教他学习如何像历史学家研究分析史料那样，在求知过程中组织属于他自己的知识。因此，求知是自主性的活动历程，而非只是被动地承受前人研究的结果[③]。发现，当然不只限于发现人类尚未知晓的事物，而且还包括用自己头脑亲自获得知识的一切形式。

---

① 布鲁纳. 布鲁纳教育论著选 [M]. 邵瑞珍，张渭城，等译. 北京：人民教育出版社，1989: 23.
② 布鲁纳. 布鲁纳教育论著选 [M]. 邵瑞珍，张渭城，等译. 北京：人民教育出版社，1989: 36.
③ 转引自：张春兴. 教育心理学：三化取向的理论与实践 [M]. 杭州：浙江教育出版社，1998: 213–214.

布鲁纳认为，发现学习活动可以沿着认知表征的发展顺序来展开，把动作性表征、映象性表征和符号性表征这三种不同的认知表征方式有机地结合起来。例如，他根据儿童踩跷跷板的经验，设计了一个天平，让儿童调节砝码的数量和砝码离支点的距离，保持天平的平衡，以此让儿童发现学习乘法的交换律，如 $3\times6=6\times3$。他先让儿童动手，然后发挥心理表象的作用，最后用数字来表示，达到符号性表征的水平。并不是说任何学习都要从动作开始，这取决于学生已有认知结构中以何种形式的经验为基础，但教师要防止过早地把知识言语化。

发现学习具有以下特点。①强调学习的过程，而不只是最后的结果。教学应该给学生一个探索情境，而不是现成的知识。②强调直觉思维。传统学校一般更重视学生的分析思维，让学生根据规定好的步骤一步一步地分析和解决问题。直觉思维则不按严格的、细致的逻辑推理，而是主张根据学生自己的知识经验做捷径性、感悟性的判断。③强调内在动机，强调从学习探索活动本身得到快乐和满足，而不是外部的奖惩。④强调信息的组织、提取，而不只是储存。

## 二、奥苏贝尔的认知同化论

美国教育心理学家奥苏贝尔（D. P. Ausubel）也重视认知结构，但他强调有意义的接受学习，主张对学校情境中的学生的学习进行研究。他曾于1976年获美国心理学会颁发的桑代克教育心理学奖。

### （一）有意义学习

奥苏贝尔认为，传统教育心理学研究的动物或人的学习基本上是机械学习，它对学习教育没有什么价值。学校中学生的学习主要是学习言语符号所代表的系统知识，它是有意义学习，而非机械学习。

1. 有意义学习的含义

有意义学习（meaningful learning）的实质是符号所代表的新知识与学生认知结构中已有的适当观念建立实质性的、非人为的联系，这既是有意义学习的定义，也是划分机械学习与有意义学习的标准。

所谓实质性的联系，即非字面的联系，指新符号或符号代表的新观念与学生认知结构中已有的表象、已有意义的符号、概念或命题的联系。例如，小学生学习"等边三角形是有三条等边的三角形"，他的认知结构中必须先有"三角形"和"等边"的概念，这样才能对原有的一般"三角形"的概念或表象加以改造，形成"等边三角形"的概念或表象，就是建立了实质性的联系。一旦新旧知识建立了这样的实质性的联系，学生就可以用形式不同但意思相同的语言来表达这一概念的含义，例如，"凡是有三条等边的三角形都是等边三角形"。

所谓非人为的联系，即非任意性的联系，即新知识与认知结构中的有关观念具有某种人们可以理解的合乎逻辑的联系。比如，等边三角形与学生认知结构中的一般三角形的关系不是人为的，它符合一般与特殊的关系。

要判断学生的学习是有意义的还是机械的，必须了解符号所代表的新知识与学生认知结构中已有观念的联系的性质，看它是不是一种实质性的联系，是不是非人为的联系。在获得数的概念前的幼儿，凭借发展较快的机械记忆能力，可以将"九九乘法表"背得烂熟，但倘若从中抽出一句单独问他们，他们将不知所云，这也是一种机械学习。一切机械学习都不具备上述有意义学习的两条标准。

2. 有意义学习的条件

有意义学习的产生既受学习材料性质的影响，也受学生自身因素的影响。要进行有意义学习，需满足以下条件。①学习材料的逻辑意义：材料本身与人类学习能力范围内的有关观念可以建立实质性的和非人为的联系，是通过新信息与学生认知结构中已有的有关观念相互作用才得以发生的。新学习材料的内容可以是词汇、概念或命题等。②有意义学习的心向：是指学生积极主动地把符号所代表的新知识与自己认知结构中已有的适当知识加以联系的倾向性。③学生认知结构中必须具有适当的知识，以便与新知识进行联系。总之，学生必须积极主动地将具有潜在意义的新知识与认知结构中有关的已有知识发生相互作用，从而使已有知识得到改造，使新知识获得实际意义，即心理意义。

**（二）意义的同化**

当新知识与已有认知结构合理地联系起来，就会产生有意义学习，而这种联系的心理机制是怎样的呢？奥苏贝尔发展了皮亚杰的观点，用"同化"的概念来解释意义获得和保持的机制。

意义的获得过程是新旧知识经验的相互作用的过程，学生必须有积极主动的有意义学习的心向，在已有认知结构中找到有关的观念作为新知识的固定点（同化点），这样才能把学习材料中的潜在意义转化为自己现实的心理意义，将新知识的意义纳入认知结构中。同时，已有认知结构也会发生一定的变化。例如，当学生学习到"鲸鱼不是鱼，而是一种哺乳动物"时，一方面他将鲸鱼纳入哺乳动物之中，即鲸鱼具有哺乳动物所有特性，同时，已有的哺乳动物概念也发生了一定的变化，在其成员中包括了海洋动物，而且还是叫作"鱼"的海洋动物。在奥苏贝尔看来，学生对教材进行机械学习的主要原因之一，就是在他们还没有具备起固定作用的观念之前，教师就要求他们学习新内容。由于学生认知结构中还没有可以与新教材建立联系的有关观念，因而使得教材也失去了潜在意义。奥苏贝尔认为，认知结构是有一定层次性的，按照新旧观念概括水平的不同及其联系的方式，他提出了三种同化模式。

1. 下位学习

下位学习又称为类属学习，是指将概括程度低或包容范围小的新概念或新命题，归属到认知结构中已有的概括程度高或包容范围大的适当概念或命题之下，从而获得新概念或新命题的意义。

新观念的同化有时并不会使已有概括水平更高的观念发生多大变化，但有时则可以使已有观念发生较大调整。按照新观念对已有观念影响的大小，下位学习可以分为派生类属和相关类属两种形式。派生类属，即新学习内容仅仅是学生已有的、包容面较广的命题的一个例证，或是能从已有命题中直接派生出来的。例如，知道了"长方形的四个顶角都是直角"，而正方形是长方形的一种特例，那就很容易理解"正方形的四个顶角都是直角"。相关类属，即新内容纳入可以扩展、修饰或限定学生已有的概念、命题，并使其精确化。例如，学生学习了"杠杆"的概念，知道了杠杆的力臂原理，而后他们学习滑轮，知道定滑轮实质上是一种等臂杠杆，这就把"定滑轮"同化到了"杠杆"之下，但学生对杠杆的理解也会有一定变化：杠杆并不一定是细长的，它也可以是一个圆轮子。

2. 上位学习

上位学习又称为总括关系，是指新概念、新命题具有较广的包容面或较高的概括水平，这时，新知识通过把一系列已有观念包含于其下而获得意义，新学习的内容便与学生认知结构中已有观念产生了一种上位关系。例如，学生在熟悉了"胡萝卜""豌豆""菠菜"这类下位概念之后，再学习"蔬菜"这一上位概念。

3. 组合学习

当新概念或新命题与认知结构中已有的观念既不产生下位关系，又不产生上位关系时，它们之间可能存在组合关系，这种只能凭借组合关系来理解意义的学习就是组合学习，如质量与能量、需求与价格，再如凭借水流的知识来理解电流等。在这种学习中，学生头脑中没有最直接的可以利用的已有观念，只能在更一般的知识背景中为新知识寻找适当的固定点。

### （三）组织学习的原则与策略

以有意义学习和认知同化的观点为基础，奥苏贝尔提出了几个组织学习的基本原则和策略。

1. 逐渐分化原则

逐渐分化原则是指首先应该传授最一般的、包摄性最广的观念，然后根据具体细节对它们逐渐加以分化。这样可以为每个知识单元的教学都提供理想的固定点，即对新知识起固定作用的已有知识。奥苏贝尔提出了两个基本假设。①学生从已知的包容性较广的整体知识中掌握分化的部分，比从已知的分化部分中掌握整体知识难度要低些。这实际上是说，下位学习比上位学习更容易些。②学生认知结构中对各门学科内容的组织，是按包容性水平组成的。包容面最广、概括性水平最高的观念在结构中居最高层，其下依概括性程度由高到低而排列。应该说，这些观点与布鲁纳关于认知结构及学科基本结构的观点是一致的。

2. 整合协调原则

整合协调原则涉及如何对学生认知结构中已有要素重新加以组合。当有些知识无法按照从概括到具体的序列来进行下位学习时，教学就要考虑上位学习和组合学习。在这种学习中，学生必须考虑有关概念之间的横向联系，要明确有关概念之间的差异，防止混淆那些看似相同其实含义不同的概念，同时也要找出不同知识块之间隐含的意义联系，防止因表面说法的不同而割裂知识，造成人为的障碍。奥苏贝尔认为，所有导致整合协调的学习，同样也会导致学生已有知识的进一步分化。因此，整合协调是在意义学习中发生的认知结构逐渐分化的一种形式。

3. 先行组织者策略

奥苏贝尔就如何贯彻逐渐分化原则和整合协调原则，提出了具体应用的技术——先行组织者。先行组织者（advance organizers）是指在学习任务之前呈现的一种引导性材料，它要比学习任务本身有较高的抽象、概括和综合水平，并且能清晰地与认知结构中已有观念、新的学习任务关联。设计先行组织者的目的在于为新的学习任务提供观念上的固定点，增加新旧知识之间的可辨别性，促进下位学习。也就是说，先行组织者在学生已有知识与需要学习的内容之间架设了一道桥梁，使学生能更有效地学习新材料。

研究者们在奥苏贝尔原来的定义的基础上发展了组织者的概念。组织者一般呈现在要学习的材料之前，但也可以放在学习材料之后呈现。它既可以是在抽象性、概括性上高于学习材料的材料，也可以是在抽象、概括水平上低于学习材料的具体概念。

### （四）接受学习

与布鲁纳的发现学习观相反，奥苏贝尔主张，学生的学习主要是接受学习（reception learning）。教师给学生提供的材料应该是经过仔细考虑的、有组织的、有序列的、完整的形式，学生因此接受的是最有用的材料。他把这种强调接受学习的教学方法叫作"讲解教学"。

奥苏贝尔认为，在接受学习中，学习的主要内容基本上是以定论的形式传授给学生的。对学生而言，学习不包括任何发现，只要求他们把教学内容加以内化（即把它纳入自己的认知结构之内），以便将来能够再现或应用。在发现学习中，学习的主要内容不是现成地给学生的，而是在学生内化之前，必须由他们自己去发现这些内容。换言之，学习的最初任务是发现，然后跟接受学习一样，把发现的内容加以内化，以便日后在一定场合下予以运用。所以，发现学习只是比接受学习多了前面一个阶段——发现，其他没有什么不同。

奥苏贝尔强调，研究者必须消除对接受学习的误解。他认为，接受学习未必就是机械的，它可以而且也应该是有意义的学习。如果教师讲解教学得法，并不一定会导致学生机械接受学习。发现学习也未必就是有意义的，发现学习也并不一定是保证学生有意义学习的灵丹妙药。发现学习同样可能是机械的。如果学生只是机械地记住解决问题的"典型的步骤"，而对自己正在做什么、为什么这样做却毫无意识，他们也可能得到正确的答案，但这并不比机械学习或机械记忆更有意义。

课堂教学所采用的有意义学习活动多偏重于接受学习，这是有原因的。首先，由于发现学习费时太多，一般不宜作为获取大量信息的主要手段；其次，在一些学习情境里，学生必须用言语来处理各种复杂的、抽象的命题。但是，只要在讲授教学中提供各种具体的经验，就可以弥补这方面的不足。因此，奥苏贝尔认为，学校应主要采用通过言语讲解进行的有意义的接受学习。

总之，奥苏贝尔对发现学习与接受学习、有意义学习与机械学习之间的区分提出了独到的见解，并对有意义学习的过程和条件做了具体解释。他的同化论虽然沿用了前人的概念，但他重在用同化来解释课堂教学中的知识获得问题，对实际教学有重要价值。发现学习和接受学习都是教学中的有效方法，关键是看具体的条件和目的。

## 三、学习的信息加工论观点

20世纪50年代，一方面由于心理学自身的反省与批判，一方面由于计算机科学等的发展，心理学界兴起了一种新的理论倾向——信息加工论，即用计算机的信息处理过程来类比人脑的认知过程，用信息的接收、储存和提取来解释学习的具体过程。加涅汲取了各种学习理论的成分，他一方面认为，行为的基本单元是刺激—反应联结，另一方面又着力探讨刺激与反应之间的中介因素——心智活动。1970年后，他着重用信息加工模式来解释学习活动，对学习的信息加工过程及其条件做了深入探讨。

### （一）学习的信息加工模式

1974年，加涅基于信息加工理论的有关研究，提出了学习过程的基本模式（如图3-8所示），具体说明了学习过程中的信息流程。

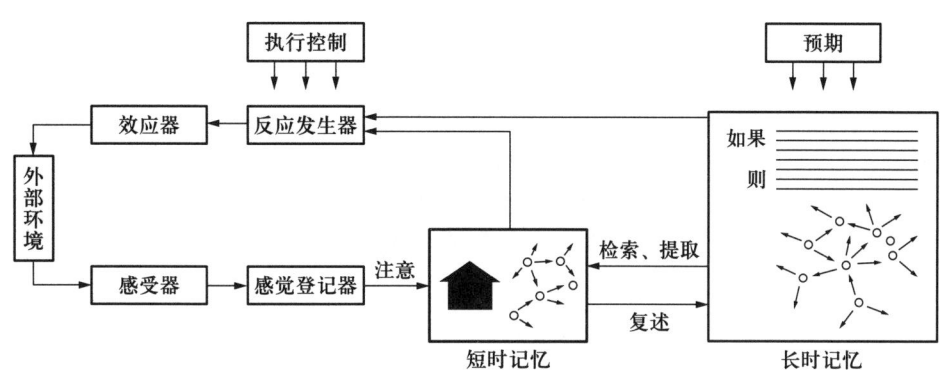

**图 3-8　学习的信息加工过程**

这一模式表示，来自外部环境中的刺激作用于学生的各种感受器，如眼、耳、鼻、喉等，并通过感觉登记器进入神经系统。信息首先在感觉登记器中进行编码，最初的刺激以映像的形式保持在感觉登记器中，保留 0.25—2 秒。经过注意和初步加工，信息进入短时记忆（或称"工作记忆"），之后再次对它进行编码，这时，信息以语义的形式储存下来。在短时记忆中，信息保持的时间也很短，一般只保持 2.5—20 秒。但是如果学习者不断复述信息，信息在短时记忆里就可以保持得长一些，但也不超过 1 分钟。经过对信息的复述和组织，又经过对它的精细加工从而与已有的知识联系起来，信息可以被转移到长时记忆中进行储存，以便在以后需要的时候再回忆起来。大部分学习理论家都认为，长时记忆中信息的储存是长久的，而后来回忆不起来的原因只是由于"提取"的困难，提供一些回忆的线索就可以起到帮助回忆的作用。

从短时记忆进入长时记忆的信息可以被检索、提取，又回到短时记忆。从短时记忆或长时记忆中检索出来的信息作用于反应发生器，反应发生器可以转换信息，发出某种动作命令，而后，由这一结构发出的神经传导信息使效应器（肌肉）活动起来，产生一个指向环境的操作行为。通过这种操作，观察者可以了解原先的那个刺激所起的作用，即信息得到了加工，也就是说学生确实学了点东西。

在这个信息加工过程中，还有 2 个很重要的过程——执行控制和预期。执行控制即已有经验对现在学习过程的影响，预期即动机系统对学习过程的影响，整个学习过程都是在它们的影响下进行的。

### （二）学习过程的八个阶段

以这一模式为基础，加涅把学习按照从不知到知的过程分成八个阶段。

1. 动机阶段

要使学习得以发生，首先应该激发起学生的动机。要促进学生的学习，就要使他们具有一种奔向某个目标的动力。要把学生想要达到的目标——头脑中的期望与学生的实际学习活动联系起来，激发起学生学习的兴趣。

2. 了解阶段

在了解阶段，学生的心理活动主要是注意和选择性知觉。具有较高学习动机的学生容易接受外部刺激，使外部信息进入自己的信息加工系统，并储存到自己的记忆中。但并不是所有的外部刺激都能够被学生接受，在知觉过程，学生会依据自己的动机和预期对信息进行选择，会把注意放在那些与自己的学习目标有关的刺激上。

3. 获得阶段

一旦开始注意和知觉外部信息，学习活动就可进入获得阶段。获得阶段是指所学内容进入了短时记忆中，也就是对信息进行了编码和储存。研究表明，经过编码过程的信息与最初的信息并不完全相同，也就是说经过编码，信息有时会被修饰，有时会被规则化，还有时会被歪曲。由此可见，教师要帮助学生采用较好的编码策略，以利于信息的获得。

4. 保持阶段

经过获得阶段，已编码的信息将进入长时记忆中被储存起来，这种储存可能是永久的。

5. 回忆阶段

回忆阶段也就是信息的检索阶段，这时，所学的东西能够作为一种活动表现出来。在这个阶段中，线索是很重要的，提供回忆的线索将会帮助人回忆起那些难以回忆起来的信息。因此，在学习一开始，教师就要提供一些有利于记忆和回忆的线索，教会学生检索、回忆信息的方法和策略，如提供有关的人物、场景等。

6. 概括阶段

对所学东西的提取和应用并不限于同一种学习情境，不是只在所学内容的范围里才需要，人们常常要在变化的情境或现实生活中利用所学的东西，这就需要实现学习的概括化。学生要想把获得的知识迁移到新的情境中，首先依赖知识的概括，同时也依赖提取知识的线索。

7. 操作阶段

操作阶段就是反应的发生阶段，在此阶段，反应发生器会把学生的反应组织起来，使它们在操作活动中表现出来。因此，作业质量的高低反映学习效果的好坏。教师在这一阶段要提供各种形式的作业，使学生有机会表现他们的操作活动。

8. 反馈阶段

在反馈阶段，通过操作活动，学生认识到自己的学习是否达到了预定的目标。这种信息的反馈是强化的重要组成因素。学习结果强化了学习行动，而强化过程对人类的学习来说是很重要的，它证实了预期的事项，从而使学习活动至此而告一段落。

## 第四节　建构主义学习理论

建构主义学习理论是教育心理学领域的一种理论倾向，但它的理论体系尚不完善，而且其内部尚存在一些分歧。

### 一、建构主义的发展线索

行为主义学习理论以客观主义为基础，即认为事物及其意义是独立于人而存在的，是由事物本身决定的，学习就是要把外在的、客观的内容转移到学生身上。认知主义的信息加工论改变了行为主义不谈内部过程的做法，把研究的中心集中在认知活动的信息流程上，它看到了人对信息的主动选择、加工和储存等。但是，信息加工论假定，信息或知识是事先以某种形式存在的，个体必须首先接受它们才能进行认知加工，那些更复杂的认知活动才得以进行。与行为主义相一致，信息加工论（有人称之为认知主义）基本上也以客观主义为基础。

建构主义则与客观主义相对立。它强调，意义不是独立于我们而存在的，个体的知识是由人建构起来的。人对事物的理解不只取决于事物本身，事物的感觉刺激（信息）本身并没有意义，意义是由人建构起来的，所以，人对事物的理解也取决于我们已有的知识经验背景。不同的人由于已有经验不同，对同一种事物会有不同的理解。

建构主义学习理论的发展受到了当代哲学思想的影响，如科学哲学、新进化论以及后现代哲学等。在学习与教学领域中，建构主义受到了几个重要人物的影响，如杜威（J. Dewey）、维果茨基、皮亚杰、布鲁纳、奥苏贝尔等。从现实缘起来看，建构主义是针对传统教学的诸多弊端而提出的。有研究者对传统教学中学生的知识做了以下概括。①不完整性：过于空泛，过于脆弱。②惰性：无法在需要的时候运用。③不灵活性：无法在新的或类似的情境中迁移应用。如何缩小学校学习与现实生活之间的差距，实现学习的广泛而灵活的迁移，这是建构主义者所关注的核心问题之一。

**二、建构主义的知识观与学生观**

建构主义对知识的实质、对于学生的经验世界提出了新的认识。

1. 知识观

按照客观主义的观点，事物是客观存在的，知识是对事物的表征，科学概念是与各种事物相对应的，科学命题、定理等是经过科学验证了的对事物的唯一正确、真实的解释。只要掌握了这些知识，我们便掌握了这个世界的运转法则，便具有了支配世界的力量。另外，语言可以赋予知识以客观的形式，通过语言便可以实现知识在人们之间的传递。

然而，建构主义却在一定程度上对知识的客观性和确定性提出了质疑。建构主义者（特别是激进的建构主义者）一般强调，知识并不是对现实的准确表征，它只是一种解释、一种假设，它并不是问题的最终答案；相反，它会随着人类的进步而不断地被"革命"，并随之出现新的假设。而且，知识并不能精确地概括世界的法则，在具体问题中，我们并不是拿来便用，一用就灵，而需要针对具体情境进行再创造。因此，老师并不是什么知识"权威"，课本也不是解释现实的"模板"。

另外，建构主义认为，知识不可能以实体的形式存在于具体个体之外，尽管我们通过语言符号赋予知识一定的外在形式，甚至这些命题还得到了较普遍的认可，但这并不意味着学生会对这些命题有同样的理解，因为这些理解只能由学生基于自己的经验背景而建构起来，这取决于特定情境下的学习历程。

总之，尽管建构主义有不同倾向，但它们都以不同的方式、在某种程度上对知识的客观性、可靠性和确定性提出了怀疑。这种知识观尽管过于激进，但它向传统的教学和课程理论提出了巨大挑战，值得我们深思。

2. 学生观

怎样看待作为学生的儿童？怎样看待他们的经验世界？建构主义强调学生经验世界的丰富性，强调儿童的巨大潜能。我们常常认为，在教学之前，学生对所要学习的主题本身基本是一无所知的，他们只是有些零碎的、片面的日常经验，以及一些相关的知识基础，而日常经验与课本知识往往是相互冲突的，它常常会妨碍传授知识的过程，所以教学时必须把正规的知识告诉学生，这可以是教师讲授，也可以是学生自学教材。在此之前，学生自己是无法或很难形成这些知识的，当然也就无法解决与此有关的问题。建构主义者强调，学生并不是空着脑袋走进教室的，在日常生活中，在以往的学习中，他们已经形成了丰富的经验，小到身边的衣食住行，大到宇宙、星体的运行，从自然现象到社会生活，他们几乎都有一些自己的看法。而且，有些问题即便他们还没有接触过，没有现成的经验，但当问题一旦呈现在面前时，他们往往也可以基于相关经验，依靠他们的认知能力，形成对问题的某种解释，这并不都是胡乱猜测，而是从他们的经验背景出发而提出的合乎逻辑的假设。

其次，建构主义者强调学生经验世界的差异性。每个人在自己的活动和交往中形成了自己的个性化的、独特性的经验，每个人有自己的兴趣和认知风格，所以，在具体问题面前，每个人都会基于自己的经验背景形成自己的理解，每个人的理解往往着眼于问题的不同侧面。

教学不能无视学生的这些经验，另起炉灶，从外部装新知识，而是要把学生已有知识经验作为新知识的生长点，引导学生从已有知识经验中"生长"出新的知识经验。教学不是知识的传递，而是知识的处理和转换。教师不单是知识的呈现者，还应该重视学生自己对各种现象的理解，倾听他们现在的想法，洞察这些想法的由来，以此为根据，引导学生丰富或调整自己的理解。这不是简单的"告诉"就能奏效的，而是需要与学生共同针对某些问题进行探索，并在此过程中相互交流和质疑，了解彼此的想法，彼此做出某些调整。由于经验背景的差异，学生对问题的理解常常各异，学生可以在一个学习团体中相互沟通，相互合作，形成对问题的丰富的、多角度的理解。因此，学生的差异本身便构成了一种宝贵的学习资源。

### 三、学习的建构性实质

建构主义认为，学习不是知识由教师向学生的传递，而是学生自己建构知识的过程。学生不是被动的信息吸收者，相反，他要主动地建构信息的意义，这个过程不能由其他人代替。

什么是建构？"建构"本来用于建筑或木器加工中，是指为了某种目的而把已有的零件、材料制成某种结构。在这里，建构在于学生通过新旧知识经验之间反复的、双向的相互作用，形成和调整自己的经验结构。在这种建构过程中，一方面，学生对当前信息的理解需要以已有知识经验为基础；另一方面，对已有知识经验的运用又不只是简单地提取和套用，学生同时需要依据新经验对已有经验本身做出某种调整和改造，即同化和顺应两个方面的统一。

学习的实质是学生通过新旧知识经验之间双向的相互作用来形成、充实或改造自己的经验体系的过程，这种观点与以往的学习理论有所不同。学习是学生建构自己的知识的过程，这意味着学习是主动的，学生不是被动的刺激接受者，他要对外部信息做主动的选择和加工，因而不是行为主义所描述的刺激－反应过程。而且，知识或意义也不是简单地由外部信息决定的，意义是学生通过新旧知识经验间反复的、双向的相互作用过程而建构成的。其中，每个学生都在以自己已有经验系统为基础对新的信息进行编码，建构自己的理解。而且，已有知识又因为新经验的纳入而发生调整和改变。所以，学习并不单是信息的量的积累，它同时包含由新旧经验的冲突而引发的观念转变和结构重组；学习过程并不单是信息的输入、储存和提取，而是新旧经验之间的双向的相互作用过程，因此，建构主义又与认知主义的信息加工论有所不同。

以往的学习理论（比如奥苏贝尔的同化论）一般重在从同化的一面来解释学习过程，强调以已有知识为基础来理解和记忆新知识，对已有知识经验因为新知识而发生的顺应则重视不够（尽管也有所涉及）。由于这一缺陷，研究者往往把同化等同于理解或意义的获得，好像学生理解了新知识，便接受了新知识，也就把它同化到自己的认知结构中了。从这种观念出发，教学往往只关心学生的那些与新知识有关而且一致的已有经验，只关心那些能帮助学生理解新知识的经验，把它们作为同化新知识的固定点。

但实际上，学生头脑中的经验是相当丰富的，在这些知识经验中，有些是与当前要学习的知识相一致的；有些则与新知识并不完全一致，甚至是与科学解释相违背的，这就是错误观念（misconception 或 alternative conception）。这往往不只是由于理解偏差或遗忘而造成的错误，而且常常与日常直觉经验相联系，植根于一个与科学理论不相容的概念体系。例如，儿童有大量的经验表明，轻物体要比重物体落地慢，而现在要教给学生伽利略的原理——两个质量不同的物体可以同时落地，这两者就是相互冲突的，这时即便学生理解了课本所描述的定理的含义，他也很可能因不理解而不相信它。尽管他可能把它记忆下来，考试时按照这一说法作答，但他并不能真正把它变成自己经验结构的一部分。在实际情况中，他还是会按自己的经验行事，这能说新知识被同化进学生的认知结构中了吗？可见，同化固然不是机械记忆，死记硬背，但也不单是理解性记忆，它不仅意味着学生"知道"某种知识，而且意味着"相信"它，相信这一说法的合理性和有效性，使新知识与已有的知识经验真正一体化，成为自己的经验。这不仅需要利用学生头脑中与新知识一致的知识经验，将其作为同化新知识的固定点，而且还要看到学生已有的、与当前知识不一致的知识经验，看到新旧经验之间的冲突，并通过调整来解决这种冲突，而这常常需要学生转变已有的错误观念。因此，学习不仅是理解和记忆新知识，而且要分析它的合理性、有效性，从而形成自己对事物的观点，形成自己的"思想"；学习不仅是新的知识经验的获得，同时还意味着已有知识经验的改造。顺应要以同化为前提，离开顺应，新知识的同化也是很难真正完成的。只有将同化和顺应统一起来，才能深刻地理解学习的实质，同化和顺应的统一就是知识建构的具体机制。

**四、学习中的社会性相互作用**

以往的学习理论主要研究的是"个体化"学习，即学习是在个体身上发生的、以个体活动形式完成的。主要受维果茨基的影响，建构主义者强调社会性相互作用在学习中的重要意义，可以说，这是学习理论的一种重要倾向。

建构主义认为，每个学生都有自己的经验世界，不同的学生可以对某种问题形成不同的假设和推论，而学生可以通过相互沟通和交流，相互争辩和讨论，合作完成一定的任务，共同解决问题，从而形成更丰富、更灵活的理解。同时，学生可以与教师、学科专家等展开充分的沟通。这种社会性相互作用可以为知识建构创设一个广泛的学习共同体（learning community），从而为知识建构提供丰富的资源和积极的支持。

合作学习（cooperative learning）是一种很受研究者重视的学习形式，学生在小组中展开学习活动，参与到明确的集体任务中，而且，学生是在没有教师直接、即时的管理的情况下来进行学习的。它强调集体性任务，强调教师放权给学生小组，这与传统教学中的学生小组活动并不相同。合作学习的关键在于小组成员之间相互依赖、相互沟通、相互合作、共同负责，从而达到共同的目标。沟通、合作为什么能促进意义建构呢？其原因大致包括以下几点。①学生之间交流、争议、意见综合等有助于学生建构起新的、更深层的理解。②在合作学习中，在交流过程中，他们的想法、解决问题的思路都被明确化和外显化了，学生可以更好地对自己的理解和思维过程进行监控。③在讨论中，学生之间观点的对立可以更好地引发认知冲突。④在学生为解决某个问题而进行交流时，他们要达成对问题的共同的理解，建立更完整的表征，而这是解决问题的关键。⑤合作学习可以将认知负荷分布到各个成员身上，从而使学生完成单个学习者难以完成的复杂任务。合作学习的具体做法可以参见本书"教学设计原理"一章。

**五、情境性学习**

传统教学对学习基本持"去情境"的观点，认为概括性知识的学习可以独立于情境进行，而学习的结果可以自然地迁移到各种真实情境中。情境总是具体的，总是千变万化的，抽象概念、规则的学习无法灵活适应具体情境的变化，学生常常难以用学校获得的知识解决现实世界中的真实问题。因而，建构主义者多强调学习的情境性，强调把所学的知识与一定的真实性任务情境挂钩，提倡在教学中使用真实性任务，让学生通过一定的合作来解决情境性问题，以此建构起能灵活迁移应用的知识经验。

布朗等人提出并界定了情境性学习（situated learning）的概念。他们认为，传统教学暗含了这样一种假定，即概念性的知识可以从它们被学习和应用的情境中抽象出来，概念表征成为教学的中心。而实际上，这种假定恰恰极大限制了教学的有效性。情境性学习理论认为，在非概念水平上，活动和感知比概括化具有更为重要的、认识论意义上的优越性，所以，人们应当把更多的注意力放在活动和感知上。布朗等人提出，"情境通过活动来合成知识"，即知识是情境化的，并且在一定程度上，知识是活动、背景和文化的产物。而在通常情况下，我们的传统教育则忽略了这些内容对于校内所学知识的影响。

布朗等人提倡认知学徒制（cognitive apprenticeship），试图借鉴某些行业中师傅带徒弟的有效传艺活动，通过一些与这种传艺方式相类似的活动和社会交往形式，使学生适应真实的实践活动。认知学徒制主张通过在真正的现场活动中获取、发展和使用认知工具，让学生进行特定领域的学习。布朗等人强调要把学生和实践世界联系起来。

在工作现场，一些有经验的工作者共同进行一定的实践活动，这些有经验的工作者及其实践活动共同构成了一种丰富的资源。在这种真实的任务情境中，学生能够从这种丰富的资源中"偷取"他们的知识。例如，观察一个专家、一个更有经验的实践者的现场经验性操作，看出其中的门道，从而"无师自通"。与工作现场相反，教室则有些过于确定、过于规则了，教师把真实的知识加工和解决问题的过程隐藏到了课前的备课中，而学生所能看到的只有最后的知识序列，因而无法从中获得适应性的、情境性的知识。布朗等人主张，虽然学校和工作场所有着明显的区别，但是也有某些共同点。教师要重新设计学习环境，以使学生能够合理地通过丰富的、建设性的方法参与真实的社会实践，使得他

【微课】
学习的基本
原理如何与
实践结合

们能够"偷取"所需的知识，这对于学校和工作场所的设计来说都是一个重要的挑战。为此，他们建议设计了一种能够提供基于实践活动的无限制的"窗口"，使学生可以透过它所显示的真正的实践，逐渐看到更深的意义，并且在探索中进行合作。

可以说，情境性学习的观点突出了学习的具体性和非结构性的一面，是对布鲁纳等结构主义观点的扬弃。

## 本章概要

1．学习是个体由于经验而引起的相对持久的心理结构及其外显行为的变化。人类的学习与动物的学习有着本质区别。

2．学习可以分为不同类型，加涅根据学习结果将学习分为言语信息的学习、智慧技能的学习、认知策略的学习、态度的学习和运动技能的学习。奥苏贝尔从学习方式和学习的性质这两个维度区分学习。

3．桑代克的联结说认为，学习就是通过渐进的尝试错误形成刺激－反应联结的过程。巴甫洛夫的经典条件作用学说认为，当一个中性刺激反复与一个无条件刺激结合后，中性刺激也能引起无条件反应，这时，中性刺激变为条件刺激，无条件反应变为条件反应，条件作用形成。华生认为，学习就是以一种刺激替代另一种刺激建立条件作用的过程，通过条件作用建立牢固的刺激－反应（S-R）联结，从而形成新的行为习惯。

4．斯金纳的操作性条件作用理论认为，个体在某种环境中做出某种反应，如果之后伴随着一种强化物，那这个反应在类似环境中发生的概率就会增加。他的强化理论认为，凡是能增强反应概率的刺激和事件都叫强化；反之，在反应之后紧跟一个讨厌的刺激或事件，从而导致反应概率下降，则是惩罚。强化要根据一定的程式而进行，不同的强化程式会产生不同的反应模式。程序教学是把教材内容细分成很多的小单元，按照这些单元的逻辑关系顺序进行排列，构成由易到难的很多层次或小步子，让学生循序渐进，依次进行学习。

5．班杜拉将观察学习分为注意过程、保持过程、复制过程和动机过程，提出了替代性强化和自我强化。

6．布鲁纳认为，认知表征系统的发展经历了动作性表征、映象性表征和符号性表征三个阶段。认知结构就是人关于现实世界的内在的编码系统，学习就是类别及其编码系统的形成。布鲁纳强调教学一定要促进学生对学科结构的一般理解，提倡发现学习。

7．奥苏贝尔认为，有意义学习的实质是符号所代表的新知识与学习者认知结构中已有的适当观念建立实质性的、非人为的联系，是通过新信息与学生认知结构中已有的有关观念的相互作用才得以发生的，这种相互作用的结果导致了新旧知识的意义的同化，并提出了下位学习、上位学习和组合学习三种同化模式。奥苏贝尔提倡接受学习，提出了学习和教学的逐渐分化原则和整合协调原则，并提出了先行组织者的教学策略。

8．加涅基于信息加工理论的有关研究，提出了学习过程的基本模式，并将学习分成动机阶段、了解阶段、获得阶段、保持阶段、回忆阶段、概括阶段、操作阶段和反馈阶段。

9. 建构主义对知识、学生、学习的实质与过程以及学习的条件都做出了新的解释，并提出了合作学习与情境性学习。

## 思考题

1. 请根据奥苏贝尔对学习的分类，说说为什么发现学习不一定是有意义的。
2. 简要说明桑代克的联结说观点及其主要的学习规律。
3. 某学生经常不能按时完成作业，请说明怎样用塑造的方法来培养他按时完成作业的行为。
4. 简要评述加涅的学习的信息加工论观点。
5. 怎样理解学习是一个建构过程？这一观点与以往学习理论有何不同？

## 推荐阅读

1. 陈琦，刘儒德．教育心理学[M]．2版．北京：高等教育出版社，2011，第四至七章．
2. 刘儒德．学习心理学[M]．北京：高等教育出版社，2010．

# 第四章 学习动机

学习动机是影响学习的重要因素之一，培养学习动机也是学校教育的重要目标。在发展素质教育，推进教育公平，培养德智体美劳全面发展的社会主义建设者和接班人的今天，激发和培养学生的学习动机，不仅具有重要的理论意义，而且具有重大的实践意义。

## 本章结构

- 学习动机概述
  - 学习动机的概念
  - 学习动机与学习效率的关系
  - 学习动机的分类
- 学习动机理论
  - 强化理论
  - 需要层次理论
  - 自我决定理论
  - 成就动机理论
  - 自我效能感理论
  - 动机归因理论
  - 成就目标理论
  - 自我价值理论
- 学习需要的形成与培养
  - 学习需要的形成因素
  - 学习需要的培养
- 学习动机的激发
  - 适当地开展学习竞赛
  - 正确运用奖励与惩罚
  - 利用学习结果的反馈作用
  - 指导学生对学习结果进行正确归因

## 第一节 学习动机概述

### 一、学习动机的概念

#### （一）学习动机及其作用

学习动机（learning motivation）是引发和维持个体学习活动，并将学习活动引向一定学习目标的动力机制，这种动力机制表现为推力、拉力和压力三种动力因素之间的相互作用。推力因素与学生对学业成就本身的追求有关，发自学生内心的学习愿望和要求，如对学习的强烈兴趣和探究心向等，对学习起推动作用；拉力因素与学习的外在后果有关，如学位、待遇及社会地位等，对学习起引诱作用；压力因素与客观现实环境对学生的要求有关，如考试、竞赛和升学等，对学习起强制作用。学习往往是在这三种动力因素的共同作用下被驱动的。在有意义的学习中，拉力因素和压力因素必须通过推力因素而起作用。

学习动机对学习的作用表现在四个方面。

1. 引发作用

当学生对于某些知识或技能产生迫切的学习需要时，就会引发学习内驱力，唤起内部的激动状态，产生焦急、渴求等心理体验，并最终激起一定的学习行为。例如，有位教师在教小学生"分数的基本性质"时，让学生在一个大西瓜的模型上，分别拿走1/4、2/8和4/16部分，结果学生感到非常奇怪：1/4、2/8和4/16怎么会一样多呢？这时教师也随声设问："这三个分数的分子、分母都不相同，怎么会大小一样呢？"学生此时非常渴望揭开其中的奥秘，于是便引发了学习"分数的基本性质"的行为。

2. 定向作用

学习动机以学习需要和学习期待为出发点，使学生的学习行为在初始状态时就指向一定的学习目标，并推动学生为达到这一目标而努力学习。有的学生可能面临多种学习目标或诱因，这就需要在其中做出选择。这种目标选择既取决于学生对不同目标或诱因的期望强度，又取决于学生的已有知识和经验。

3. 维持作用

在学习过程中，学生的学习是认真还是马虎，是勤奋还是懒惰，是持之以恒还是半途而废，在很大程度上取决于学习动机水平的高低。美国心理学家阿特金森（J. W. Atkinson）在全面探讨了有关动机研究的文献后，发现了一个较为普遍的规律——完成某项具体学习任务所需要的时间与对该项任务的动机水平成正相关。由此可见，学习动机水平高的学生能在长时间的学习活动中保持认真的态度，具备坚持把学习任务胜利完成的毅力，而学习动机水平低的学生则缺乏学习行为的稳定性和持久性。

4. 调节作用

学习动机调节学习行为的强度、时间和方向。如果行为活动未达到既定目标，动机还将驱使学生转换行为活动方向以达到既定目标。一般来说，学习动机并不是通过直接卷入认知建构过程而对学习产生作用的，而是以学习情绪状态的唤醒、学习准备状态的增强、学习注意力的集中和学习意志努力的提高为中介来影响认知建构过程的。学习情绪是学生认识客观要求和自身需要之间关系时伴随的态度体验。如果客观要求与学生的学习需要一致或接近，学生就会产生积极的情绪，表现为对学习有兴趣，喜欢学习；如果两者相反或者无关，就会产生厌学情绪，在学习中采取被动态度。学习准备状态的增强有助于激活相关的背景知识，降低在学习过程中对事物的知觉和反应阈限，大大缩短反应时间，提高学习效率。学习注意状态的集中有助于学生将学习活动指向认知内容和目标，克服分心刺激的影响。意志或毅力反映了学生学习需要或学习内驱力的强弱，在学习遇到困难时，毅力强者继续维持学习活动，坚持达到学习目的；毅力弱者就会放弃或中断学习活动。

### （二）学习动机与学习需要、诱因

学习动机由学习需要和诱因两个方面构成的。学习需要是学生追求学业成就的心理倾向，是社会、学校和家庭对学生的客观要求在学生头脑中的主观反映。学习需要是学习动机产生的基础，是激发学生进行各种学习活动的内部激活动力（即内驱力）。但是，学生有了明确的学习需要和满足学习需要的手段，并不等于他会为满足学习需要而采取行动，只有出现与学习需要相适应的外部诱因时，学习需要才能变成学习动机，导致学习活动的发生。所谓诱因（incentive），是指与学习需要相联系的外界刺激物，如家长的奖励、教师的表扬、同伴的赞许等。诱因吸引学生进行定向的学习活动，达到一定的学习目标，从而使需要得到满足。

学生的学习行为往往取决于学习需要与诱因的相互作用。没有一定的学习需要，学生就不会通过学习活动去追求一定的学习目标；反过来，没有学习行为的目标或诱因，学生也就不会产生某种特定的需要。当学生达到了某种学习目标，满足了相应的学习需要后，相应的学习动机就会有所降低。

## 二、学习动机与学习效率的关系

学习动机与学习的关系是辩证的，学习动机驱动学习，学习又能产生学习动机。教师在强调学习动机在学习中的重要作用时，也应看到学生在学习过程中，学习本身就是下一步学习的动机。因此，从原则上，教师不是着急地去"传递"或"灌输"学习动机，而是安排适当的学习条件，使学习本身对学习动机起强化作用。

但是，学习动机强度与学习效率并不完全成正相关，过分强烈的学习动机往往使学生处于一种紧张的情绪状态下，注意力和知觉范围变得狭窄，由此限制了学生正常的智力活动，降低了思维效率。因此，学习动机存在一个最佳水平，即在一定范围内，学习效率随学习动机强度的增大而提高，直至达到学习动机最佳强度，之后则随学习动机强度的进一步增大而下降。而且，学习动机与学习效率之间的这种关系因学习者的个性、课题性质、课题材料难易程度等因素而异动。动机强度的最佳水平会随学习活动的难易程度而有所变化。一般来说，从事比较容易的学习活动，动机强度的最佳水平点会高些，而从事比较困难的学习活动，动机强度的最佳水平点会低些，这就是耶克斯-多德森定律（Yerkes-Dodson Law），如图4-1所示。不仅如此，动机强度的最佳点还会因人而异，进行同样难度的学习活动，对有的学生来说，动机强度的最佳水平点高些更为有利，但对于另一些学生来说，可能最佳水平点低些更为有利。

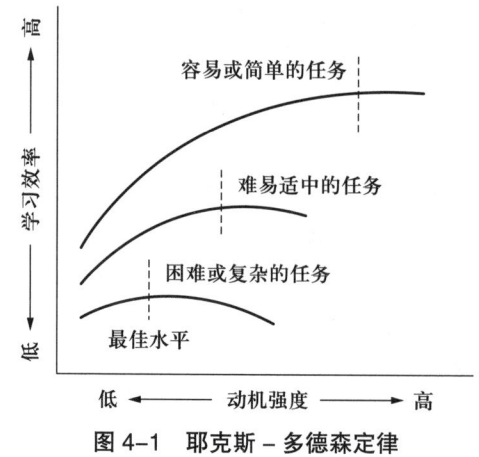

图 4-1 耶克斯-多德森定律

### 三、学习动机的分类

学习动机可以分为以下三类。

#### （一）内在动机与外在动机

内在动机（intrinsic motivation）指对学习任务或活动本身的兴趣所引起的动机，是与自我奖励的学习活动相联系的动机。动机的满足在活动之内，不在活动之外。它不需要外界的诱因、惩罚来使行动指向目标，因为行动本身就是一种动力。学生读自己喜欢的故事书，解答自己感兴趣的数学题，这些活动本身就能给他们带来愉悦，其动机来源于愉悦感带给他们的自我奖励，而不是这些活动对他们有什么功利价值。

外在动机（extrinsic motivation）是指向学习结果的学习动机，它往往由外部诱因引起，与外部奖励相联系。动机的满足不在活动之内，而在活动之外，这时人们不是对学习本身感兴趣，而是对学习所带来的结果感兴趣。这些外部奖励来自学习情境之外，例如，有的学生认为学习就是为了获得一个好的分数。而且这些外部奖励往往是社会性的，如有的学生认为学习是为了取悦父母、老师或朋友等。

内在动机和外在动机决定着学生是否持续掌握他们所学的知识。具有内在动机的学生能在学习活动中得到满足。他们积极地参与学习过程，而且在教师评价之前能对自己的学业表现有所了解。他们具有好奇心，喜欢挑战，在解决问题时具有独立性。由于外在动机是由家长、教师、亲友等外部权威人士人为地灌输给学生的，所以往往需要外部诱因激发其学习。这种学生一旦达到了学习目标，学习动机便会下降。另一方面，为了达到目标，他们往往采取避免失败的做法，或选择没有挑战性的任务，或一旦失败便一蹶不振。因此，相对于内在动机，外在动机产生的效应微弱而短暂，不可能使学生的学习活动持之以恒。

#### （二）认知内驱力、自我提高内驱力与附属内驱力

奥苏贝尔认为，学校情境中的成就动机至少应包括三方面的内驱力，即认知内驱力、自我提高内驱力以及附属内驱力。

认知内驱力（cognitive drive）是渴望了解和理解，要求掌握知识以及系统地阐述问题并解决问题的倾向。这种内驱力一般是从好奇倾向中派生出来的。但个体的这些好奇倾向

或心理素质，最初只是潜在的动机因素，还没有特定的内容和方向。它一方面要通过个体在实践中不断取得成功，从而对未来学习产生成功的期待；另一方面要通过家庭和社会中有关人士的不断影响，才能由潜在的动机因素变为实际的动机因素，才能具有特定的方向。因此，学生对于某学科的认知内驱力或兴趣不是自生的，主要是获得的，也有赖于特定的学习经验。在有意义的学习中，认知内驱力可能是一种最重要和最稳定的动机了。这种动机指向学习任务本身（为了获得知识），满足这种动机的奖励（知识的实际获得）是由于学习本身提供的，因而也被称为内在动机。

自我提高内驱力（ego-enhancement drive）是个体要求凭自己胜任工作的才能和工作成就而赢得相应地位的愿望。这种需要从学生入学开始，日益显得重要，成为成就动机的主要组成部分。自我提高内驱力与认知内驱力不一样，它并非直接指向学习任务本身。自我提高内驱力把成就看作赢得地位与自尊心的根源，它显然是一种外在动机。从另一个方面说，失败对丧失自尊是一种威胁，因而也能促使学生在学业上做出长期而艰巨的努力。

附属内驱力（afflictive drive）是为了保持教师（或长者）的赞许或认可而努力学习的一种需要，它具有以下三个条件。①学生与教师在感情上具有依附性。②学生从教师身上博得的赞许或认可（如被教师视为可爱的、聪明的、有发展前途的人，而且受到种种优惠的待遇）中将获得一种派生地位。所谓派生地位，不是由个体本身的成就水平决定的，而是从他所自居和效法的某个人或某些人不断给予的赞许或认可中引申出来的。③享受到这种派生地位乐趣的人，会有意识地使自己的行为符合教师的标准和期望（包括对学业成就方面的一些标准和期望），借以保持或获得更多的赞许，这种赞许往往使一个人的地位更确定、更巩固。附属内驱力显然也是一种外在动机。

在成就动机中表现出来的认知内驱力、自我提高内驱力与附属内驱力这三个组成部分的不同比重，通常随着年龄、性别、社会阶层中的成员地位、人格结构等因素而定。

### （三）远景性动机与近景性动机

远景性动机（distant motivation）是指与长远目标相联系的一类动机。我国多数的中小学生都能把自己的学习活动与祖国的未来相联系，树立起为祖国争光的学习动机；也有少数的中小学生与之相反，以个人主义思想、追求名利为学习动力，树立起所谓的"为将来挣大钱而努力学习""为将来出人头地而努力学习""为将来成名成家而努力学习"的学习动机。这些都属于远景性动机，这种动机一旦形成，往往不易为情境中的偶然因素所改变，能在较长时间内起作用，因而具有较高的稳定性和持久性。

近景性动机（proximal motivation）是指与近期目标相联系的一类动机，又可分为间接近景性动机与直接近景性动机。间接近景动机是社会观念、父母意愿以及教师期望在学生头脑中的反映。一些中小学生的"为老师的鼓励而努力学习""为家长的奖励而努力学习""为同学们瞧得起自己而努力学习"，就属于间接近景性动机，这种学习动机不稳定且持久性差。直接近景性动机主要由学习活动本身直接引起，表现为对所学习的学科内容或学习活动的直接兴趣和爱好，例如，为设计好航空模型而努力学习有关的物理知识。这种动机主要是由好奇、认知的需要引起的，往往比较具体、强烈而有效。

## 第二节 学习动机理论

为了有效激发和培养学生的学习动机,首先必须了解学习行为是如何受学习动机影响的。人们对这一问题的看法大致可以归为三类。第一类看法强调诱因的直接作用,如斯金纳的强化理论,属于行为主义观点;第二类看法强调需要的直接作用,如马斯洛的需要层次理论和自我决定理论,属于人本主义观点;第三类看法强调需要和诱因并不产生直接作用,而是通过学生对需要、诱因以及与学习活动本身相关的因素的意识和思考作中介而起作用,如成就动机理论、自我效能感理论、动机归因理论、成就目标理论和自我价值理论等,属于认知主义观点。下面,就对这些理论加以简要介绍。

### 一、强化理论

斯金纳不仅用强化来解释操作性条件反射的发生,而且也用强化来解释动机的激发。在他看来,个体行为动机的激发与先前这种行为所受到的强化有很大关系。一般说来,过去受到强化的行为比没有受到强化的行为重复出现的可能性更高;反之,这种行为出现的可能性则会降低。学习受到强化,如取得了优异的成绩,提高了自己在班级中的威信,获得了家长和教师的表扬或奖励的学生将倾向产生进一步学习的动机;学习没有得到强化,如没有得到高分,没有获得班级同学的认可,或家长、教师没有对其学习给予表扬或奖励,甚至受到群体成员的取笑,或者受到家长、教师的责骂的学生往往就不会产生进一步学习的动机,甚至有可能逃避学习。

### 二、需要层次理论

美国人本主义心理学家马斯洛（A. H. Maslow）通过对各种人物的观察和对一些人物传记的考察,从理论上和原则上对人类行为的动力进行了系统的整理,提出了需要层次理论。他认为,任何人的行为动机都是在需要发生的基础上被激发的,人具有七种基本需要,这些需要从低级到高级排成一个层级（如图4-2所示）,较低级的需要至少达到部分满足之后才能追求较高级的需要。

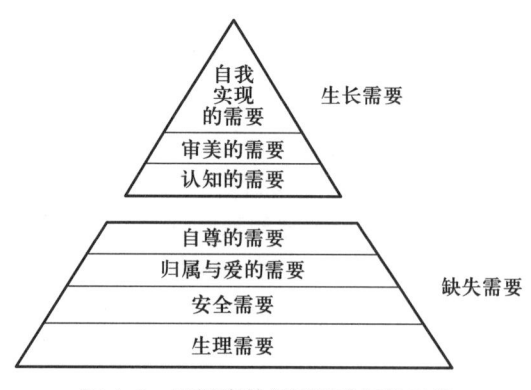

图4-2 马斯洛的需要层次理论示意

在这些需要中,生理需要是最基本的。一般来说,在个人生活毫无保障或一无所有的情况下,生理需要将支配他的动机以维持机体的生存。当生理需要满足之后,则出现安全需要。安全需要的直接含义是避免危险和生活有保障,引申含义包括职位的牢固、一定的积蓄、社会的安定和国际的和平等。当生理需要和安全需要获得满足之后,就会出现归属与爱的需要,包括给予他人的爱和接受他人的爱,渴望在一定的社会集体中建立深厚的人际关系,等等。再向上发展,就是自尊的需要,包括自尊、自重和为他人所敬重,希望自己能够胜任所担负的工作并能有所成就和建树,希望得到他人和社会的高度评价。这四种需要又被称为缺失需要,是我们生存所必需的,对生理和心理的健康具有重要的意义,必须得到一定程度的满足。

认知的需要、审美的需要和自我实现的需要被称为生长需要,它虽不是生存所必需的,但对于适应社会来说却有很重要的积极意义,能够使个体生活得更美好。个体的绝大部分时间和精力都用于实现较为基本的需要上,当这些需要或多或少地得以满足后,个体才会越来越注意到更高层次的需要,并最终达到人生价值的自我实现。所谓自我实现,就是使自己更完备、更完美,能够更充分地使用自己具有的能力和技能。实际上,生长需要很少能得到完全的满足。

马斯洛指出,基本需要虽然有层次之分,但这种层次并不是固定的顺序,而只是一种一般模式。在实际生活中,有些富有理想和崇高价值观念的人会为了某种理想和价值而牺牲一切。并且,所谓需要的满足不是指绝对的满足,而是从相对意义上说的。一般来说,低级需要只要有部分满足,较高的需要就有可能出现,人的动机就有可能被新的需要支配。对于需要逐级发生的现象,马斯洛曾做过这样的说明:如果需要 A 满足 25% 时,需要 B 也许还不会出现;当需要 A 满足 50% 时,需要 B 可能出现 5%;当需要 A 满足 75% 时,需要 B 就可能出现 50%。

在学校中,学生缺乏学习动机在某种程度上与缺失需要(特别是归属与爱的需要和自尊的需要)未得到充分满足有很大的关系。如果学生没有感到被人爱,或认为自己无能,他们就不可能有强烈的动机去实现较高目标。那些无法确定自己是否惹人(特别是教师)喜欢或不知道自己能力高低的学生,往往会做出较为"安全"的选择,即随大流,为测验而学习,而不是对学习本身感兴趣。因此,在马斯洛看来,要使学生具有创造性,首先要使学生感到教师是公正的,是爱和尊重自己的,不会因为自己出错而受到嘲笑和惩罚。

【微课】
赫洛克的经典实验

### 三、自我决定理论

德西(E. Deci)和瑞安(R. M. Ryan)的自我决定理论是一种人本主义动机理论,其基本假设是:人是积极自主的有机体,具有与生俱来的心理成长倾向。这种内在的心理成长倾向需要有社会环境中的营养支持才能有效地发挥出来,而社会环境中的营养支持是人先天固有的三种基本心理需要(自主需要、胜任需要和关系需要)的满足。

自主需要(needs for autonomy)就是自我决定的需要(need for self-determination),是指个体对于从事的活动拥有一种自主选择感而非受他人控制的需要。当个体认为"我想要做某件事"或者"我发现这样做有价值"时,自我决定的水平很高。当个体认为某件事情"我不得不做"或"我应该去做"时,个体会感到这是他人或事情让自己做出的决定。只有行为出自自我决定，才能对内在动机起到促进作用。行为由他人决定（诸如威胁、设置最终期限、发出指令、进行压力性评价和制定强制性目标）对于内在动机有削弱作用。胜任需要（needs for competence）是指个体对自己的行为能够达到某种水平、对自己能够胜任某项活动的信念。胜任感使个体产生自信和自我价值感，感觉自己重要、受人尊敬，从而产生行为的内在动机。关系需要（needs for relatedness）是指个体与他人相联系或属于某个群体的需要。关系需要包含合群需要（即寻求与他人的友好关系）和认同需要（即寻求他人的认可和积极判断），两者促使个体对社会群体价值的内化。

三种基本心理需要的满足可促进个体将外在动机内化并发展成内在动机，不断提高行为的自我决定程度。外在动机促使个体为了获得某种可分离的结果而从事一项活动。自我决定理论根据个体对行为的自主程度由低到高，把外在动机分为四种类型。①外在调节：个体完全为了满足外在要求（如获得奖励或避免惩罚）而服从外部规则做出某种行为。②内摄调节：个体是为了避免焦虑或羞愧，或维护自尊和自我价值感而做出某一行为。③认同调节：个体认同规则的价值，觉得遵循规则是重要的，自愿按照规则做出行为。④整合调节：个体将外部规则完全内化，成为自我的一部分，在各种活动中自主地做出规则所要求的行为。内在动机促使个体为了内在的乐趣而从事学习活动，个体是发自内心想做这项活动，在做的过程中感到快乐和享受，因此其自我决定的程度更高。

**四、成就动机理论**

成就动机（achievement motivation）通常被认为是一种通过练习和使用某种力量克服障碍、完成某种任务的愿望或倾向。成就动机不仅影响个体对任务难度的选择，而且影响个体的自我调节和坚持性，成就动机高的人倾向选择富于挑战性的任务，在没有外力控制的环境下仍能保持好的表现，在经历失败的过程中，成就动机高者在任务的坚持性上比成就动机低者强。

个体的成就动机可以分成两部分：趋向成功的倾向和避免失败的倾向。趋向成功的倾向是指个体力求克服障碍，施展才能，从而尽快尽好地解决某一难题的心理倾向；避免失败的倾向是指个体为了避免因失败而在他人心中形象受损带来的不良情绪，如因失败而体验到的羞愧感。麦克利兰（D. C. McClelland）曾用一个实验说明这两种成就动机倾向。他让一些5岁的孩子拿着许多绳圈走进一间屋子去套房间中间的一个木桩。孩子们可以自由选择自己站立的位置，并且让他们预测自己能够套中多少绳圈。实验结果表明，趋向成功的学生选择了距离木桩适中的位置，而避免失败的孩子选择了距离木桩非常近或者非常远的位置。麦克利兰这样解释：趋向成功的孩子选择了具有一定挑战性的任务，但同时也保证了具有一定的成功可能性，因此，他们选择了与木桩距离适中的位置；避免失败的孩子关注的不是成功与失败的取舍，而是尽力地避免失败和与此有关的消极情绪，因此，要么距离木桩很近，轻易获得成功；要么距离木桩很远，几乎没有成功的可能，这是任何人都达不到的，因此也不会带来消极情绪。

具体到某一行为，个体的成就动机涉及对成功的期望和对失败的担心两者之间的情绪冲突。阿特金森认为，个体在某一行为上趋向成功的倾向（用 $T_s$ 表示）取决于他的稳定的趋向成功的倾向性（用 $M_s$ 表示）、他对行为成功可能性大小的主观估计（用 $P_s$ 表示）与取得成功的诱因价值（用 $I_s$ 表示）三者之间的乘积，用公式可表示为：

$$T_s = M_s \cdot P_s \cdot I_s$$

在这个公式中，$P_s$代表个体对认知目标的成功期望，$I_s$为成功的诱因值，它与$P_s$的关系是$I_s = 1-P_s$，即当$P_s$值减少时，成功的诱因值$I_s$便增大。目标的诱因值关系到人对成绩的自豪感，解决一个困难任务取得成功所获得的自豪感比解决一个容易任务所获得的自豪感体验更强烈。

同理，个体避免失败的倾向性（用$T_{af}$表示）取决于他的稳定的避免失败倾向（用$M_{af}$表示）、他对行为失败可能性大小的主观估计（用$P_f$表示），与失败的消极诱因价值（用$I_f$表示）三者之间的乘积，用公式表示为：

$$T_{af} = M_{af} \cdot P_f \cdot I_f$$

其中，$I_f = 1-P_f$，即当失败的可能性减少时，失败的诱因值就增大，失败的诱因值可理解为一种消极的情感，如羞愧、消沉等。个体在完成一种容易的任务失败时体验到的羞愧感比在完成困难任务失败后体验的羞愧感要强。

个体在某一行为上的成就动机等于他趋向成功的倾向的强度减去避免失败的倾向的强度：

$$T_a = (M_s \cdot P_s \cdot I_s) - (M_{af} \cdot P_f \cdot I_f)$$

在特定的情境中，如果个体趋向成功的倾向大于避免失败的倾向，那么他就敢于冒风险去尝试，并追求成功；在遇到一定的失败之后，反而会提高他去解决这一问题的愿望。相反，如果很容易获得成功，反而会减低他的动机。

根据成就动机理论，学生最有可能选择的是成功概率约为0.5的任务，因为这种任务最富有现实的挑战性。这不仅仅涉及学习任务本身的难易问题，更涉及成功的标准（如评分标准）问题。如果学生认为不论怎样努力也肯定会不及格时，他的学习动机就会处于极低的水平。因此，这需要教师适当地调整评分标准，使学生感到要得到好成绩是可能的，但也不是轻而易举的。

学生的成就动机与他的成败归因方式之间存在相互影响。趋向成功者有很强的自信心和内归因，成功增强了他们的自信；一旦失败，他们会认为是自己采取了不合适的策略，没有付出足够的努力，而不会将失败视为缺少能力，他们会更加努力地去完成任务。避免失败的学生正相反，他们的自信心不强，倾向于外归因。由于自认为能力有限，他们往往设置一些不切合实际的目标，而又不付出足够的努力，从而导致失败，不断的失败又导致他们坚定了自己能力不足的看法，将失败归因于缺乏能力，而将成功归因于运气、机遇、任务简单。这样，无论成功还是失败，对他们都没有积极的影响：成功了，他们不会再付出努力，而一旦失败，却导致他们进一步回避失败。

### 五、自我效能感理论

自我效能感（self-efficacy）是指人们对自己是否能够成功地进行某一成就行为的主观推测和判断。这一概念最早是由班杜拉提出的，在20世纪80年代以后得到了丰富和发展，也得到了大量实证研究的支持。

行为主义认为当前行为的结果强化了未来的行为，而班杜拉认为这一基本论调并不十分确切，因为，未来行为的出现并非直接取决于当前行为的结果，而是由于个体认识到了行为与强化之间的依赖关系后，产生了对下一步强化的期望。这种期望是对结果的期望，是个体对自己某种行为会导致某一结果的推测。例如，学生若感到只要上课注意听讲就会获得他所希望取得的好成绩时，他就可能认真听课。但是，学生若只知道注意听讲可以带来理想的成绩还不足以引发其认真听课的行为，他还必须感到自己要有能力听懂教师所讲的内容，像这种对自己能否进行某种行为的实施能力的推测或判断，就是班杜拉特别强调的效能期望，也就是自我效能感。当个体确信自己有能力进行某一活动时，他就会产生高度的自我效能感，并会去进行那一项活动。

班杜拉等人的研究指出，自我效能感对行为活动具有五个方面的作用。①决定个体对活动的选择，与自我效能感低的个体相比，自我效能感高的个体倾向选择富有挑战性的任务。②影响对活动的坚持性，自我效能感高的个体倾向坚持自己的行为，直至成功；自我效能感低的个体则容易半途而废。③影响个体在困难面前的态度，自我效能感高的个体敢于面对困难，坚信只要不懈努力，困难是会克服的；自我效能感低的个体在困难面前畏首畏尾，不敢尝试。④影响新行为的获得和习得行为的表现，自我效能感高的个体能够高效地习得新行为，并自如地表现所习得的行为；自我效能感低的个体则相反。⑤影响活动时的情绪，自我效能感高的个体活动时信心十足，情绪饱满；自我效能感低的个体则充满着恐惧和焦虑。

班杜拉等人还指出，影响自我效能感形成的因素主要有四个。①个体的成败经验，这一效能信息源对自我效能感的影响最大。一般来说，成功经验会提高效能期望，反复的失败会降低效能感。当然，成功经验对效能期望的影响还取决于个体对成败的归因方式。如果个体把成功归于外部的不可控的因素就不会增强自我效能感，若把失败归于外部的不可控的因素就不一定会降低效能感。②替代经验，个体的许多效能期望是来源于对他人的观察，如果看到一个与自己一样或不如自己的人取得成功，那么个体的自我效能感就会提高。③言语暗示，他人的言语暗示能提高自我效能感，但缺乏经验基础的言语暗示效果是不巩固的。④情绪唤醒，高水平的情绪唤醒使成绩降低而影响自我效能感。自我效能感与情绪状态之间存在相互影响。值得指出的是，上述四种因素对效能期望的作用依赖个体的认知和评价，个体要权衡能力因素和非能力因素对成败的作用。

### 六、动机归因理论

归因（attribution）是指个体对他人或自己的行为结果进行分析，推论这些行为原因的过程。理解学生对成功或失败的归因是一种鉴别并控制学生行为的动机类型的方法。归因理论的指导原则和基本假设是：寻求理解是行为的基本动因。韦纳（B. Weiner）认为，学生在对自己的成功和失败进行归因时，通常会归于能力、努力、任务难度和运气这四种主要原因，并且，学生的归因过程主要是按照控制点（locus of control）、稳定性（stability）与可控性（controllability）三个维度进行。根据控制点维度，可将原因分为内部的和外部的；根据稳定性维度，可将原因分为稳定的和不稳定的；根据可控性维度，可将原因分为可控的和不可控的。[①] 这一关系可用表 4-1 表示。

---

① 陈琦，刘儒德. 当代教育心理学 [M]. 北京：北京师范大学出版社，1997: 130–131.

表 4-1 成功与失败的归因

| 控制点 | | 稳定性 | |
| --- | --- | --- | --- |
| | | 稳定的 | 不稳定的 |
| 内部的 | 成功<br>失败 | 能力高低（不可控）<br>"我很聪明"<br>"我很笨" | 努力程度（可控）<br>"我下了功夫"<br>"我实际上没下功夫" |
| 外部的 | 成功<br>失败 | 任务难度（不可控）<br>"这很容易"<br>"这太难了" | 运气好坏（不可控）<br>"我运气好"<br>"我运气不好" |

韦纳认为，每一维度对动机都有重要的影响。控制点维度与个体成败的情绪体验有关，如果将成功归因于内部因素，会产生自豪感，归因于外部因素，则会产生侥幸心理；如果将失败归因于内部因素，则会产生羞愧的感觉，归因于外部因素，则会生气。稳定性维度与个体对未来成败的期望有关，如果将成败归因于稳定因素，则可期待下一次的成败，如果归因于不稳定因素，则根据这一因素是否可控，而期望能否改变成败格局。可控性维度既与情绪体验有关又与对未来成败的预期有关，如果将成功归因于可控因素，则感到满意，并期待通过自己的控制而获得下一次成功，如果归因于不可控因素，则感到庆幸，但无法预期下一次成功，因而不能产生学习的动力；如果将失败归因于可控因素，则产生内疚，下一次是否成功取决于自己下一阶段的行动；如果归因于不可控因素，则感到绝望，自甘下一次失败。一个总是失败并把失败归于内部的、稳定的和不可控的因素（即能力低）的学生，会形成一种习得性无助的自我感觉。习得性无助（learned helplessness）是当个体感到无论做什么事情都不会对自己的重要生活事件产生影响时所体验到的一种抑郁状态。当学生认识到自己的行为不能改变事件的结果时，学生会形成较低的期待，形成动机和情感的混乱。

根据归因理论，努力而成功，体验到愉快；不努力而失败，体验到羞愧；努力而失败，也应受到鼓励。因此，教师在给予奖励时，不仅要考虑学生的学习结果，而且要联系其学习进步与努力程度状况来看，强调内部、稳定和可控制的因素。在学生付出同样努力时，对能力低的学生应给予更多的奖励，对能力低而努力的人给以最高评价，对能力高而不努力的人则给以最低评价，以此引导学生进行正确归因。

### 七、成就目标理论

能力内隐观是指个体对个体的智力和能力是否可变的认知或信念。德维克（C. S. Dweck）首先区分了人的两种能力内隐观。一种为能力实体观（entity view of ability），认为能力具有固定的、不可改变的特质。根据这种观点，有些人会比另一些人更加聪明，但是每个人的能力的量都是固定的。另一种是能力增长观（incremental view of ability），认为能力是不稳定的、可以控制的、可以随着知识的增长、技能的训练而提高的。

持有不同能力观的学生倾向于设置不同的成就目标。成就目标（achievement goals）是个体对从事学业成就任务的目的或原因的认识。持有能力实体观的学生倾向设置表现目标。表现目标（performance goals）是指能让他人对自己表现做出好评的目标。这种学生倾向选择那些容易实现并能够证明自己有能力的工作，从而避免被别人看不起。比如，选择不需花费太多精力而且成功可能性很大的工作，以最好的成绩表现他们聪明的一面。他们认为学习是为了做给别人看或向别人证明自己的能力。他们关注自我在别人心中的形象。他们关心的是在考试中取得好的成绩、在比赛中获胜或在竞争中超越他人。

持有能力增长观的学生则倾向设置掌握目标。掌握目标（learning goals 或 mastery goals）是指那些旨在学习新事物、提高技能的目标。这些学生倾向选择那些有挑战性的任务，以求经过努力而真正发展能力、提高技能。在他们看来，有进步才意味着能力在提高。他们不在乎在这个过程中可能会犯很多的错误或者遭遇众多尴尬，因为失败并不可怕，它不过是走向成功的必经之路，只是说明自己还需要付出更多的努力。他们认为学习是为了个人的成长，而不是为了跟别人相比。他们关心的是能否完成任务，而不是表现是否出众。他们在学习中会更多地寻求帮助，使用较高水平的认知策略，运用更有效的学习方法。

### 八、自我价值理论

自我价值（self-worth）是指个体认为自己是优秀的、有能力的一种信念。科温顿（M. V. Covington）等人的自我价值理论认为，接纳自我是个体的最先追求，而接纳自我的前提是自我价值，自我价值通常基于在竞争中取得成功的能力。一旦自我价值受到威胁，个体将竭力予以维护和防御以建立正面的自我形象，从而接纳自我。根据这一理论，学生首先倾向追求在学校竞争中获取成功，并将成功看作自己能力的展现而非努力的结果。如果成功难以追求就改以避免失败（如拒绝参加任务、贬低任务的重要性、减少努力程度或者设置虚高的目标，以便为自己的失败找到借口）。如果失败难以避免，就改以自甘失败（既不想学习也不想证明自己的能力，只想逃避一些学习任务）以维护自我价值。

自我价值理论对教育实践具有非常重要的启示。教师和学生的目标有时候会互相冲突。教师希望学生尽自己最大的努力，学生则想尽可能证明自己的能力——可以不费吹灰之力依然遥遥领先。教师通常把学生的学业失败归因于不努力；对那些努力学习但是学业失败的学生给予最少惩罚，但这类学生在同学心目中的地位却不高。这样，努力变成了学生的一把双刃剑：一方面，刻苦努力会得到教师的嘉奖，但另一方面，又忌讳被教师评价为刻苦努力，因为那可能隐藏着一个潜台词：笨鸟先飞。

为了学生保护自我价值的需要，同时促进学生努力学习，教师要合理设置任务，采用相应的措施。比如，鼓励小组合作学习，让学生有机会将学习视为集体的共同活动，将学习成绩的提高视作集体共同努力的结果而非个人能力体现。或者采取基于学生自我比较而非他人比较的评价，促进学生产生内在动机。

## 第三节　学习需要的形成与培养

### 一、学习需要的形成因素

#### （一）家庭、学校和社会

学生的学习需要是其对一定社会生活环境要求的反映。家庭、学校和社会作为学生的重要生活环境，对学生学习需要的形成起着重要的作用。

1. 家庭的期望和参与

学生的学习需要与家庭对其的期望、要求和态度有很大关系。有研究者[①]对父母教育参与的研究进行了系统分析后发现，在父母的各种参与方式中，父母的教育期望对孩子学业的影响是最显著的。父母的教育期望是指父母对孩子通过学习能达到的学历水平的期待，它在总体上反映了父母对学校、教师的信念和态度。研究发现，父母的教育期望会影响孩子的期望和抱负。有较高教育期望水平的父母会更多地培养孩子在学习上的志向，与孩子讨论和学业及发展前途有关的问题，从而促进孩子学习需要的培养。当然，父母的教育期望也要适度，当父母的教育期望过高，甚至超过孩子对其自我能力的评价时，父母的教育期望就很难起到积极作用。

除了教育期望之外，父母的其他参与方式也会影响孩子的学习需要。重视教育的家长会更多参与家校合作的活动，也会在家庭中和孩子进行与文化相关的活动，如带孩子去图书馆学习、参观博物馆等，培养孩子的学习兴趣，在孩子学习遇到困难时给予帮助和鼓励，这些都会促进孩子的学习需要的形成。研究发现，同父母参与的"量"相比，父母参与的"质"更加重要。进行高品质教育参与的父母会培养孩子的自主性而不是试图控制孩子，会看重孩子学习的过程而不是结果，在参与过程中会带着积极情感而非消极情感，并且对孩子的潜力持有积极的信念[②]。

2. 学校教育

学校教育对学生学习需要的形成起着主导作用。学校的知识教育、教师本身的模范作用、学校及班集体的学习风气、教师的教育技巧以及教师对学生的良好态度等，都极大地影响着学生学习需要的形成。因此，教师一方面应以自身的严谨治学态度和敬业精神为学生树立良好的榜样；另一方面应根据社会与学校的要求以及学生自身的特点，巧妙地把各种因素结合起来，从而更好地促进学生学习需要的形成。

3. 社会风气和思想意识形态

社会风气和思想意识形态对学生往往有着潜移默化的影响。例如，我国"文化大革命"期间，社会上散播"读书无用""知识越多越反动"的谬论，直接导致学生学习需要的降低。自改革开放以来，社会上下形成了尊重知识、尊重人才的良好氛围，学生的学习积极性也大大提高，学习需要非常强烈。因此，良好的社会风气、正确的舆论导向对于形成学生良好的学习需要是十分重要的。

（二）学生的个性特点

学习需要是个体对外部生活条件要求的反映，是个体的一种主观愿望，它受学生个体特点的影响。在一般情况下，学生的品德决定着学习需要的性质。一个觉悟高、品德好的学生，必然会有正确的学习需要。学生的兴趣、爱好也会影响学习需要的产生。兴趣是最好的老师，学生对某些学科或学习活动产生了兴趣，便有一种内在的、强有力的力量推动他自觉、积极地去学习，学习需要更加稳定、深刻。

另外，学生的志向水平对学习需要的形成也有一定影响。志向水平又称抱负水平

---

① WILDER S. Effects of parental involvement on academic achievement: a meta-synthesis[J]. Educational review, 2014, 66(3): 377–397.
② POMERANTZ E M, MOORMAN E A, LITWACK S D. The how, whom, and why of parents' involvement in children's academic lives: more is not always better[J]. Review of educational research, 2007, 77(3): 373–410.

(aspiration level），是指学生自己设立的目标以及在学习活动之前对所欲达到的目标做出的估计。学生个人的志向水平不同，其学习的需要及表现也不一样。例如，同样是考了80分，一个学生可能会非常高兴，而另一个学生则可能会非常伤心。其原因在于这两个人学习的志向水平和学习需要有差异。有较高志向水平的人，学习需要较高，敢于给自己提出较高的目标，并有战胜困难的勇气，意志坚强；有较低志向水平的人，对自己的学习要求比较低，对于难度大、成功率低的学习任务往往予以回避。可见，培养学生良好的个性品质，对于学生学习需要的形成非常重要。

**二、学习需要的培养**

学习需要是学习动机的一种重要的内在激活因素，是学生学习积极性的源泉，对学生的学习活动起着重要的推动作用。但学生的学习需要不是自发产生的，而是在长期的学习活动中，在教师有意识的引导和培养下形成和发展起来的。

**（一）进行学习目的教育，启发学生的学习需要**

1. 引导学生认识学习的社会意义

在教学中对学生进行学习目的的教育，要与学校的思想品德教育结合起来，进行深入细致、全面广泛的工作。例如，有的教师召开以"今天的一个疏忽，就会成为明天的一个事故"为题的主题会，引导学生明确自己的学习对于国家建设的意义，使学生把学习成绩从与个人的成败关系升华到与祖国建设事业的得失联系起来，从而使他们产生为祖国事业发奋学习的强烈学习需要。同时，教师还应注意纠正学生已经形成的一些对学习的错误认识。教师通过疏导教育，将学生的学习需要逐步引向正确的轨道。

2. 帮助学生设置具体的学习目标

学习目的教育不仅要使学生具有远大的目标，而且还要使这种远大的目标与具体的、切实可行的目标结合起来，这样才能使学生脚踏实地地去实现远大的学习目标。要做到这一点，教师就应帮助学生设置具体的学习目标。教学经验证明，让学生明确每门学科和每堂课的目的要求，了解知识的具体意义以及它在整个知识体系中所占的地位，是非常重要的。换言之，只有让学生明确现在所学的内容与生活实践有哪些联系，对将来祖国的建设事业有什么意义，才能调动学生的学习积极性，使其进行有效的学习。例如，学生在学数学和外语时经常感到枯燥乏味，但当学生了解到数学在航天、测量、军事方面，外语在国际合作与交流、跨文化沟通与交际方面的意义时，就会产生学习的兴趣和较高的学习积极性。

3. 帮助学生树立良好的学习志向

学习目标是学习的客观要求和外部力量，而学习志向则是学习的主观愿望和内部动力。学生的学习志向实际上是一种外部要求的内部转化，它既跟家长与教师的期望和要求有着密切的关系，又与社会主流舆论有一定关联。学生的学习志向较为复杂，不同年龄阶段学生的学习志向也各不相同。良好的学习志向有助于激发学习需要，引起学习兴趣，从而使学习活动产生巨大的动力，如有的小学生在确立了"长大当个数学家"的学习志向后，就会发奋学习，努力去实现自己的志向。由此可见，教师在培养学生的学习目标时，还必须结合学生本身特点培养学生良好的学习志向，使学生发挥特长，勤奋学习。

## （二）注意教学的新颖性和启发性，激发学生的求知欲

### 1. 利用灵活的教学方式唤起学生的学习热情

现代认知心理学认为，引起学生认知上的不和谐能引发学生的好奇心并激发其学习兴趣。因此，教师在课堂教学中要采用灵活多样的教学方式，实施启发式教学，创设问题情境，形成悬念，激起学生的好奇心和学习热情。例如，有位语文教师在讲《祝福》一课时，先让大家通读一遍课文，然后提出这样一个问题："《祝福》讲的是一个妇女被封建礼教'吃掉'的故事，这样一个悲惨的故事作者为什么用'祝福'这样吉祥的词汇作标题呢？"这富有启发性的提问，犹如"一石激起千层浪"，学生议论纷纷，产生了极大的学习兴趣和求知欲。

### 2. 加强教学内容的新颖性，吸引学生的注意力

心理学研究表明，新颖的东西能激发人的兴趣，吸引人的注意力，因此，教师在教学中要注意教学内容的新颖性。如果不注意教学内容的新颖性，就会形成"一道汤""老面孔"的局面，使学生注意力分散。教学内容的新颖性不仅在新授课中要有所体现，即使在复习课中也要注意。复习课不是内容的简单重复，要善于推陈出新，力求使教学内容具有新的知识点，并提供不同的学习方式让学生掌握，尽量避免内容和形式上的格式化。例如，有位小学语文教师在一次基础训练教学中，先让学生完成一个练习，即说出"伏"字在以下三个句子中的不同作用：不要伏在床上看书；稻子随风起伏；冬练三九，夏练三伏。然后保留例字"伏"，做换例句的练习，如"我们潜伏在一条山沟里"等。待学生掌握后，再让学生自己从课文中找出其他例字、例句，进行一字多义练习。这时学生学习兴趣高涨，注意力全都集中在查找书中一字多义的例字、例句上了。如学生找到了"益""养花有益身心健康""人与自然的关系日益密切"，等等，从而取得了好的教学效果。当然，重视教学内容的新颖性和趣味性，应注意既不能脱离教材内容去一味追求所谓的趣味性，也不能单纯追求新颖性而忽视学生自觉性的培养。只有这样，才能使学生既有效地掌握基础知识和基本技能，又充满学习的积极性。

### 3. 充分调动学生在课堂练习中的积极性

大多数学生总是在主动学习活动中感受到学习的快乐，在被动学习活动中产生烦躁。学习的主动性往往是在提出问题、思考问题、操作实验和各种角色活动中发挥出来的。因此，教师在教学中，不能搞"一言堂"，应充分调动学生的主动性，鼓励学生提问，指导学生大胆设想，活跃课堂气氛，使学生在积极思考中获得极大的享受。如有位小学教师在教古诗《春晓》时，有个学生对诗中"夜来风雨声，花落知多少？"提出问题："花落知多少？"中的"知"是"知"还是"不知"？教师就引导学生进行讨论。有的学生说作者是"知"的，因为诗中就是这样写的；有的学生说作者是"不知"的，因为他刚刚睡醒，只知道昨晚刮风下雨，但究竟落了多少花并不知道；还有的学生认为，这个"知"字可以理解为又"知"又"不知"，因为作者知道刮风下雨必然落花，但他刚醒，还未到花园去，所以具体落了多少花并不知道。通过这样主动的讨论，学生获得了积极参与的机会，激发了强烈的学习需要。还有的教师鼓励学生大胆提问，哪怕所提问题非常可笑也不讽刺挖苦，从而使学生的参与性、主动性增强，学习热情高涨。例如，课文《一个苹果》中写人民战士在一个炮火连天的黄昏，忍受战争环境的困苦和干渴的煎熬，将仅有的一个苹果让来让去，表现了革命队伍里真诚的同志关系和崇高的阶级友爱。一位教师在讲解这篇课文时，

一个学生突然提出一个意想不到的问题："一个苹果传一圈只吃了一小半，那么剩下的大半个苹果哪里去了？"课文中没有交代，教师也一时难以作答。然而，教师非但没有责备这个学生，反而引导学生思考讨论这个问题，从而使学生兴趣倍增，对这篇课文有了更深的理解。

**（三）加强对学生学习活动的指导，培养学生产生浓厚的兴趣**

学习兴趣是学习动机中最活跃的心理成分。具有学习兴趣的学生，会把学习看成内心的满足，而不是把学习当成负担，从而取得好的学习效果。学习兴趣不是与生俱来的，它是通过多种教育机制加以培养形成的。

1. 利用教师期望效应培养学生的学习兴趣

培养学生的学习兴趣，把学生的注意力吸引到学习上，对于学生的学习活动特别重要。实践证明，有些学生之所以厌恶或懒于学习，往往是因为知识基础差，学习成绩下降，进而感到学习枯燥无味，丧失了学习兴趣。因此，要唤起学生的学习兴趣，首先要使学生在学习活动中获得一种满足感。这种满足感来自两个方面：一是外部的奖励，诸如教师的表扬、鼓励等；二是真正获得学习上的成功。真正获得学习上的成功需要一定时间，所以，在学生没有取得真正成功之前，教师应充分利用人为的表扬、鼓励等措施，对学生取得的任何一点小小的进步都予以及时肯定和重视，激起学生学习的信心和动力，进而产生皮格马利翁效应。

2. 利用已有的动机和兴趣形成新的学习兴趣

教学经验和有关研究表明，在学生缺乏学习动力、没有明确的学习目的和兴趣的情况下，可以利用学生爱好游戏或其他科技、文体活动的动机和兴趣，使这些已有的动机和兴趣与学习发生联系，把这些活动的动机转移到学习上，从而使学生产生对学习的需要。学校中各种课外活动小组对学生学习兴趣的培养，就是比较典型的例子。例如，参加地质小组的学生，有的可能不是出于对地质学的兴趣，而是对外出郊游和与同伴交流非常感兴趣。但是在地质活动中，这些学生就可能发展出对学习自然、地理、数学等方面知识的需要。再如，某班主任发现班上多数男生对当海员感兴趣，希望自己长大了能成为一名远洋轮船上的海员。她就在开展活动时把少先队中队当成"海员俱乐部"，少先队员被假想为"海鹰"号舰船上的海员。她对学生们提出，做一名海员要好好学习，参加海员俱乐部就要守纪律和团结友爱，要学习造船和航海技能，并组织他们参加各种学科小组和兴趣小组活动。学生在这个活动过程中学习航海的知识，研究祖国的沿海国界，阅读描写有关祖国军舰发展史和有关海战方面的书籍，同时还学习航模制造、摄影以及音乐，等等，最后进行了汇报演出。在这个活动中，学生领会了知识在实践中的作用，从而也使学习活动具有了新的意义。学生认识到，如果学不好数学、语文、外语等学科就不能成为海员。这样，就将学生对海员游戏活动的兴趣成功转移到文化科学知识的学习上来，从而使学生自然而然地产生了学好各门科目的愿望和兴趣。因此，即便是学困生，教师也应注意挖掘他身上的积极因素和闪光点，因势利导，将其已有的兴趣和动机转移到学习上来。

3. 加强课外活动指导，发展学习兴趣

有些教师和家长往往限制学生参加多种课外活动和课外阅读，认为学生应该老老实实地学好课堂知识，完成课堂上布置的作业。尤其是对学习差的学生，更是严令禁止他们看课外书，反对参加课外活动，课余时间往往是补课和做作业。结果，学生原来就微弱的求知的火花也熄灭了，这些学生也就只能停留在读课文、做习题的狭小求知范围内。知识面得不到拓宽，思维和想象得不到活跃，因而也就激不起学习兴趣。苏联教育家苏霍姆林斯基曾指出，让学生变聪明的方法不是补课，不是增加作业，而是阅读、阅读、再阅读。实践也证明，课外阅读和课外活动对于培养兴趣、增长知识、开阔视野是极好的手段。越是学习好的学生，越热衷于课外阅读和参加课外活动，越有获取多方面知识的强烈愿望。当然，学生的课外阅读和课外活动最好在教师的指导下进行。教师要根据学生的特点，指导学生有计划、有选择地阅读书籍和参加课外活动，从而培养其对某门学科的强烈兴趣，取得好的学习成绩。否则，如果阅读了不健康的图书，参加了不当的活动，非但不能提高学生的学习兴趣，反而会极大地干扰学生的正常学习，导致学习兴趣的丧失。所以，为了更好地发展学生的学习兴趣，学生应在教师或家长的指导下进行课外阅读、参加课外活动。

**（四）针对学生的个体差异，提高学生的学习积极性**

针对学生的个体差异，采取有针对性的措施来提高学生的学习积极性，防止"一刀切""一锅煮"的错误做法，纠正教育、教学上的形式主义和公式化的做法，从而有效地提高教育质量，取得最佳的教育效果。

1. 根据学生的年龄特征提高学生的学习兴趣

不同年龄阶段的学生在学习兴趣的形成和表现上有很大的差异。小学生的学习兴趣还不稳定，比较笼统、模糊，易对学习过程的形式感兴趣并从中得到满足，任何新颖的、形象的、具体的事物都会引起他们极大的兴趣。因此，小学课堂教学更应注意教学方式灵活多样、教学内容生动活泼以及教具的新颖具体。只有这样，才能吸引小学生对课堂教学的注意力，在趣味性教学中培养起学习兴趣。例如，教学过程中学生手里的小棍、算盘上的算珠、书里的画页等的变动；读拼音、写生字、朗读课文等的交替变化；回答教师的课堂提问、扮演游戏中的角色等，都能吸引他们投入学习活动中，并感到学习妙趣横生。因此，在小学中开展"愉快教育"，寓教于乐，在轻松愉快的气氛中学习，是针对小学生的年龄特征培养小学生学习兴趣的重要举措。

随着年级的增高，学生的学习兴趣开始明显分化并趋向稳定，其学习兴趣的范围也不断扩大，表现为对课外阅读和课外活动的兴趣增强，开始注重学习内容。他们的学习兴趣已减少了与学习形式的直接联系，而逐渐被学习的内容左右，他们对复杂的疑难问题、对较高的智力活动产生兴趣。所以，在对年级较高学生进行教学时，教师就不能仅仅满足于教学方法的生动活泼，而应注意从教材内容中挖掘深度，创设一定的问题情境，激发学生的智力活动，活跃学生的思维，使学生处于积极开动脑筋的智力活跃状态，这样才能使学生对学习保持持久的兴趣。此外，教师还应对严重偏爱某一学科的学生给予正确引导，一方面使其在对某一门学科兴趣的基础上培养起对其他学科的兴趣；另一方面还应以此为中心兴趣，指导学生涉猎更广泛的知识。

2. 根据学生的知识基础培养学生的学习兴趣

在学校中，几乎每个班级的学生都存在学习成绩优秀、知识基础好的学生和学习成绩差、知识基础薄弱的学生。教师要培养学生的学习兴趣，就必须区别对待，因材施教。一般说来，学习成绩优秀、知识基础好的学生都往往有着较浓厚的学习兴趣，但如果不注意引导，基础好的学生往往会产生骄傲情绪，满足现状。因此，教师一方面应帮助基础好的学生克服骄傲自满情绪，使他们了解知识海洋的浩瀚无边和自己知识面的狭窄；另一方面，要为他们创造条件，提供较难、较深的学习材料，启发鼓励他们自学和独立思考，鼓励他们参加学校的课外活动小组和有关竞赛活动，引导他们参加小创造、小发明活动，为他们开辟创造性学习的途径，从而使这些学生对学习保持深厚稳定的学习兴趣。

而学习成绩差、知识基础薄弱的学生，需要教师给予特别的关心和照顾。教师要深入调查研究他们学习积极性不高和学习成绩差的原因，有针对性地给予帮助和指导。具体包括以下几种做法：①教师应帮助他们树立起对学习的信心，鼓励他们克服自己知识基础薄弱的弱点和个性方面的不足，使其以极大的热情进行学习。②教师应帮助学生获得学习的成功体验，使其认识到，只要付出努力，同样可以获得好成绩，从而树立自信心，提高学习的积极性。③教师还应鼓励学生参加各种课外活动，为他们推荐有价值的课外书籍，对他们的各种能力进行锻炼，从而发现特长，加以正确引导，培养他们的学习兴趣。

## 第四节　学习动机的激发

学习动机的激发是指在一定的教学情境中，利用一定的诱因，使已形成的学习需要由潜在状态变为活跃状态，使它们成为推动学习的内部动因，形成学习积极性，从而使已经形成的学习需要不断地得到巩固、加深和提高。学习动机的激发主要依赖教师的教学内容、教学方法和教学组织，教师还应根据教学不同阶段的要求和特点，创设一些辅助条件。

### 一、适当地开展学习竞赛

在竞争过程中，学生的成就动机和胜任需要会更加强烈，学习兴趣和克服困难的毅力会大大提高。正确使用竞赛是激发学生学习动机的一种有效手段，它具有激发人的学习积极性和提高学习效率的作用。当然，如果使用不当，竞赛也会带来一些消极的影响。

（一）竞赛的作用

1. 竞赛的积极作用

国外的许多研究表明，对某些学习活动来说，竞赛起着极大的促进作用。有研究者对五年级两个组的小学生进行了10天（每天10分钟）加法练习的对比实验，无竞赛组只是按照教师的严格要求和规定做练习；有竞赛组做加法练习时还有"为了每天统计表上登记分数和红星"的诱因，结果竞赛组的成绩优于无竞赛组。

那么，个人竞赛与团体竞赛的效果，孰优？实验表明，在其他条件相等的情况下，个人竞赛比团体竞赛效果好。研究者用三个组以加法运算为学习材料进行对比实验。甲实验组以全组为单位开展竞赛，为团体竞赛组；乙实验组的被试两两配合成对进行竞赛，为个人竞赛组。上述两组的竞赛，成绩都是公开的。控制组则不进行任何竞赛。被试是814名五至八年级的学生，其结果是个人竞赛组成绩最优，团体竞赛组较次，控制组最差。但是，竞赛对学习动机的激发作用是有条件的，是受活动性质影响的。

2. 竞赛的消极作用

竞赛也存在一定的消极影响。根据阿特金森成就动机理论，获得成功的可能性在50%时对竞赛的反映倾向强度最大，因此，竞赛对处于中间偏上状态的学习者影响最大，因为竞赛可以使这部分人获得成功感;对无希望取得名次的学习者来说,竞赛不仅没有激发作用,反而有消极作用。美国心理学家索里(J. M. Sawrey)等人经过研究,列举了竞争消极作用的四点表现:使学习迟缓的人丧失信心;对于知道自己不需要任何努力就能成功的人缺乏激励;对于某些人有过度的压力;对不合作是一种鼓励。

此外,竞赛的消极作用还表现在大多数学生会产生失败感。经常不断的竞赛活动还会降低学生学习的内在动机水平,出现为了竞赛得高分而学习的现象。所以,竞赛作为一种激发学习动机的手段,既可起积极的作用,又会产生消极影响,其作用的性质既取决于学习活动本身的特点,又取决于教师如何引导竞赛活动。

**(二)运用竞赛的原则**

1. 竞赛要慎用、少用

竞赛虽有激发学习动机的效果。但是不宜过多,更不应滥用。否则,不仅起不到激励作用,反而会适得其反,轻则加重学生的负担,使学生产生紧张气氛;重则损害学生的身心健康。因此,必须慎重进行竞赛,并注意对不同类型的学生进行思想品德教育,使其了解竞赛的意义在于相互促进,以避免出现嫉妒或不友好的消极情绪,防止部分学生产生自负感或自卑感,从而激发学生良好的学习动机。

2. 竞赛要注意方式

组织竞赛应注意调动全体学生的学习积极性,一方面,题目不宜过难,题目应考虑调动部分中下水平的学生的积极性;另一方面,竞赛不宜只在少数优秀学生中进行。为使竞赛能对绝大多数人起到激励作用,在组织方式上可采用以下方式。①按能力分组竞赛,这样每个学生都有获胜的机会。②按项目分组竞赛,如按音乐、体育、工艺、劳动、数学、作文、英语等分别开展竞赛,使不同智力、不同兴趣、不同特长的学生都有施展自己才能的机会。③鼓励学生自己和自己竞赛,让学生用今天的自己和昨天的自己比赛,争取这次成绩比上次好,今年的进步比去年大。这样的竞赛既没有副作用,又可保持同学之间团结友爱、互助合作的关系,还能在任何时间开展竞赛。

**二、正确运用奖励与惩罚**

奖励与惩罚是对学生学习成绩和态度的肯定或否定的一种强化方式,它可以提高学生的认识水平,激发学生的上进心、自尊心。正确运用奖励与惩罚是激发学生学习动机的重要手段之一。

**(一)奖励与惩罚的作用**

一般来说,合理运用奖励与惩罚能有效地激励学生积极的学习动机。美国心理学家佩奇(E. B. Page)曾对74个班的2000多名中学生进行实验[①]。他把每个班学生都分成三组,给以不同的评价。第一组只给甲、乙、丙、丁一类的等级,无评语;第二组除标明等级外,还按照学生的答案给予矫正或相应的评语;第三组给以特殊的评语,如对甲等成绩的学生评以"好,坚持下去",对乙等成绩的学生评以"良好,继续前进",对丙等成绩的学生评以"试试看,再提高点吧",对丁等成绩的学生评以"让我们把这等成绩改进一步吧"。结果表明,三种不同的评语对学生后来的成绩有不同的影响,相应评语能够针对学

---

① 转引自:林丰勋. 现代学习心理学[M]. 济南:山东教育出版社,1999: 291.

生答案中的优缺点做评定，效果最好；特殊评语的内容没有针对学生的个别特点，虽有激励的作用，但效果弱于相应评语；无评语的成绩则明显低落。由于奖励能对学习起到推动作用，因而对学生的评价，一般来说应使奖励多于惩罚。不过，奖励如果运用不当，不仅不会激发学生的学习动机，反而会滋长学生的骄傲情绪，忽视自己的缺点，甚至会导致学生将主要的学习目标置于脑后而追求奖励的现象，从而产生消极的结果。惩罚虽然不如奖励容易受学生的欢迎，过分或过多的惩罚也会造成学生对教师和学习的厌恶、怀疑、憎恨等不良的后果，但是，适当的批评，尤其对成绩好的学生的批评也能取得一定的好效果。因此，既要承认奖励与惩罚对学生的学习有促进作用，又要看到如果运用不当，会产生一定的不良后果。

**（二）运用奖励与惩罚应注意的问题**

1. 要使学生树立正确的奖惩观

教师应注意教育学生对奖惩有正确的态度，把奖励与惩罚看成增强学习积极性的手段，而不是目的。否则，会出现为追求奖励、逃避惩罚而学习的现象，降低学习的内在动机。一旦奖励与惩罚失去吸引力，学生的学习积极性就会大大降低。所以，使学生树立正确的奖惩观，是以奖惩为手段激发学生学习动机的前提。

2. 奖励与惩罚要公平、适当

经验证明，教师的奖惩若掺杂了主观印象，不能做到公平合理，往往会使奖惩产生消极的结果。例如，有的教师对成绩好的学生总是采取表扬、鼓励的态度，而对另一些同学总是冷嘲热讽，甚至对其取得的进步和成绩也不予理睬，这些做法会引起相当多学生的反感，对教师的奖惩产生逆反心理，从而大大挫伤学生学习的积极性。另外，教师奖励的方式也要适当，应以精神奖励为主，物质奖励为辅。否则，会使学生出现一味追求奖励的现象，或者出现"不为区区奖品而卖力"的反感态度。在采取惩罚手段时，既要严禁体罚和变相体罚，又要禁止用抄作业、完成繁重的学习任务等手段来进行惩罚。因为许多基础不好的学生本来就对学习缺乏兴趣，如果又经常惩罚他们，非但不会激励他们的学习，反而会增加他们对学习的厌恶。所以教师在采用奖惩手段时必须公平、适当，使奖惩确实起到激励作用。

3. 奖惩应注意学生的年龄特点、个性特点和性别差异

教师在对学生实施奖惩时，必须充分考虑学生的个体差异，从而做到有的放矢，对症下药。一般说来，对于低年级学生，教师评价起的作用更大一些；对于高年级学生，通过集体舆论对其进行评价效果更好。对自信心差的学生，应给予更多表扬和鼓励；对过于自信的学生，则应更多地提出严格要求。基础不好的学生，易对奖励产生敏感，故宜多奖励；基础好的学生，往往对批评很敏感，故宜适当惩罚。对性格敏感的学生宜进行个别谈话，切忌当众严厉指责。只有这样，奖惩才能起到激励学习动机的作用。

### 三、利用学习结果的反馈作用

及时反馈学习结果能激发学生的学习动机和学习积极性。学生及时了解自己学习的结果，包括作业的正误、成绩的好坏、应用所学知识的成效高低等，具有很大的作用。通过学习结果的反馈，学生既可以看到自己的进步，激起进一步学好的愿望，也可以了解自己的缺点，树立克服缺点的信心，从而提高学生学习的积极性。

### （一）学习结果反馈的激励作用

关于反馈学习结果的激励作用，国外已有不少实验对此加以证明。例如，罗斯（D. Ross）等人把一个班的学生分成三组，每天在学习后进行测验，对第一组每天告知其学习结果；对第二组每周告知其学习结果；对第三组从不告知其学习结果。从第 8 周开始，除第二组仍旧每周告知结果外，第一组与第三组的情况对调，即对第一组不再报告其学习结果而对第三组每天告知其学习结果。如此再进行 8 周的学习和测验。比较三个组在第 16 周的学习成绩表明：在第 8 周后，除第二组显示出稳步的前进以外，第一组与第三组的情况变化很大，即第一组成绩逐步下降，而第三组成绩迅速上升。由此可见，反馈在学习上的效果是很显著的，尤其是每天及时反馈，较之每周反馈效果更佳。如果没有反馈，学生不知道自己的学习结果，则缺乏学习激励，学习的进步很小。

### （二）利用学习结果反馈的原则

1. 学习结果的反馈要及时

学习结果要及时反馈，只有这样，才能利用学生刚刚留下的鲜明的记忆表象，满足其进一步提高学习成效的愿望，增强学习信心。斯金纳曾批评传统的班级教学强化较少，而且强化不及时。他认为对学生的学习结果进行及时反馈，能使他们获得最大的、积极的学习成效。特别是对于小学生，及时反馈学习结果尤为重要。

2. 学习结果的反馈要具体

教师在对学生的学习结果进行反馈时，一定要具体、详细，使学生从结果反馈中能获得必要的信息。结果反馈还要具有针对性、启发性和教育性，使学生从中受到鼓舞和激励。越是具体明确的反馈信息，越能使学生对自己的学习结果有更清晰、深刻的了解，清除模糊概念，增强对知识的辨别能力。如有的教师在批改学生作文时，不是简单地写上"优"或"良"这样的等级，而往往用眉批、评语的形式指出作文的优点及不足，同时用热诚的语言予以鼓励，从而使学生在获得激励的同时，明确进一步努力的方向。

## 四、指导学生对学习结果进行正确归因

学生在每次学习之后，总会对自己的学习结果寻找一些原因，如"这次成绩好是因为我非常努力""这次成绩差纯属运气不好"，等等。对学习结果的归因往往影响着学生的学习动机，从而左右着学生日后的学习行为。良好的归因模式有助于激发学生的学习动机，形成对下次成功的高期待；不良的归因模式不仅不利于学习动机的激发，反而会产生习得性无助，使学习成绩一落千丈。因此，教师应引导学生进行客观归因，尽量将学习上的成功归因于自己的能力和努力，而将学习上的失败归因于努力不够，只有这样才能使学生产生更高的学习动机，树立对下次学习成功的期望，不放弃自己的努力，争取在以后的学习中获得成功。

此外，教师要帮助学生建立积极的自我概念。积极的自我概念也是激发学生的学习动机，形成良好的归因模式的一个重要因素。有研究者认为，自我概念不仅是一个人经验的产物，而且还影响着对新的事件的加工和解释，因而成为影响学生成就归因倾向的一种重要特质，如自我概念水平较高的学生往往把成功归因于个人的能力和努力程度，把失败归因于努力不够，因而失败不仅不能降低这些学生的自信心和对成功的期待水平，反而会激发他们的学习动机，使之更加努力地进行学习。自我概念水平较低的学生会把失败归因

于自己的能力差，因而看不到自己的潜力，常常对学习丧失信心，不愿接受挑战性学习任务，甚至拒绝再付出努力。因此，要提高学生的学习动机，建立良好的归因模式，首要问题是帮助学生树立积极的自我概念。这是一个长期的任务，需要教师在日常工作中慎重地对学生做出评价，引导学生建立积极的自我概念。

##  本章概要

1．学习动机是引发和维持个体学习活动，并将学习活动引向一定学习目标的动力机制。学习动机是由学习需要和诱因两个方面构成的。学习动机对学习产生引发、定向、维持和调节等四个方面的作用。

2．在一定范围内，学习效率随学习动机强度增大而提高，直至达到学习动机最佳水平，之后则随学习动机强度的进一步增大而下降。

3．学习动机可以分为：内在动机与外在动机；认知内驱力、自我提高内驱力与附属内驱力；远景性动机与近景性动机。

4．斯金纳认为，过去受到强化的行为比没有受到强化的行为重复出现的可能性更高。

5．马斯洛认为，任何人的行为动机都是在需要发生的基础上被激发的，人具有七种基本需要，这些需要从低级到高级排成一个层级，较低级的需要至少达到部分满足之后才能追求较高级的需要。

6．自我决定理论认为，人具有与生俱来的心理成长倾向。如果人的自主需要、胜任需要和关系需要得到满足，人就将外在动机内化，并发展成内在动机，逐渐提高行为的自我决定程度。

7．阿特金森认为，个体在某一行为上趋向成功的倾向取决于他的稳定的趋向成功的倾向性、他对行为成功可能性大小的主观估计与取得成功的诱因价值三者之间的乘积。

8．自我效能感是指人们对自己是否能够成功地进行某一成就行为的主观推测和判断，它对学习活动具有多方面的作用。

9．韦纳认为，学生在对自己的成功和失败进行归因时，通常会归于能力、努力、任务难度和运气这四种主要原因，并且，学生的归因过程主要是按照控制点、稳定性、可控性三个维度进行。每一维度对动机都有重要的影响。

10．成就目标理论认为，人具有两种能力内隐观，一种是能力实体观，认为能力是固定不变的；另一种是能力增长论，认为能力可以通过努力而提高。

11．自我价值理论认为，人将接纳自我作为人生的最先追求，自我价值是接纳自我的基础。

12．学习需要的形成受家庭、学校、社会以及学生的个性特点的影响。学生的学习需要可以在长期的学习活动中，在教师有意识的引导和培养下逐渐形成。

13．学习动机的激发是指在一定的教学情境中，利用一定的诱因，使已形成的学习需要由潜在状态变为活跃状态，使它们成为推动学习的内部动因，形成学习积极性，从而使已经形成的学习需要不断地得到巩固、加深和提高。除了依赖教学内容、教学方法和教学组织之外，教师还应根据教学不同阶段的要求和特点，创设一些辅助条件，激发学生的学习动机。

## 思考题

1. 谈谈学习动机与学习需要和诱因之间的关系，请举例说明。
2. 如何根据马斯洛的需要层次理论来培养学生的学习需要？
3. 如何利用学习结果来强化学生的学习动机？
4. 如何激发学生的成就动机？
5. 当学生考试失败后，如何指导他进行正确归因？

## 推荐阅读

1. 陈琦，刘儒德．教育心理学[M]．2版．北京：高等教育出版社，2011：第八章．
2. 刘儒德．自我激励[M]．北京：北京师范大学出版社，2010．
3. 伍尔福克．教育心理学：第12版[M]．伍新春，张军，季娇，译．北京：中国人民大学出版社，2015：第十二章．

# 第五章 知识的建构

知识是人的素质结构中的基础性要素，知识的获得是最基本的教育目标之一。知识获得的过程是怎样的？怎样才能形成真正的、深层的、灵活的知识？怎样通过知识的获得来发展学生的能力素质？这些都是教学改革中的根本问题。本章将综合有关理论，特别是建构主义学习理论，对这些问题进行分析讨论。

## 本章结构

- 知识的获得
  - 知识及其分类
  - 知识的表征储存
  - 知识建构的基本机制
- 理解的生成
  - 理解的生成过程
  - 影响理解的客观因素
  - 影响理解的主观因素
  - 概念的理解与教学
- 错误观念及其转变
  - 学生的错误观念及其对学习的影响
  - 观念转变的过程
  - 观念转变的条件
  - 观念转变的教学
- 学习的迁移与知识的深化
  - 学习的迁移
  - 知识的应用与知识的深化
  - 通过知识的应用促进知识的深化

## 第一节　知识的获得

### 一、知识及其分类

#### （一）知识的含义

从本质上来说，知识是人对事物属性与联系的能动反映，它是通过人与客观事物的相互作用而形成的。在个体与外界的相互作用中，在个体的现实活动中，我们会获得来自客体的各种信息，并且会用一定的方式对这些信息进行加工和组织，形成对事物的理解。这些知识一方面会储存在个体的头脑中，成为个体知识或主观知识，同时又可以通过文字符号等表述出来，传播开，成为公共知识或客观知识。人可以通过学习和交往活动，借助公共知识来发展自己的个体知识。心理学所关心的主要是个体知识的获得、储存和应用问题。

知识具有一定的稳定性和明确性，特别是在教育领域中，各门学科所涉及的知识基本是该学科中较为确定、接近共识的内容，是人类积累下来的较为可靠的经验体系。但是，这些知识并不是千真万确、不容置疑的定论，正如亚里士多德的经典命题随着伽利略在斜塔上丢落的小球而被否定，作为科学之典范的牛顿力学在爱因斯坦的相对论面前露出自己的缺陷一样，知识总在不断进化和更新，人总是试图对世界做出更准确、更完整、更深刻的理解和解释。因此，在学校教育中，教师不应把知识作为事先已被确定的结论教给学生，不要用知识的"权威"去"压服"学生，而应该把知识当成一种看法、一种解释，让学生去理解，去分析，去鉴别。在不可超越、无可挑剔的"权威"面前，学生应有展现自主性和创造性的空间。

#### （二）陈述性知识与程序性知识

知识的范围相当广泛，从关于"物"的知识，到关于人和社会的知识，从日常经验到分门别类的正规知识，从具体的感性知识到有关普遍原理和抽象概念的理性知识，等等。从不同的角度，我们可以把知识分成不同的类别。

安德森（J. R. Anderson）根据知识的状态和表现方式把知识分为两类：陈述性知识和程序性知识。陈述性知识（declarative knowledge）说明事物、情况是怎样的，是对事实、定义、规则、原理等的描述；程序性知识（procedural knowledge）则是关于怎样完成某项活动的知识，如怎样进行推理、决策或者解决某类问题等。陈述性知识容易被人意识到，可以明确地说出来，如中学生可以说出功的计算公式：$W = Fs$。程序性知识体现在实际活动中，而且，到底有没有程序性知识也只有通过个体的活动才能判断，如学生不仅可以说出功的计算公式，而且可以用它来解决有关的问题，那就意味着他具有了这方面的程序性知识。程序性知识的表现不是被学生回忆起来，而是对所接受的信息进行加工变换。如知道了力的大小为 5 牛，物体在力的方向上通过的距离为 10 米，学生就可以计算出功的值为 50 焦。所以，程序性知识是与一定的问题相联系的，在一定的问题情境面前，它会被激活，而后被执行，这一过程几乎是自动进行的，不需要太多的意识参与。

陈述性知识与程序性知识的分类常常是与学生所达到的学习水平相联系的。学习常常从陈述性知识的获得开始，而后进一步加工，成为可以灵活、熟练应用的知识。例如，在教师培训中，一个新教师开始只是知道了一些教学设计的原则，如启发性原则，但他还不明白如何将这些知识用到具体的教学活动中，只有通过对这些知识的深入理解，通过具体的教学实践和反思，他才能将这些知识转化为可以有效指导教学活动的知识。当然，程序性知识并不都是高级的，有时它也很简单，如儿童学习怎样系鞋带等。

在实际的学习和解决问题的活动中，陈述性知识和程序性知识是相互联系的。在实际活动中，陈述性知识常常可以为执行某个实际操作程序提供必要的信息资料，如上文计算"功"的例子，知道了力的大小和物体在力的方向上运动的距离，我们就可以求出这个力对物体所做的功，但力是多少牛顿，运动的距离是多少米，这些都需要陈述性知识来提供信息。在学习中，陈述性知识常常是学习程序性知识的基础；反过来，程序性知识的掌握也会促进陈述性知识的深化。

这里有两点值得注意。首先，这里所说的知识是一种广义的知识，它已不简单是对各种事物的了解，而是包含了对知识的应用，涉及运用知识的技能。其次，陈述性知识和程序性知识不是对客观知识的划分，而是对人的头脑中的个体知识的分类。同样是学习一个知识点，学生既可以形成关于它的陈述性知识，也可以形成关于它的程序性知识。中学生学习摩擦力的知识时，他们可以了解哪些因素在影响摩擦力的大小，如表面的光滑程度、接触面的压力等，这就成为学生的陈述性知识。在此基础上，学生还可以用这种知识来解决实际问题。比如，自行车为了省力，它的车轴应该怎样设计，即怎样减小摩擦力？这就需要关于摩擦力的程序性知识。因此，我们一般不能说课本里的某个知识点属于陈述性知识还是程序性知识。程序性知识是在陈述性知识的基础上进一步发展起来的，个体把陈述性知识与具体的任务目标联系起来，从而去解决某个问题，在解决问题的过程中，个体把陈述性知识转化成程序性知识。安德森等人把这一过程称为知识编辑（knowledge compilation）。

在安德森的基础上，梅耶（R. E. Mayer）将陈述性知识称为语义知识，并将程序性知识分为两类：用于具体情境的程序性知识和有关学习、记忆、问题解决的一般方法的策略性知识。

### （三）知识的作用

知识是人对行为进行定向和调节的基础，是个体适应环境的重要机制。知识具有辨别功能，人可以根据有关知识对感受到的事物进行辨认和归类，从而对它们不再感到陌生。知识具有预期功能，在具备了相应的知识时，人就可以通过推论对事物形成一定的预期，推测事物会是怎样的，它会怎样发展变化等。知识还具有调节功能，个体总在以自己的知识为基础来确定活动的程序，并对活动的实施过程进行监控和调节。

知识虽不能简单地等同于能力，但知识是能力发展的重要基础。能力是更稳定的心理特性，对人的活动有更普遍、更一贯的调节作用，而能力的发展依赖知识的获得，能力是知识、技能进一步概括化和系统化后形成的高度整合性的心理结构，是个体通过对知识、技能的广泛迁移应用而实现的。因此，在强调立德树人的今天，如何使学生形成深层的、灵活的，有用的"真知识"，如何提高知识获得的效果和效率，这应该作为教学活动的中心课题。

## 二、知识的表征储存

个体知识是以什么样的形式储存在头脑中的呢？这就是知识的表征储存问题。认知心理学家一般认为，随着知识种类的不同，知识的表征方式可能是不同的。

### （一）陈述性知识的表征方式：命题网络

一个命题就相当于一个观念，它是我们能够评价是非对错的最小的意义单元。命题和句子并不完全对应，有些句子可能包括两个甚至多个命题，如"蝙蝠是一种会飞的哺乳动物"，这实际上包含了两个命题：蝙蝠是哺乳动物，蝙蝠会飞。两个或多个命题常常因为有某个共同的成分而相互联系在一起，从而构成了命题网络，或称为语义网络（如图5-1所示）。在这种网络中，那些相关的观念之间具有更紧密的联系，在接触有关信息时，这些观念之间可以相互扩散、激活，从而被个体提取和利用。可见，学生并不是按照信息原有的形式把它们"复制"到头脑中，而是按照自己可以理解的方式对意义进行重新组织。学生对知识的理解越深，所形成的联系就越多，命题网络就越复杂。

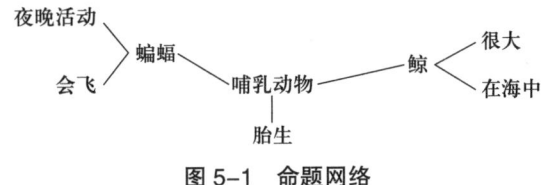

图 5-1 命题网络

### （二）程序性知识的表征方式：产生式系统

人的活动实际上包含着一系列的决策，如上课时，教师可能会进行以下决策：

如果学生注意力不集中，我就先拍拍手，提醒一下；如果大家注意力集中到我这里了，我就开始讲课。

如果大家很容易理解，我就少讲些；如果大家显得很吃力，我就换个教学方法。

……

我们要先确认当前的情境和条件，然后产生相应的行动。所谓产生式，就是这样一些"条件-行动"的结合规则，它表明了所要进行的活动以及做出这种活动的条件。产生式以"如果……就……"的形式存在，即在满足某个条件的时候，我们做出某个行动。与前面所说的更为静态的命题网络不同，产生式具有自动激活的特点，一旦存在、满足了特定的条件，相应的行动就会发生，这常常不需要太明确的意识。而且，一个产生式的结果可以作为另一个产生式的条件，从而引发其他行动，这样，众多的产生式联系在一起，就构成了复杂的产生式系统。

### （三）成块知识的组织：图式

从大块知识来看，人会围绕着一个个的主题把知识组织起来。图式就是关于某个主题的一个知识单元，它包括与某个主题相关的一套相互联系的基本概念，构成了感知、理解外界信息的框架结构。例如，我们在头脑中都有关于教室的图式，与它相关的概念有教师、学生、讲台、课桌等，基于这样的图式，我们可以预想教室的布置，可以想到当我们走进教室、走向讲台的时候，学生会把目光转移过来，然后起立……

一个图式中包括一些空位（slot），也可以说是一些维度，每个空位的不同取值就说明了事物在这个维度上的不同特征，表明了它在这一维度上所属的类别。例如，说起一种树，即便未亲眼所见，但基于"树"的图式，我们可以想到以下问题：从树的外形来说，它会是乔木还是灌木？从生长季节上来说，它会是落叶的还是四季常青的？从叶子来看，它是阔叶的还是针叶的？等等。图式构成了理解新信息的基础和参照框架，也可以帮助个体形成对事件的预期，产生有关这一事物的疑问，从而引发对信息的探寻活动。

### （四）认知结构

不管是命题网络、产生式系统还是图式，它们都强调知识间的联系，强调知识的组织结构。人的知识不是零乱地"堆积"在头脑中，而是按照一定的逻辑联系"集成"在头脑中，形成一定的认知结构。所谓认知结构，就是头脑里的知识结构，广义而言，它是某一学生的全部观念及其组织；狭义地说，它可以是学生在某一特定知识领域内的观念及其组织。一般认为，认知结构具有一定的层次性，有些概念、规则、原理的抽象概括水平比较高，处在认知结构的上层，而有些知识则更为具体，概括水平较低，它们处在认知结构的下层。如动物包括哺乳动物、爬行动物、鸟、昆虫等，而哺乳动物、爬行动物等又各自包括不同种类，有各种不同的物种。当然，认知结构可能又不完全是严格的层次结构，由于人的各种具体经验以及各种各样的联想、推理，各种知识经验之间会形成复杂的网状联系。这种包含丰富联系的认知结构能使学习者更深刻地理解知识，更牢固地保持知识，也便于学习者在具体情境中更好地激活和运用知识。

## 三、知识建构的基本机制

### （一）知识的获得是一个建构过程

人是怎样获得知识的？这一过程是怎样进行的？绕开抽象的定义，我们先来看两个比喻：

第一，知识的获得就像吃东西。

第二，知识的获得就像输血。

你更同意哪个比喻？为什么？

知识的获得似乎很像输血，把新的血液（知识、技能、态度）输到学习者体内。但其实，又不像输血这样"简单"；在一定意义上，它更像是吃东西，二者之间有着更多的共同之处（如表5-1所示）。

表5-1 吃东西与获得知识的比较

| 吃东西 | 获得知识 |
| --- | --- |
| 首先要有基本的生理条件和能量 | 依赖已有的知识结构、认知能力 |
| 食物和进餐工具 | 新信息、学习资源 |
| 对食物的消化、吸收，"去粗取精" | 对信息的理解、明辨和转化 |
| 导致机体的生长 | 导致知识结构"生长" |
| 食客要决定是否吃、吃什么、怎样吃 | 学习的自我监控 |

个体获得知识的过程不只是知识从外到内的传送转移过程，它并不是学生原封不动地接受、占有知识，而是学生建构自己的知识的过程，这种建构活动是通过新信息与已有知识经验之间双向、反复的相互作用而完成的。

同化意味着学习者联系、利用已有知识来获取新观念，它体现了知识发展的连续性和累积性。顺应则意味着新旧知识之间的磨合、协调，它体现了知识发展的对立性和改造性。通过同化理解新知识的意义是已有知识发生顺应的基础，而真正的同化也常常离不开顺应的发生，因为只有转变了已有的错误观念，解决了新旧知识之间的冲突，新观念才能与已有知识体系协调起来，从而真正一体化。知识建构一方面表现为新知识进入，另一方面又表现为已有知识的调整改变，同化和顺应作为知识建构的基本机制，是相互依存、不可分割的两个侧面。

综上所述，知识的建构是通过新旧知识之间充分的、双向的相互作用而实现的。在获得新知识时，学生需要充分调动有关的知识经验，分析、组织当前的新信息，生成对信息的理解、解释。同时，学生要反省新知识和旧知识的一致性，鉴别、评判它们的合理性。在这一过程中，学生不是在记忆别人的知识，而是在作为一个积极的思考者建构自己的知识。

**（二）知识学习的不同类型**

1. 接受学习、发现学习与支架性学习

按照知识获得的不同方式，我们可以把知识学习分为接受学习、发现学习和支架性学习。在接受学习中，学习的内容是以结论的形式呈现给学生的，学习就是要获得这些现成的知识。在这样的学习中，教师的主要任务是用合适的方式来组织新知识，把它们呈现给学生，并促进学生对新知识的理解和记忆。在发现学习中，学习的主要内容不是直接呈现给学生的，而是需要学生自己去发现事物的特点和规律。教师的主要任务不是讲解各种结论和答案，而是要设计问题情境，鼓励学生通过解决问题来发现背后的概念、原理。

当然，学习中到底需要多大程度的外部支持，这并不是或有或无的，也不是固定不变的。研究者非常重视支架性学习，强调随着学习的进行而动态地减少外部支持。在某种学习的开始，教师可能要给学生很多的支持（脚手架），包括提醒、鼓励、举例、示范等所有有利于学生增强独立学习能力的支持，而随着教学的进行，随着学生独立探索的可能性的增加，教师要逐渐地减少外部支持，直至最后完全让位于学生的独立探索。

2. 符号学习、概念学习和命题学习

根据所获得的知识的不同形式，可以把知识分为符号学习、概念学习和命题学习。符号学习又称表征学习，是指学习一个或一组符号的意义，或者说学习它们代表什么。符号学习的主要内容是词汇学习，即学习一个词代表什么，它可以代表自然界或人类社会中的事物，也可以是头脑中的概念，而这种代表关系是约定俗成的。在符号学习中，学生要将符号与它所代表的事物、观念联系起来，在认知结构中建立相应的等值关系，如儿童将"手""脚"等与身体相应的部分联系起来，从而当这些词出现的时候，他们的头脑中就会唤醒相应的认知内容。

概念学习在于掌握同类事物共同的关键特征，从而将这类事物与其他事物区分开。比如，为了学习"鸟"的概念，学生就要准确抓住鸟类共同的关键特征，如卵生、有羽毛、有翅膀等，同时又要排除那些非关键特征，如体形大小、什么颜色、能飞多高等，这样，"鸟"就概括了具有这些关键特征的动物，成了一个具有一般意义的概念。可见，概念学习包含了符号学习，但比符号学习更为复杂。

命题学习就是要理解句子所表达的整体意义，这需要将新命题与头脑中已有的有关概念、观念联系起来。命题学习要以符号学习和概念学习为基础，是更为复杂的学习活动。

## 第二节　理解的生成

学生学习知识的最终目的是为了更好地理解世界，灵活地适应世界。这就是说，知识的学习不只在于能够背诵多少概念、原理，更主要的是看所获得的知识的质量，看它能否灵活地被迁移运用到各种相关情境中。为了达到这一目标，学生需要对知识形成深层的、灵活的理解，而不只是字面的、表层的、僵化的理解。这一节就来学习理解是怎样生成的，它会受到哪些因素的影响。知识建构是通过新旧知识之间的同化和顺应而实现的，本节将主要从同化的角度来分析知识理解过程。

### 一、理解的生成过程

我们是怎样理解知识的？比如，在读一段文字时，似乎它所表达的意义就在字里行间，它"射入"我们的感官，进入我们的头脑中，我们就可以很自然地明白它在说什么。但其实，理解并不只是信息通过感官"射进"我们的头脑中，学生的已有知识经验也在"投射"到当前的情境中，意义的理解正是通过外界信息与已有知识经验的相互作用而实现的。

美国加州大学的维特罗克（M. C. Wittrock）对理解的生成过程做了深入分析和解释。他认为，学习是学生生成信息的意义的过程，意义的生成是通过已有认知结构与从环境中接收到的感觉信息的相互作用而实现的。学习的发生依赖学生已有的相关经验，要生成对所知觉到的事物的理解，学生总是需要与他已有的知识经验相结合。另外，人脑并不是被动地记录外界输入的信息，而是主动建构对输入信息的解释，主动选择一些信息，忽视一些信息，并从中得出推论。这也就是说，在生成理解的过程中，学生已有的认知结构——已经储存在长时记忆中的知识经验和信息加工策略——与从环境中接受的感觉信息（新知识）相互作用，在这一过程中，学生主动地选择信息和注意信息，主动地建构信息的意义。按照维特罗克的模式，学习过程不是先从感觉经验本身开始的，而是从对这一感觉经验的选择性注意开始的。理解的生成过程大致经历了如下环节（如图5-2所示）。

a. 长时记忆中存在一些知识经验，它们会影响个体的知觉和注意倾向，会影响到个体以某种方式来加工新信息的倾向，学生首先把这些内容提取出来，进入短时记忆（当前的工作记忆）。

b. 这些内容和倾向实际上构成了学生的动机，使他不仅能注意外来的、意想不到的信息，而且也能主动地对感觉经验进行选择性注意，注意那些已经有过体验且仍保有兴趣的信息，进行选择性知觉。在这种注意和知觉的过程中，学生要做出有意识的控制和努力。

c. 经过选择性知觉得到的感觉信息，要达到对其意义的理解，还需要和长时记忆中存在的有关信息建立某种联系，从而主动地理解新信息的意义，这是意义建构的关键。在完成意义建构之前，学生要先试探性地建立这种联系，进行试验性的意义建构。学生激活一些有关的知识，形成一定的理解，同时监控这种试探性理解是否合适。

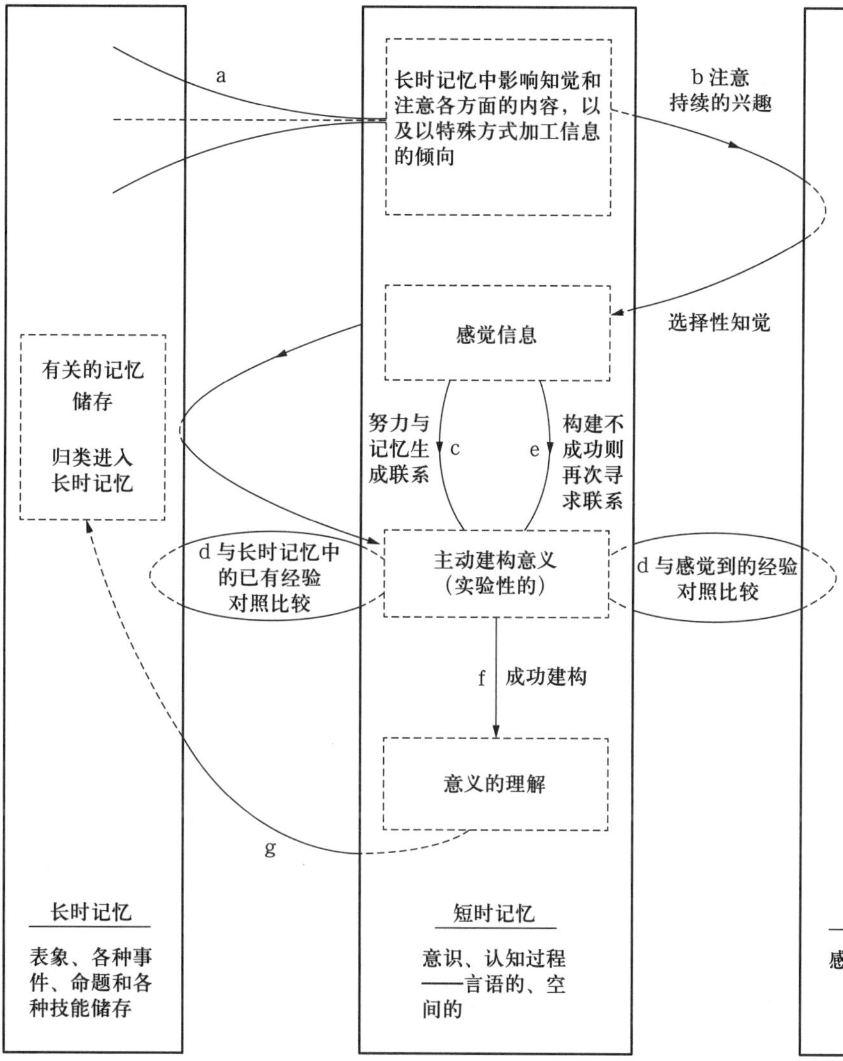

图 5-2　理解的生成过程

d. 在与长时记忆进行试探性联系、展开试验性意义建构的过程中，为了检验所形成的理解，学生可能要与长时记忆中的已有经验做比较。

e. 经检验，如果意义建构不成功，则回到感觉信息中，再次寻求感觉信息与长时记忆的联系。这包括：第一，构成选择性注意和选择性知觉的信息基础是否可靠；第二，从长时记忆中提取的建立联系的信息是否合适；第三，从感觉信息中选用的信息是否合适；第四，如果必要，应该系统地考虑感觉信息与长时记忆中所有可能的联系。

f. 如果意义建构成功，就实现了意义的理解。

g. 在新信息被理解后，学生可以从多方面对获得的理解进行分析检验，看新观念是否合理，是否符合自己长时记忆中的其他相关经验，是否和其他有关信息相一致。经过这种检验，如果新经验与自己的已有经验结构之间基本是一致的，不存在什么冲突，就可以把新理解从短时记忆纳入长时记忆，同化到已有认知结构中。相反，如果发现了新旧经验之间的冲突，这就可能导致长时记忆中已有认知结构的重组。

从以上分析可以看出，理解过程不简单是信息从瞬时记忆到短时记忆、再到长时记忆的单向的信息流程，而是新信息与长时记忆的内容之间的双向的相互作用过程。记忆是知识获得中的一种重要的活动，但理解是更为核心的认知线索。

### 二、影响理解的客观因素

理解是新信息与已有知识经验相互作用的过程，学习材料的内容和表现形式会影响理解的过程和结果。

#### （一）学习材料的内容

首先，学习材料的意义性会影响学生的理解。有意义的学习材料应该逻辑地、清晰地表达某种观念意义，具有激活学生相关知识经验的可能性。那些无意义的音节或乱码是难以产生理解活动的。

其次，学习材料内容的具体程度也会影响到学生的理解。相对来说，具体材料中包含了更多形象的、与生活经验更为贴近的信息，如科学课中的"水""植物的花""植物的根"等，这些内容更容易在学生的经验背景中引起共鸣，从而形成丰富的联系。抽象的内容往往是对具体内容的提炼、概括，只保留了其中的关键信息，概括了事物的一般特征或规律，因而远离了学生的具体经验，如"化学键""分子式"等。对这样的学习材料，学习者需要用更多的意识努力，分析、思考这些内容，更主动地去生成与已有知识经验的联系，缩短这些抽象内容与已有经验背景之间的差距。

#### （二）学习材料的表现形式

学习材料在表现形式上的直观性也会影响到学生的理解。同样的内容，往往既可以用较抽象的方式来呈现，也可以用直观的方式来表现。直观的方式包括：①实物，即对实物的直接观察；②模型，即用模拟的形象来描述、表现一种事物，让学生看到无法或难以直接观察的东西，如地球仪、分子结构模型、流程图等；③言语，形象的言语也可以使事物的信息丰富起来，生动起来，从而让学生有活灵活现、身临其境之感，如鲁迅笔下的孔乙己。这些直观方式可以为抽象内容提供具体信息的支持，但直观并不局限于感知水平，它也可以为更高级的认知活动提供支持，如对实物特征的比较、分析、归纳，对模型结构中各种关系的辨别，对现象的实验操纵和分析，等等，其中都包含了高水平的思维活动。不要为直观而直观，"在处理所有的事物时都渗透着推理……只教授事物而没有思维，只有感官知觉而没有与之相关的判断，这是最不符合自然本性的"①。

### 三、影响理解的主观因素

作为新信息与已有知识经验的相互作用过程，理解的生成依赖学生积极主动的加工活动，这样看来，理解的效果会受到以下因素的影响。

---

① 杜威. 我们怎样思维：经验与教育[M]. 姜文闵，译. 北京：人民教育出版社，1991：182.

## （一）已有知识经验背景

1. 知识经验背景的广泛含义

学生对新信息的理解会受到已有知识经验背景的制约，这种知识经验背景有着广泛的含义。

第一，它既包括学习新知识所需要的直接的基础性知识（准备性知识），也包括相关领域的知识以及更一般的经验背景。比如，学生解决数学问题的经验很可能会影响他对物理问题的解决；学生的生活经验以及语文知识都会影响他们对数学应用题的学习。

第二，这种知识背景不仅包括学生在学校学习的正规知识，也包括他们的日常直觉经验。比如，儿童在生活中形成的关于"多少""相等"的观念是他们学习数学的重要基础，学生对水、动植物以及各种机械的观察经验会直接影响到他们对自然科学的学习。

第三，这种知识背景不仅包括与新知识相一致的、相容的知识经验，而且也包括与新知识相冲突的经验。与新知识相一致、相容的知识经验可以帮助学生理解新知识，这就是奥苏贝尔所说的可以作为新知识的固着点的先前知识，而那些与新知识相冲突的经验则会使学生难以真正理解新知识，感到它不可思议，对此我们将在下一节中另做分析。

第四，这种知识背景不仅包括具体领域的知识，而且还涉及学生的基本信念，包括以下几个方面。①本体论信念：即他们关于世界及其运行方式的假定。如万事万物都是有规律可循的吗？事物的性质是确定的还是偶然的？时间和空间是绝对的吗？……这些形而上学的信念会影响学生对科学知识的理解。②认识论信念：主要是指学生对知识、对学习的看法。如知识是静态的还是动态的？知识是一堆零散的事实材料还是一个相互联系的体系？学习是对这些知识的接受和记忆吗？……这种知识观和学习观会影响学生对知识的加工理解方式以及学习的效果。

第五，这种知识背景既包括直接以现实的表征方式存在于长时记忆中的知识经验，也包括一些潜在的观念。对于有些问题，学生还从未接触过，但一旦面对这种问题，他们便可以以自己的知识经验为背景，依靠自己的推理和判断能力，形成自己的假设和解释。这并不都是胡乱的猜测，它们常常是从其经验背景中得出的具有一定合理性的推论。这种潜在的背景知识同样也会对新知识的理解产生影响。

综上所述，学生的已有知识背景会影响新知识的理解，而这种知识背景有着丰富而广泛的含义，它包括来源不同的、以不同的表征方式存在的知识经验，是一个动态的、整合的认知结构。

2. 认知结构的特征对理解的影响

具体到与新知识直接相关的先前知识，奥苏贝尔分析了认知结构的不同特征对知识理解的影响。

第一，认知结构中有没有适当的、可以与新知识挂钩的观念。认知结构中最好有一些具有更高概括水平的相关观念，可以作为固定点将新知识同化到认知结构中，如在学生掌握了"力"的基本概念之后，他就可以更好地理解"浮力"的特征和规律。如果认知结构中没有可以同化新知识的观念，学生就往往难以对新知识形成明晰的、稳定的理解。这时，教师应该在学习任务之前呈现一些先行组织者，它比学习任务本身具有更高的抽象、概括和综合水平，并且能与认知结构中的已有观念清晰地关联起来，也能与新学习内容关联起来，从而作为新内容与已有认知结构之间的桥梁，促进知识理解。

第二,已有的、起固定作用的观念的稳定性和清晰性。如果这种起固定作用的观念不够稳定,模糊不清,它就无法帮助学生理解当前的新知识。所以,在教学中,在学习一种观念之前,有时要先通过复习的方法来使已有知识清晰起来,稳定起来。

第三,新学习材料与已有观念之间的可辨别性。人在理解活动中有简化的趋势。当新学习内容与已有观念有些相似而又不完全相同时,由于它们之间的可辨别性、可分离性比较差,新知识便常常被理解(还原)为已有观念,或者学生意识到新旧知识之间有些差别,但又无法说明它们的差别,学生便难以对新知识形成清晰的理解,而且难以形成稳定、持久的记忆,很容易被遗忘。为了提高新旧知识之间的可辨别性,教师可以通过对比的方法,明确它们之间的不同之处,如"匀变速直线运动"与以前学习过的"匀速直线运动"的不同,"加速度"与"速度"的差别,等等。

### (二)主动理解的意识与方法

新信息与已有知识经验之间的相互作用是通过学生积极的认知加工活动实现的,学生需要有主动理解的意识,掌握有效的方法。

#### 1. 主动理解的意识

许多教师和学生都认为,学生听了、记下了教师所讲的概念、规则和方法策略,看到了书中写的内容,便自然而然地理解了这些内容,理解性的学习便自然而然地发生了。这种观念会严重阻碍理解性学习的实现。学生常常一遍一遍地看,一遍一遍地练,但却无法真正理解所学的内容,或者只是获得了一些字面的理解。其实,理解并不是随着这些新信息的进入而轻易地实现的,它需要学生主动去生成知识经验间的联系。如果学生能主动地生成知识间的联系,他将会形成更深、更好的理解。

维特罗克强调,为了促进理解的生成,必须改变学生对学习活动的认识,改变他们对自己在学习活动中的作用的认识:从记录、背诵教师所给的知识,到通过把所学知识与已有知识及真实生活经验联系起来而进行生成性学习。要让学生知道理解性的学习不是自动发生的,理解的程度取决于学生在学习中的思考活动,以及他们对自己的学习过程的意识和控制。为了生成自己的理解,学生需要努力建立两类联系:当前学习内容的各个部分之间的联系(比如词、句、段以及更大的单元);当前学习内容与已有知识、信念或经验之间的联系。学生必须带着"主动联系"的准备去学习,有意识地把自己的注意力集中在知识间的联系上,思考、推断知识的真正含义。

#### 2. 主动理解的方法

带着积极主动的倾向,学生会积极地进行意义的生成活动。在此过程中,学生需要使用一些促进理解的有效方法。

维特罗克提出,为了促使学生把当前内容的不同部分联系起来,教学中可以采用如下方法。①加标题:为了给一篇文章加标题,学生需要把不同的内容综合起来,加以提炼。加什么标题,这并没有标准答案,但题目要抓住文章中心,醒目而富有想象和创意。②列小标题:为了给一个或几个段落写小标题,学生需要综合这一部分的意思,这不仅可以用于语文教学,也可以用于其他社会学科和自然学科的教学。③提问题:针对当前的内容,提出自己想弄明白的问题,这需要学生对内容进行综合和分析。提问题也可以用于多种学科。④说明目的:说明作者写这些内容的目的,这需要学生综合这段内容,结合前后文内容做出分析和推测。⑤总结或摘要:为全部内容写一份总结,或者更精要地概括它的中心思想，要尽量用自己的话来表达，而不是摘抄、罗列书上的原话或东拼西凑。要把内容的要点提炼出来，说清楚、说完整。这种方法可以用于语文、历史、地理、物理等学科的教学。⑥画关系图或列表：用画图（如思维导图）或列表的方法概括、整理这段内容的要点，表现它们之间的关系，分析、比较相关概念的异同。

为了帮助学生把当前的学习内容与已有知识、经验联系起来，教师可以采用以下方法。①举例：从已有经验中找到适当的例子，解释说明当前的内容。②类比与比喻：用自己熟悉的事物来比喻、类比新学习的知识，如用"水流"来类比"电流"。③证明：以已有知识、经验为基础来论证当前的概念、原理，为它们提供理由和证据。④述义：不是重复课本中的原话，而是用自己的话来表达所学知识的意思。⑤解释：用有关的知识经验来解释新学的知识，说明自己的具体理解。⑥推论：弄清楚从这一知识出发，可以进一步推知什么。⑦应用：应用所学的知识来解决相关的问题，特别是与实际生活密切相关的实际问题，以及需要综合运用多种知识的综合性问题。

### 四、概念的理解与教学

概念是知识学习的重要内容。下面就对概念的理解和教学做专门分析。

#### （一）概念及其要素

各科教学都要让学生掌握一些基本概念，如数学中的三角形、平行四边形，物理中的力、运动、电流，等等。所谓概念（concept），就是用某种符号所代表的一类具有某些共同关键特征的事物。概念一般都涉及以下要素。①名称，即代表概念的词语、符号。②界定，就是概念的确切内涵，一般由概念的关键特征加所属的上位概念构成。例如，平行四边形是两对边平行的四边形，其中，两对边平行是关键特征，四边形是平行四边形所属的上位概念。③特征或属性，包括关键特征与无关特征，如所有三角形都具有如下三个共同特征：有三个角、有三条边和封闭图形，还有其他无关特征——方位、大小等。④外延，即这一概念所代表的具体事物（实例）的范围，如三角形涵盖了各种不同性质的三角形，包括一般三角形、等腰三角形、等边三角形、直角三角形等。

#### （二）概念学习

概念学习就是要理解某类事物区别于其他事物的共同关键特征。概念学习有两种主要方式：概念形成和概念同化。一方面，学生可以对同类事物的各种实例进行分析，对比它们与其他事物的区别，从而发现这类事物的共同关键特征，这种方式叫作概念形成。另一方面，学生也可以利用已有概念来理解一个新概念的定义，从而明确一类事物的共同关键特征，这叫作概念同化。

概念学习既然有概念形成和同化两种形式，那么概念的教学也可采取相应的方法。一种方法是从例子到规则，即先向学生呈现某个概念的各种例证，然后要求他们分析归纳，总结出一个定义，这叫作"例–规法"；另一种方法是从规则到例子，即先给学生一个定义，然后要求他们去对各种实例进行识别归类，这叫作"规–例法"。当然，实际教学中所采用的往往是这两种思路的综合形式——"规–例–规法"：一般先给出一条定义，接着呈现几个例子，然后分析这些例子是如何说明这一定义的。

#### （三）概念教学的几点建议

为便于教师开展概念教学，此处列举几条操作建议，以供参考。

1. 进行概念分析

在进行概念教学之前,教师首先要熟悉自己所教的概念,按照一定的模式对概念进行分析。以"长方形"这一概念为例,对概念的分析一般可按照以下几个维度来进行。

定义:长方形是四个角都是 90°、两组对边平行且相等的四边形。

特征:四边形;90°角;对边平行;对边相等。

例证:

下位概念:正方形。

同位概念:矩形。

对一个概念的分析一般包括如下六个方面。①定义:定义的表述必须准确、简洁、完整。②特征:即概念的关键特征或本质属性,对其属性的分析必须全面准确,没有遗漏,没有包含无关特征(如矩形的摆放方向、大小等)。③例证:概念的例证必须具有典型性,而且应该多样化。④上位概念:概念不是孤立存在的,在对某一概念的分析中必须找出它所类属的上位概念。⑤下位概念:除了上位概念外,还必须找出这个概念所能涵盖的下一级概念。⑥同位概念:即与此概念意义相同或相近的概念。同位概念一般用同义词或近义词来表示。

通过概念分析,教师可以明确这一概念的基本要点,弄清这一概念与学生已有知识的联系,以及它与以后将要学习的知识的联系。

2. 突出有关特征,控制无关特征

概念的关键特征越明显,学生学习起来就越容易,而所涉及的无关特征越多,越突出,学生学习起来就越困难。所以,在教学的开始,教师应该强调这个概念的关键特征,使之鲜明突出。

3. 提供正例与反例

所谓正例,就是概念的肯定例证,即完全符合概念要求的例子,如麻雀是"鸟"的正例。所谓反例,即否定例证,是指不符合概念要求的例子,如蝙蝠是"鸟"的反例。对正例的分析可以具体说明概念的关键特征,而对反例的辨别则可以排除无关特征的干扰。比如,把蝙蝠作为"鸟"的反例,可以说明"会飞"并不是鸟的关键特征。

4. 灵活运用变式

变式是指概念的正例(肯定例证)在无关特征方面的具体变化,也就是通过保持概念的关键特征而变化那些非关键特征,从而构成的表现形式不同的例证。比如,在上文"长方形"的例子中,长方形的摆放方向是一个无关特征,保持长方形的关键特征,改变摆放方向,就出现了长方形的三个变式。在学生对概念的关键特征有了基本的理解之后,教师可以通过呈现变式来帮助学生辨明概念的无关特征,更精确地理解概念的含义。而且,更重要的是,通过各种变式,学生可以看到概念应用情境的各种变化,这可以促进它们对概念的灵活应用。

5. 进行比较

对相关的概念进行比较，说明它们之间的区别，这也是概念教学的一种重要方法。比如，在学习不同气候类型时，教师可以用列表对比的方式，比较温带海洋性气候和温带大陆性气候的特征及成因，这可以使它们的特征更加鲜明。

## 第三节　错误观念及其转变

自 20 世纪 70 年代以来，研究者们对儿童的错误观念及其转变做了大量的研究，集中揭示了知识建构中顺应的一面，对教学具有重要的启发意义，本节就从这一侧面来透视知识建构的过程和规律。

### 一、学生的错误观念及其对学习的影响

儿童并不是空着脑袋进入教室的，在日常生活和以往的学习中，他们形成了大量的知识经验，其中有些观念是与科学知识相一致的，可以作为新知识的起点（生长点）；但也有很多理解是与当前的科学理论相违背的，这就是错误观念（misconception），或称为相异概念（alternative conception）。

错误观念在科学教学中是很普遍的现象，对科学知识的学习有着很深的影响。有研究者问了美国、英国、澳大利亚和新西兰等地的小学儿童这样一个问题：在由电池、灯泡和连接电池与灯泡的两根导线构成的简单电路中（如图 5-3 所示），直流电的流动方式是怎样的？这些儿童对此问题有三种看法。大约 1/3 的儿童认为，电流只是从电池流到灯泡，而另一根导线是为了排泄残余物，或为了安全。另有 1/3 的儿童认为，电路中有两股电流，分别从电池的两端出发，直接流到灯泡，而这两股电流的接触会使灯泡发光。最后 1/3 的儿童的观点与物理学家一致，他们认为直流电始终沿着一个方向流动，从电池的一极到灯泡，再回到电池的另一极，在整个电路中电流强度都是一样的。

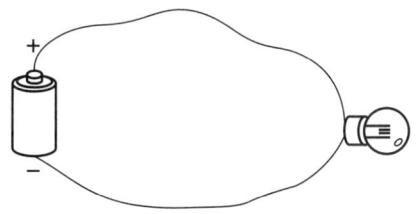

图 5-3　直流电的方向

对于持前两种观点的儿童，研究者在电路中接上一个安培表，让他们看到电流并不像他们所说的那样流动。这时，这些儿童用下面的方式对这一结果做了特别的解释：“哦，可能在学校中不是，但如果你跟我回家（到学校之外的真实世界中），你会看到电流是按照我说的那种方式流动的。”当研究者把电路和安培表带到他的家中，重复演示，这个孩子常常会说：“这是你的安培表，你的电池、灯泡和导线。”儿童再次从演示中做出了这样的推理：教师操纵的环境和学科知识是不真实的，它只是纯学术的，不能代表真实世界中发生的事情。当这些事实资料不支持他们的观点时，他们常常怀疑这些事实资料，以避免

冲突，保留他们自己的观点。

错误观念不仅在儿童中出现，甚至在大学生身上也会出现，它们出现的频率在各年龄阶段变化不太大。而且，错误观念的出现与学生的学业水平之间没有明显的相关，基础好的学生也常常有这些错误观念。有研究者向被试（工科学生）呈现了如图5-4所示的问题情境，一个小方块物体被抛到空中，而后落下来，要求被试用箭头标出物体在各个位置上所受的力的方向。左侧的图显示了专家的答案；右侧的图说明了学生中表现出来的典型错误，即总认为在物体运动的方向上肯定会有力的作用，力是物体运动的原因，而这与牛顿第一运动定律相违背。在这一研究中，没有学过大学物理的工科学生有12%的人答对了这个问题，而在那些学过两个学期的大学物理的学生中，也只有30%的学生答对了这个问题。这说明，尽管物理教学在一定程度上改变了学生的已有观念，但仍有相当多的学生（70%）"坚守"着原来的看法。

以往的教学只是关注新知识的传授，而正确观点的传授并不能自动地校正学生原有的错误观念，在教学之后，儿童仍然信奉原来的观点。在考试中，他们可能按照课本中的说法答题，而在与实际生活相关的情境中，他们仍坚持着已有观念。改变错误观念并不容易，除非必要，否则人们不会轻易地放弃或改变已有观念。

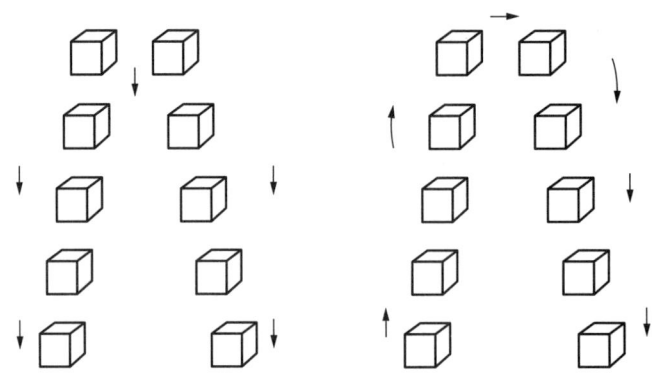

图 5-4　物体在空中的受力方向

错误观念不简单是由于理解偏差或遗忘而造成的错误，它们常常与学生的日常直觉经验联系在一起，植根于一个与科学理论不相容的概念体系。在很多时候，这些错误观念常常恰巧是以前科学界所主张的观点，如"太阳围着地球转""重的物体会更快地落地"等。有研究者通过访谈研究了儿童关于地球的理解，发现儿童的一些本体论的、认识论的基本信念会影响到他们对于地球形状的具体理解。例如，儿童通常有这样的假定：空间是有上下之分的，而没有东西支持的物体将会落下去。这些基本观念使儿童无法相信地球是球形的，因为如果是那样的话，住在地球下方和两侧的人岂不要掉下去了？另外，他们还研究了儿童对昼夜交替的理解，也发现了相关观念的制约作用，例如，如果一个儿童把大地看成平的、而非球形的，那他便很难相信昼夜更替是地球自转造成的。因此，在教学中，简单告诉学生什么是正确的并不能"换掉"他们的错误观念，教师必须要看到这些观念与学生已有认知结构的密切联系。

## 二、观念转变的过程

错误观念的转变是新旧知识经验相互作用的集中体现，是新经验对已有经验的影响和改造。在与外界的相互作用过程中，个体常常会遇到已有经验无法解释的新现象、新观点。个体面对新旧经验的不一致时，会体验到一种冲突。为了解决冲突，个体可能对已有观念进行调整、改造，使其顺应于新情境。观念转变就是认知冲突的引发和解决的过程。

### （一）认知冲突的引发

认知冲突是指个体在已有观念与新经验之间出现对立性矛盾时而感受到的疑惑、紧张和不适的状态。基于已有知识经验，个体可以对行为的结果做出预期，而行为的实际结果与个体的预期却往往并不完全一致。面对出乎意料的情境，个体就会产生认知冲突感。另外，在与他人、与社会文化的交往中，个体会遇到与已有经验不一致的观点，这也会使个体感到认知冲突。个体不愿忍受这种冲突的压力，试图调整新旧知识经验，解决冲突以建立新的平衡。认知冲突总是相对于个体的知识体系而言，由于知识经验背景的不同，某种情境会与一个人的已有经验相冲突，但对另一个人来说可能并不存在这种冲突。

认知冲突的产生有赖学生对理解过程的自我监控。学生要在学习过程中监测各种信息（意义）之间的一致性，而这种自我监控常常会出现一定的困难。比如，在阅读过程中，读者常常意识不到文章中不一致、不协调的信息。幼小的儿童、阅读能力低的学生对这些不一致信息更不敏感。认知冲突是在积极的认知活动（特别是高水平的思维）中产生的，学生在新情境面前激活、联想起了已有知识经验，而且试图对新旧经验进行对照、整合。只有在这种积极的认知活动中，学生才能意识到新旧经验之间的冲突。另外，认知冲突的产生与学生的学习动机和态度也密切相关，有研究发现，积极的态度、较高的热情和责任感有利于认知冲突的产生，对问题漠不关心的学生很难产生认知冲突感。另外，不成功的学生会由于消极的自我印象、过高的焦虑或消极的态度等躲避认知冲突的产生。

### （二）认知冲突的解决

个体不愿忍受认知冲突的压力，会努力解决冲突以建立新的平衡。解决认知冲突有不同的途径。有研究分析了已有观念 C 在遇到新观念 C' 时个体对新观念的处理方式——要么径直地或者在经过认真分析之后拒绝新观念，要么通过三种可能的方式纳入新观念：机械记忆；观念更换，即以新观念代替旧观念，并与其他观念相协调；观念获取，即将新观念 C' 与包括观念 C 在内的已有观念一起重新进行加工和整合。这意味着要在已有知识背景中去理解新观念，新旧观念并不完全对立。由此可见，认知冲突的解决有很多可能的途径，学生常常会以各种方式避免转变已有观念，要想使已有错误观念发生根本性转变，这的确不是一件容易的事，它取决于一定的条件。

## 三、观念转变的条件

有研究者提出，一个人的已有观念要发生转变（顺应）需要满足四个条件。

第一，对已有观念的不满。只有感到自己的某个观念失去了作用，学生才可能改变这一观念，甚至即使学生看到了已有观念的不足，他也会尽量做小的调整。让学生看到已有观念所无法解释的事实（反例），从而引发他们的认知冲突，这可以有效地导致学生对已有观念的不满。

第二，新观念的可理解性。让学生懂得新观念的真正含义，而不仅仅是字面的理解，他需要对新观念形成整体的理解和深层的表征。

第三，新观念的合理性。学生感到新观念看起来是合理的，这意味着新观念与个体所接受的其他观念、信念是相互一致的，不存在什么冲突，它们可以一起被重新整合。这种一致包括新观念与已有观念的一致；与其他相关理论、知识的一致；与实际经验一致；与直觉印象的一致；等等。学生看到了新观念的合理性，意味着他相信新观念是对的。

第四，新观念的有效性。学生还需要看到新观念对自己的价值：它能解决其他观念难以解决的问题，并且能向个体展示出新的可能和方向，具有启发意义。有效性意味着个体把新观念看作解释某种问题的更好的途径。

观念的可理解性、合理性、有效性之间密切相关，其严格程度逐级上升，人对观念有一定的理解是看到观念的合理性的前提，而看到观念的合理性又是意识到其有效性的前提。这里应注意，上述四个条件不是新观念实际上如何，而是学生自己所看到、所意识到的不满、可理解性、合理性和有效性，是个体对新旧经验整合过程的自我意识。

**四、观念转变的教学**

观念转变研究对教学具有很重要的启发意义。首先，学习是新旧经验相互作用的过程，它不仅包括以已有知识为背景来获得新知识，同时还包括在新知识（新经验）的作用下调整已有知识。学习不仅意味着新知识的获得，同时还意味着已有知识的改变。其次，知识的学习不仅要解决"知"与"不知"的问题，而且要解决"信"与"不信"的问题。在学习过程中，学生要对观念（观点）的合理性、有效性进行主动的鉴别分析。在教学中，教师要用学生能理解的词语清楚地把学科内容呈现给学生，不只是呈现科学家对问题的完好的解释，也不只是用仪器来直接演示教学内容，教学首先需要探明学生已有的日常概念和相关的知识、信念，并用一定的策略促进错误观念的转变，而不是仅仅告诉学生："你的想法错了，……才是对的。"

为了促进错误观念的转变，教学一般要包括四个环节：第一，创设开放的、相互接纳的课堂气氛；第二，倾听、洞察学生的经验世界；第三，引发认知冲突；第四，鼓励学生交流讨论。下面对各环节教学中应该注意的问题进行了具体分析。

**（一）创设开放的、相互接纳的课堂气氛**

为了了解学生的真正想法，促进错误观念的转变，教学中应该创设一种开放的、相互接纳的课堂气氛——不管是对是错，学生都可以表达自己真正的想法，所有的见解都应该得到尊重，而不是对不同意见嗤之以鼻。只有这样，学生才能大胆地面对不同观点、事实之间的冲突，才能理智地去思考、分析问题。

**（二）倾听、洞察学生的经验世界**

在教学的开始，教师应该首先保留自己的或者书本中的见解，先去了解学生对当前主题的想法。在教学过程中以及在教学之后，教师需要不断地留意学生的想法有什么变化。而为了了解、揭示学生真正的想法，教学中需要采用一些开放的、具有揭示力的探测性问题，让学生在推论、预测中表现自己的想法，而不是让学生去复述课本中的说法。例如，在关于地球形状的教学中，如果教师在教学之后直接问学生"地球是什么形状的"，那学生可能都会说是圆的，因为这个问题只能诱导学生去复述所学的内容。为了反映学生真正的想法，教师可以问学生："假如你从当前所站立的地方出发，一直向东走，没有山水挡你的路，你可以一直走下去，最后你会发现什么？"真正相信地球是圆的学生会说："我会发现我又回到了这个地方。"而如果一个学生内心深处仍觉得地球是平的，那他可能会说："我发现我走到了大地的边缘……"这种探测学生真正想法的问题常常采用"如果……，将会……"的形式，即给学生描述一个事件或一种情境，让学生运用相关知识推测结果会怎样，这比文字性复述更能反映学生真正的想法。

### （三）引发认知冲突

引发认知冲突，让学生意识到与已有观念相对立的事实或观点，这是转变学生的错误观念的基本途径。呈现对立性事实的基本方法是实验和观察。例如，在学"浮力"时，很多学生认为，完全浸没在液体中的物体所受的浮力和物体浸没的深度有关。为了转变这一错误观念，教学中可以用一个实验来检验这种想法：用弹簧秤钩住一个钩码，浸没在盛有水的烧杯中。这时可以让学生预测：假如现在改变钩码所在的深度，弹簧秤的示数会有什么变化？在学生做出各种预测之后，教师开始改变钩码的深度，结果发现弹簧秤的示数并没有变化，持有错误观念的学生看到这种对立的事实，就会产生认知冲突感。

除了直接进行实验和观察外，教学中也可以通过介绍科学家所做的实验来引发学生的认知冲突。认知冲突是在学生积极的推理、预测等思维活动中产生的，所以，引导学生投入积极的思维活动中，对当前问题进行分析、推理，这是引发认知冲突的重要条件。

### （四）鼓励学生交流讨论

在认知冲突情境中，教师要进一步引导学生去思考其中的问题：为什么会有这种现象？它说明了什么？怎样解释？在分析思考的过程中，教师应该组织学生进行讨论，交流各自的看法，不同观点的交锋能更好地引发学生积极的思维活动，促进学生对问题的深层理解。教师不要在头脑中存有固定的讨论路线，不要牵强地把学生"诱导"到正确结论上，而是要按照学生讨论中实际表现出来的真正思路去自然而然地相互讨论，逐渐地澄清问题。

## 第四节　学习的迁移与知识的深化

学习是一个连续的过程，任何学习都是在学生已有知识经验的基础上进行的，而新的学习又会对已有知识经验等产生影响，这种新旧知识经验之间的相互影响就是学习的迁移。学生要把所获得的知识存储在记忆中，在遇到有关的刺激情境时，这些知识可能会被唤醒，被提取出来加以应用，而对知识的应用并不简单是知识的"套用"，这些知识在应用过程中常常会得到进一步的深化。本节就对学习的迁移、知识的应用与深化进行分析讨论。

### 一、学习的迁移

在教学中，为了导入新课，教师常常会从旧知识中引出所要学习的新知识点，从而把旧知识用到新知识的学习中，或者用它来解决新问题。学习是一个连续的过程，知识的获得不是孤立地进行的，它总是在已有知识经验的基础上进行的，使新知识与已有知识经验产生双向的相互作用。学习的迁移就是这种相互影响的具体反映。

### （一）迁移的定义与分类

总体来说，迁移（transfer）是指一次学习对另一次学习的影响。从时间顺序上看，这种影响可以是已经获得的知识、技能、情感和态度等对新的学习的影响，也可以是后继学习对已有的知识、技能和态度的影响；前者被称为顺向迁移，后者被称为逆向迁移。知识经验之间的影响往往是相互的，在把已有的知识经验迁移到当前的学习情境中时，已有的知识经验也在被重新加工和组织。因此，学习的顺向迁移和逆向迁移常常是同时并存的。

从影响的性质和效果来看，迁移可以是积极的影响，即一次学习促进了另一次学习的进行，使它变得更容易，这叫作正迁移。迁移也可以是消极的，即某次学习所形成的知识经验会妨碍另一次学习的效果，例如，先前获得的日常概念可能会妨碍科学概念的获得；会骑自行车的人学骑摩托车比较容易，但学骑三轮车却会更困难；等等，这种消极的影响被称为学习的负迁移。

除了上述分类外，研究者还提出了其他一些分类方法。加涅按照学习的层次性区分了纵向迁移和横向迁移。纵向迁移也被称为垂直迁移，是指处于不同抽象、概括层次的各种学习内容之间的相互影响，比如"力"的概念的学习有利于以后学习"重力""摩擦力""浮力""压力"等。横向迁移也被称为水平迁移，是指概括水平相同的学习内容之间的相互影响，如平面镜、凸透镜、凹透镜的学习会有一定的相互影响。

另外，布鲁纳强调特殊迁移和一般迁移的区分。在特殊迁移中，学生的知识经验的要素并没有发生变化，只是把一种学习中获得的经验的要素重新做了组合，用到了另一次学习中。例如，在学习了整数的四则运算后学习小数的四则运算，其中的运算规则就有共同的成分；钢琴的学习和手风琴的学习之间也有共同的要素。一般迁移是指一种学习中所获得的一般原理、原则或态度对另一种学习的具体影响。一种学习的经验构成了学生某领域中的基本的观念、原理或态度倾向，这会对与此相关的许多具体知识的学习都产生重要的影响，具有广泛迁移的可能性。例如，能量的转化与守恒、生态平衡等原理以及科学实验的思维方法等都可以对众多的知识领域产生一般迁移。

### （二）迁移的理论

1. 形式训练说

形式训练说（formal discipline theory）是一种早期的学习迁移理论。这种理论是以官能心理学为理论基础的。官能心理学认为人的心智是由许多不同的官能（如注意、意志、记忆、知觉、想象、推断和判断等）组成的。不同的官能都是一个个的实体，它们相互组合就构成各种各样的心理活动。由于对各种官能施加的训练不同，各种官能及其组成的活动会有不同的强弱，也就是各种官能可以像训练肌肉一样通过练习增加力量（能力），记忆的官能通过记忆的训练而得到增强，推理和想象的官能则通过推理和想象的训练而得以增强。形式训练说认为，通过一定的训练，可以使心的各种官能得到发展，从而转移到其他学习上去。

2. 相同元素说

相同元素说（identical elements theory）是由桑代克提出的。这种理论认为，只有在原先的学习情境与新的学习情境有相同要素时，原先的学习才有可能迁移到新的学习中去。而且，迁移的程度取决于这两种情境相同要素的多寡。也就是说，相同要素越多，迁移的程度越高；相同要素越少，迁移的程度越低。后来，相同元素说被改为共同要素说（common components theory），也就是说在两种活动中要有共同的成分才能发生迁移。

3. 概括化理论

概括化理论（generalization theory）是由贾德（C. H. Judd）提出来的。这一理论认为，在经验中学到的原理原则是迁移发生的主要原因。学习者在 A 学习中获得的一般原理可以部分地或全部地运用到 B 活动的学习中。贾德提出，凭借理论，被试把有关的全部经验组织成为整体的思维体系。他们在理论的高度上把握了实际情况，而后就能利用概括了的经验去迅速地解决需要按实际情况做分析和调整的新问题。

【链接】
贾德的水中击靶实验

4. 认知结构迁移理论

在一般的课堂学习中，各个主题的学习并不是孤立存在的。先前学习是后继学习的准备和前提，后继学习是在与先前学习的联系中进行的。在现代学习理论家们看来，学习和学习迁移遵循同样的机制。例如，布鲁纳认为，迁移可以被看作学生把习得的认知结构用于新的事例。奥苏贝尔认为，一切有意义的学习必然包括迁移，因为一切有意义的学习都是在已有学习的基础上产生的，不受已有认知结构影响的有意义学习是不存在的。

【微课】
学习迁移理论的现代解释

**（三）影响迁移的条件**

综合有关理论，学习的迁移会受以下条件制约。

1. 学习任务情境的相似性

一种学习会不会影响到另一种学习，其中一个重要条件是这两种学习任务情境之间有没有共同的要素，有没有相似性。两种任务之间的共同要素越多，相似性越大，迁移的可能性就越大。这种相似性可以分为两类：表面特征相似和深层结构相似。比如，($a^2-b^2$)和（$a^2+b^2$）。表面上看，这两个代数式都有两个平方项、一个运算符号，有很大的相似性，但其实它们的深层结构（运算关系）是完全不同的；相反，($a^2-b^2$)和 [$x^2-(b+c)^2$] 看似不同，但在深层结构上是相同的，即在与最终结果和目标真正有关的成分上具有一致性[①]。如果两个学习任务之间只有表面的相似性，而深层结构不同，它们之间就常常会出现负迁移，学生会错误地把前一次学习的经验挪用到后来的学习中。只有当两个学习任务之间在深层结构上具有共通性时，它们之间才会有正迁移。将所学习的知识迁移到与最初学习的结构相似且情境也相似的情况中被称为近迁移，将所学习的知识迁移到与最初学习结构相似但情境不相似的情况中被称为远迁移。

2. 已有知识经验的深度和概括水平

除了两种学习任务要具有相似性之外，迁移还取决于已有知识经验的深度，对知识经验理解，加工得越深入、越灵活，它在以后迁移的可能性就越大。另外，经验的概括水平也会影响迁移。知识经验的概括水平越高，它所适用的范围就越大，迁移的可能性就越大。一个学科中的基本原理、基本概念一般具有更高的概括水平，众多具体的知识点往往是以此为核心推论出来的，因此，对这些基本原理、基本概念的掌握有利于促进学习的广泛迁移。

---

① 冯忠良. 结构化与定向化教学心理学原理 [M]. 北京：北京师范大学出版社，1998.

#### 3. 主动联系的倾向和认知活动

为了促进学习的正迁移，学生需要积极主动地把当前的任务与以往的知识经验联系起来，找到相关的知识经验，分析它们之间的共通性。学生需要有主动建立联系的倾向，并进行有效的分析、概括和推理活动。

### （四）为迁移而教学

如前文所述，新知识的获得总是要与已有认知结构相联系，是已有认知结构的丰富或改组。在学习中，学生需要在知识之间建立丰富的联系，围绕着各个领域中的核心概念和原理，形成良好的、精致的认知结构。对知识经验进行整合和结构化，使知识融会贯通，这是将知识技能转化为能力的基本途径，而学习的迁移恰恰体现了知识间的联系和相互影响。因此，围绕着学习的迁移问题来设计课程和教学，利用迁移来促进知识的获得和组织，这对良好认知结构的建立具有重要意义。为了促进学习的迁移，促进良好认知结构的建立，在教学中应该注意以下问题。

#### 1. 依据迁移要求精选教材内容

当今，科技飞速发展，知识高速更新，到底应该让学生掌握哪些知识呢？如上所述，一个学科中那些最基本的原理、规则、概念具有较高的概括水平，最具有广泛的迁移价值，因此，这些内容应该作为最核心、最基本的教学内容。布鲁纳强调，不论教什么学科，一定要让学生掌握这个学科的基本结构，也就是该学科的基本原理、基本方法和基本态度。

#### 2. 依据迁移要求合理编排教材内容

为了让学生在知识间形成丰富的联系，建立灵活的、良好的认知结构，教材内容首先应该体现这种知识结构，使教材内容结构化、一体化、网络化。也就是说，要对教学内容的主要要素及其内在逻辑联系做深入分析，按照这种逻辑结构来划分教学内容的各个部分，确定先后顺序，突出知识间的联系。要防止人为地割裂知识间的联系，防止各块内容之间的相互干扰和机械重复。

#### 3. 依据迁移要求合理处理教学程序

在各个单元的教学中，教师应该分析教学内容的结构，看其中包括哪些内容，它们之间有什么联系，有哪些是最基本的、核心的知识，哪些内容是可以从这些核心知识点上派生出来的。在教学中，应该把那些核心的、基本的内容作为教学的主干，多花些精力，打好基础，而在那些派生性内容上，教师则可以大胆地利用迁移，启发学生在核心知识点的基础上实现知识的推演建构。学习是一个连续的过程，在让学生学习一个知识点时，一定要考虑在此之前他们已经学过了什么，可能还有什么有关的经验，当前学习应该怎样在原有知识经验的基础上进行，而这次学习又应该怎样为以后的学习做好准备，打好基础。

### （五）促进学习在现实情境中的广泛迁移

学习的迁移不仅仅局限在学校情境中。教育的目标在于培养能适应未来社会生活的社会成员，能否使学生把在学校情境中所学习的知识广泛地迁移到现实情境中，这是衡量最终教学效果的重要标准。如前所述，学习的迁移在一定程度上取决于学习任务情境的相似性。所以，学习知识的情境和应用知识的情境之间越为接近，实现迁移的可能性就越大。然而，传统教学对学习内容和学习过程做了过分简单化的处理，学校情境与真实的现实情境之间存在太大的反差，这在很大程度上阻碍了学习在现实情境中的广泛迁移。因此，研究者越来越重视情境性学习，主张让学生在真实的任务情境中进行学习。总之，让学生在各种不同的情境中练习使用所学习的知识、技能，从不同角度对知识作理解加工，促进知识的深化，这是促进学习广泛迁移的主要途径。

## 二、知识的应用与知识的深化

学习是一个不断深化的过程。为了灵活地运用知识，解决各种问题，学生必须对知识形成深层的理解，只具有一些字面的理解，只记住了一些零碎的概念名词，这是远远不够的。

### （一）结构良好领域与结构不良领域

根据知识及其应用的复杂多变程度，斯皮罗等把知识分为结构良好领域（well-structured domain）的知识和结构不良领域（ill-structured domain）的知识。在我们周围，有些知识领域的问题是规则的、确定的，解决这样的问题时，基本可以直接套用相应的法则或公式，这样的知识叫作结构良好领域的知识。但是，现实生活中的许多实际问题却常常不是规则的、确定的，在解决问题时，不能简单套用原来的解决方法，而需要面对新问题，在已有经验的基础上重新进行具体分析，建构新的理解方式和解决方案。这就涉及结构不良领域的知识。

结构不良领域有以下两个特点。①概念的复杂性：在应用知识的每个实例中，都包含着许多应用广泛的概念（知识点）的共同作用，而不是只涉及某一个知识点。②实例间的差异性：在同一类别的各个具体实例中，所涉及的概念是不同的，它们之间的相互关系是不同的。结构不良领域是普遍存在的，可以说，在所有的领域，只要将知识运用到具体情境中去，都会有大量的结构不良的特征。比如，我们学习了教育心理学的原理，要把它用到自己的课堂教学中，而我们所教的学科是不同的，所面对的学生是不同的，具体的教学条件也是不同的，面对具体的教学问题，我们不可能简单套用所学的教学理论。我们不能靠将已有知识简单提取出来去解决实际问题，而只能根据具体情境，以已有知识为基础，建构起理解和解决当前问题的方法，而且，这往往不是仅以某一个概念、某一条原理为基础的，而是要通过多个概念原理以及大量的经验背景共同起作用。

### （二）初级知识与高级知识

针对结构良好与结构不良领域的划分，斯皮罗等人按照学习所达到的深度和水平（而非年龄）的不同，将学习分为两阶段：初级知识获得与高级知识获得。初级知识获得是某一知识主题的入门性学习阶段，教师只要求学生知道一些重要的、基本的概念和事实，只要求他们在测验中把所学的东西按照接近原样的方式再现出来（如背诵、填空、简单的练习题等），这里所涉及的内容具有结构良好领域的特征。而高级知识获得则与此不同，它要求学生把握概念的复杂性，并把它们灵活地运用到各种具体情境中。这时，概念的复杂性以及实例间的差异性都显而易见，因而具有结构不良领域的特征。

传统教学的策略在初级学习上是有效的，但它混淆了高级学习与初级学习之间的界限，把初级学习阶段的教学策略（如把整体分割为部分，着眼于普遍原则的学习，建立单一的、标准的基本表征等）不合理地推到了高级学习阶段的教学中，使教学过于简单化。如将事物从复杂的背景中隔离出来进行学习，将本来连续的过程简单地当成一个个的阶段处理，以及忽视各部分之间的相互联系，等等。必要的简单化对教学来说是有意义的，但在整个教学过程中都过于简单化则会使得学生的理解简单、片面和僵化，这正是妨碍学习在具体情境中广泛而灵活迁移的主要原因。

### （三）随机通达教学

为了促进高级知识的获得，斯皮罗等提出了随机通达教学（random access instruction）。他们认为，对同一内容的学习要在不同时间多次进行，每次学习的情境都是经过改组的，而且学习目标有所不同，分别着眼于问题的不同侧面。这不同于为巩固知识、技能而进行的重复操练，因为在这种教学中每次学习的情境都涉及互不重叠的内容，这会使学习者对概念知识形成新的理解。好比旅游，当我们在不同的时刻、不同的场合、带着不同的目的重游某一风景时，我们会对这一风景产生不同的感受和认识。同样，对同一内容，学生可以在不同时间、在重新安排的情境中、带着不同目的、从不同的角度进行多次交叉学习，以此来对知识形成丰富、灵活的理解。这种教学避免抽象地谈如何运用概念，而是把概念具体到实例中，与具体情境联系起来。每个概念都要涵盖充足的实例（变式），分别说明概念的不同侧面，帮助学生从不同角度来理解它。

## 三、通过知识的应用促进知识的深化

在传统教学中，我们习惯于把知识的获得和知识的应用看成教学中两个独立的阶段，学生先通过学习获得知识，而后才能应用这些知识去解决有关的问题，在教学中要先学新课，而后做习题。实际上，知识的应用并不是知识的套用，在应用知识解决有关问题的过程中，学生常常需要针对当前的具体问题进行具体分析，在已有知识的基础上建构出解决当前问题的方案。因此，知识的应用过程同样是一个建构过程，已有知识会在应用过程中被充实、深化、整合和发展。

### （一）通过解决有关问题来促进知识的巩固与熟练化

通过应用所学知识来解决相关问题，学生可以更好地对知识进行加工和记忆，有利于陈述性知识的保持，有利于程序性知识的熟练化。此外，在运用知识解决问题的过程中，学生需要把有关的陈述性知识程序化，针对当前问题的条件和目的做出适当的推论，形成解决问题的操作性步骤，而这些程序又会在解决问题的实际活动中越来越熟练，不断提高速度、准确性和适应性。为了达到这种目的，在初步获得了某种知识之后，教师需要让学生练习解答一些跨度不太大的问题。现行课本中设置的课后习题基本就是为了这种目的。

### （二）通过解决有关问题深化理解，促进知识经验的整合

在解决问题时，学生常常需要同时激活多方面的相关知识，综合后进行一定的推理和转化，这可以帮助学生深化对知识的理解，在知识经验之间建立更为丰富的联系，形成更为整合、更为融会贯通的知识结构。参照布卢姆（B. S. Bloom）的教育目标分类，研究者们把问题分为高水平问题和低水平问题：高水平问题要求学生进行更为精细的思维，需要将新旧知识加以联系和综合，并进行推理和概括；低水平问题则只是要求学生回忆一些事实信息。总体而言，高水平问题更能使学生投入更高水平的认知活动（尤其是思维）中，更能促进学生对有关信息的深入理解，促进新旧知识的综合和联系。而且，学生可以把知识与各种问题情境联系起来，使之成为动态的、活跃的、可以被迁移利用的知识。

在教学中，高水平问题常包括以下几种。①变式问题：同一个概念、原理的具体表现形式可能是不同的，变式问题仍然保持概念原理的关键特征、基本关系，但这些特征和关系却体现在不同的形式和情境中。例如，滑轮组常常是竖直方向使用的，但也可以水平方向使用，用它来拉动一个重物。这时，滑轮组的基本特点并没有改变，但所克服的阻力已不再是物体的重力，而是物体与地面之间的摩擦力。这就需要学生抓住滑轮组的关键特征，对这一变式情境加以思考分析。②综合问题：即一个问题的解决会涉及多个知识点（概念、原理），而不只是刚刚学过的一个知识点。③实际问题：在实际问题中，有关的基本关系体现在实际事件或真实情境中，问题的目标和条件都隐含在这一情境中，学生要自己去明确问题所在，分析、寻找所需要的条件。实际问题更能促进学生对知识的深层加工和灵活应用。

**（三）通过解决某种问题来建构起相关的新知识**

在前两种情况下，学生基本上是通过听课、阅读等方式先获得一定的知识，而后再通过解决有关的问题来促进知识的巩固、深化、整合或灵活应用。除此之外，通过问题解决还可以帮助学生形成新概念，发现新原理。当学生面对具有挑战性的新问题时，他们只有一些相关的、基本的背景经验，而没有可以直接同化当前情境的图式，没有可以直接利用的解题思路，这会使学生感到疑难。为了解决这种问题，学生需要运用已有的知识基础，分析当前问题的基本结构，洞察问题中所隐含的基本关系，进行辨别、分析、综合和推论，生成假设并进行检验。在这一过程中，学生可能需要查阅必要的信息资料，借助一定的外部支持。通过解决这样的问题，学生可能会对问题中蕴含的关系和规律形成新的理解。请看下面这则实例。①

"功"是初中物理中的一个重要概念。其公式为：

$$W（功）= F（力的大小）\cdot s（物体在力的方向上运动的距离）$$

物理学家引入"功"这一概念，是为了描述、分析机械的效率，研究能的转化。这就是说，"功"的引入是和一定的问题联系在一起的。对于中学生来说，如果抛开问题而去理解这一概念，很可能就会疑惑不解：一个是力，一个是距离，为什么要把它们联系在一起？而且还要相乘？但既然这样教，那就这样学吧。

为了帮助学生学习"功"，我们没有直接从现象中引进和讲解"功"的概念，而是从这样一个故事（问题）开始。

一座寺庙正在整修，方丈发话："多劳多得！"谁的贡献大，谁就可以多吃一份饭。有一个胖和尚和一个瘦和尚，他们的任务都是向上提东西。胖和尚用绳子把一块重400N的石条提到了2m高的庙墙上，瘦和尚把110N的瓦片提到了8m高的房檐上。收工了，老方丈却发了愁：怎样比较他们两人的贡献大小呢？

老方丈的难题成了学生们的问题：怎样比较他们的贡献？我们先要求学生想一个办法。此后，我们又做了这样的提示：假如让你用一个新的物理量来描述和衡量两个和尚的贡献，你会发明一个什么样的物理量？说明它的含义，为它起个名字。结果发现，这样的方法可以很好地激发学生的思考，而且，78.3%的学生都可以整体把握和权衡力和距离两个侧面，并正确理解它们与贡献大小的关系；63.3%的人可以将力和距离统一成一个物理

---

① 张建伟，陈琦，常原. 通过问题解决来建构复合物理量的初步研究 [J]. 教育学报，1997, V13(4): 12–17.

量，并给它起了名字，比如有人叫它"贡献"或者"贡"等。在这个基础上，教师可以进一步引导、提炼、概括，更全面地理解这个物理量的意义。

建构主义者越来越重视问题在学习中的作用，以问题为中心，以问题为基础，让学生通过解决问题来学习，通过高水平的思维来学习，这是教学改革的重要思路。在教学中，问题成了从已有知识经验通向新知识的桥梁。教师针对所要学习的内容设计出具有思考价值的、有意义的问题，其中蕴含了所要学习的新概念、新原理。教师在教学中首先让学生去思考、去尝试解决，同时给他们提供一定的支持和引导，组织学生合作、讨论。为了解决问题，学生要充分调动自己的智慧和创造性，综合运用已有的知识经验，并查阅有关的资料，从而做出合理的综合和推论，形成自己的假设和解决方案，在这一过程中，学习者便可以建构起与此相应的知识。在此基础上，教师可以再进行提炼和概括，使知识更明确、更系统。

【微课】
如何在教学中运用知识学习的方法

## 本章概要

1. 安德森根据知识的状态和表现方式把知识分为陈述性知识和程序性知识。陈述性知识的表征方式是命题网络，程序性知识的表征方式是产生式系统。

2. 按照知识获得的不同方式，我们可以把知识学习分为接受学习、发现学习和支架性学习。根据所获得的知识的不同形式，可以把知识分为符号学习、概念学习和命题学习。

3. 维特罗克认为，学习是学习者生成信息的意义的过程，意义的生成是通过已有认知结构与从环境中接收到的感觉信息的相互作用而实现的。

4. 理解是新信息与已有知识经验相互作用的过程，学习材料的内容、学习材料的表现形式、已有知识经验背景、认知结构的特征以及主动理解的意识与方法会影响理解的过程和结果。

5. 概念是用某种符号所代表的一类具有某些共同关键特征的事物。概念学习有概念形成和概念同化两种主要方式。在概念教学中，要注意进行概念分析；突出有关特征，控制无关特征；提供正例与反例；灵活运用变式；进行比较。

6. 错误观念的转变是新旧知识经验相互作用的集中体现，是新经验对已有经验的影响和改造。观念转变就是认知冲突的引发和解决的过程，需要满足四个条件：对已有观念的不满；新观念的可理解性；新观念的合理性；新观念的有效性。为了促进观念转变，教学一般要包括四个环节：创设开放的、相互接纳的课堂气氛；倾听、洞察学生的经验世界；引发认知冲突；鼓励学生交流讨论。

7. 迁移是指一次学习对另一次学习的影响。根据时间顺序可分为顺向迁移和逆向迁移；根据影响的性质和效果可分为正迁移和负迁移。影响迁移的条件包括学习任务情境的相似性、已有知识经验的深度和概括水平、主动联系的倾向和认知活动。为了促进学习的迁移，促进良好认知结构的建立，在教学中应该注意以下问题：依据迁移要求精选教材内容；依据迁移要求合理编排教材内容；依据迁移要求合理处理教学程序。

8. 斯皮罗等人把知识分为结构良好领域的知识和结构不良领域的知识；把学习分为初级知识获得与高级知识获得两阶段。为了促进高级知识获得，斯皮罗等人提出了随机通达教学。这种教学强调，对同一内容的学习要在不同时间多次进行，每次学习的情境都是经过改组的，而且学习目标有所不同，分别着眼于问题的不同侧面。

## 思考题

1. 陈述性知识和程序性知识有何不同？有什么联系？
2. 试用同化和顺应来解释知识建构的基本机制。
3. 假如让小学生通过阅读学习关于"水的蒸发"的内容，为了促使他们把当前学习内容的不同部分联系起来，我们可以提出哪些任务要求？为了把当前学习内容与已有知识经验联系起来，我们又可以采用哪些任务要求？
4. 假如学生有这样的错误观念：重物体会比轻物体落地速度快，请你设计教学来转变这种错误观念，谈谈你的基本思路。
5. 为什么说通过应用知识解决有关问题可以促进知识的深化？

## 推荐阅读

1. 陈琦，刘儒德. 教育心理学 [M]. 2版. 北京：高等教育出版社，2011：第九章.
2. 安德森. 认知心理学及其启示：第7版 [M]. 秦裕林，等译. 北京：人民邮电出版社，2012：第五章.

# 第六章 技能的学习

学生的学习，不能只限于对知识的掌握，还必须使所学到的知识转化为相应的技能。因此，学生技能的形成同样是学校教育、教学工作中的一项重要任务。

## 本章结构

- 技能概述
  - 技能的含义
  - 技能的分类
  - 熟练和习惯
  - 技能和个性
- 学生动作技能的形成
  - 动作技能的结构
  - 学生动作技能形成的阶段和特征
  - 练习与学生动作技能的形成
  - 学生动作技能的培养
- 学生心智技能的形成
  - 学生心智技能形成的过程
  - 学生心智技能形成的特征
  - 学生心智技能的培养

# 第一节 技能概述

## 一、技能的含义

技能（skill）是指运用一定的知识，经过练习而获得的一种合乎法则的活动动作方式。知识的掌握是技能形成的前提，练习是技能形成的途径，合乎法则的活动动作方式的掌握则是技能形成的标志。

技能水平有高低之分。初级水平的技能是指刚刚学会的活动动作方式，只要学生具有一定的初步知识并通过一定的练习就可获得。高级水平的技能是指熟练技巧，需要具有较丰富的知识经验和长期的实践锻炼才能形成，其动作方式已达到自动化的程度。例如，学生在教师的指导下学会了执笔写字，这只能说明他们已具有低水平的写字技能，而书法家的执笔写字才称得上具备了写字的熟练技巧。

但是，无论是初级水平的技能还是高级水平的技能都是对知识的应用。刚刚形成某种技能时，人脑中储存的是陈述性知识。技能初学者或思索着与新情境相类似的已有知识经验，或接受有经验者的指导，或模仿他人成功的活动动作方式，并力求加以实现。这时初学者头脑中的已有知识主要还是概念性的。当经过多次练习形成高级水平的技能后，头脑中储存的则是一种完整严密的动作映象系统，即进行某种活动的程序性知识。这种知识是技能熟练者难以用语言把它描述出来的。

高级水平的技能形成后，活动动作的自动化并不意味着动作完全成为无意识的。研究表明，只有当动作正确无误地进行时，动作的进程才是自动化的，一旦在动作进行的过程中发生了某种突然事件，或动作的某个环节出了错误，个体就会立刻发现这种变化，并能根据预定的目的对动作进行重新调整，改正错误。可见，动作的自动化只能说明意识对动作的控制已减弱到最低程度。由于动作的自动化，学生才能减轻学习活动中的精力和时间消耗，多快好省地完成活动任务，达成学习目标。

学生在技能学习中，活动动作方式的掌握总是要经历一个由不会到会、由会到熟练的逐步发展完善的过程。练习是实现这一过程的必由之路。练习不同于机械地重复某种动作，机械性重复不能使动作得到改善。练习虽然也是反复多次地进行某种动作，但练习中每一次动作的反复都意在改进动作，提高动作的有效性，并使动作趋于完善。

技能的学习及其掌握对于学生来说具有特别重要的意义。首先，学生掌握技能是进行学习活动、提高学习效率的必要条件。长期以来，学生对阅读、书写、运算等基本技能的掌握一直被认为是他们顺利完成学习任务所必备的基本条件。因此，技能的学习和掌握是学校教学的重要目标之一。其次，技能的形成有助于学生对有关知识的掌握。虽然技能的形成要以对有关知识的掌握为前提，但在技能形成过程之中或之后又能促进对这些知识的理解和掌握。例如，要使学生形成分数和小数的互化运算技能，必须要以他们对分数和小数及其相互关系的知识掌握为前提。同时，练习分数和小数互相转化形成运算技能的过程，大大地促进了他们对分数和小数知识的理解和掌握。最后，学生技能的形成也有利于他们智力、能力的发展。学生掌握了某种技能，就能够熟练地按照合理的动作方式去完成相应的活动任务，而这种活动效率的提高就是智力、能力发展的具体体现。研究表明，能力的发展是以相关的技能为前提的。培养和造就某种人才，除了他们具备相关的知识之外，还必须掌握相关技能。例如，不掌握音乐方面的吹、拉、弹、唱等技能，就不可能发展音乐才能。

### 二、技能的分类

通常，技能按其自身的性质和特点可分为动作技能和心智技能两种。

#### （一）动作技能

动作技能（motor skill）又称为运动技能和操作技能，是指由一系列的外部动作以合理的程序组成的操作活动方式，如书写、做操、骑自行车等技能。

动作技能根据是否需要操纵一定的工具可以将它分为操纵器具的动作技能和机体动作技能两种。写字、绘画、骑自行车和撑竿跳高等技能就属于操纵器具的动作技能，而跑步、做操、唱歌和跳舞等技能则属于机体动作技能。尽管动作技能的表现形式多种多样，但它们都是借助肌肉、骨骼的运动和相应的神经系统的活动来完成的。从这种意义上说，凡是动作技能，皆是由一系列的骨骼肌肉的规律运动组成的。动作技能在学生的学习活动中具有重要的作用，它不仅是学生学习的重要内容，而且还是学生出色地完成学习任务的重要条件。

#### （二）心智技能

心智技能（mental skill）又称为智力技能、认知技能，是一种借助内部语言在人脑中进行的认知活动方式，如默读、心算、打腹稿等技能。学生在观察、记忆和解决问题时所采用的策略，也是心智技能的不同形式。

根据适用的范围不同，心智技能又可分为特殊心智技能和一般心智技能两种。特殊心智技能是为某种专门的认知活动所必需的，也是在相应的特殊智力活动中形成发展和体现出来的，如默读、心算、打腹稿等技能便是学生在学习活动中必须掌握的最基本的特殊心智技能。一般心智技能是指可以广泛应用于许多领域的心智技能，它是在多种特殊心智技能的基础上经过概括而形成发展起来的，如观察技能、分析技能、综合技能和比较技能等。

一般心智技能和特殊心智技能虽有区别，但又是密切联系在一起的。通常，一般心智技能体现在各种特殊心智技能中，而各种特殊心智技能中总是包含着一般心智技能，两者是在同一智力活动中形成和发展的。例如，学生在从事写作活动时，就不仅形成和发展了"打腹稿"的特殊心智技能，同时也形成和发展了分析、综合、比较等一般心智技能。

正如熟练的动作技能可以使人们出色地完成各种外部活动任务一样，熟练的心智技能也是人们有效地完成各种智力任务的重要条件。一个具有创作技能的人，由于能够正确地构思、布局、选择适当的语言材料，才能充分表达自己的思想和感情，从而使文章富有感染力。

#### （三）动作技能和心智技能的关系

动作技能与心智技能既有区别又有联系。它们的区别是：动作技能具有物质性、外显性和扩展性等特点，而心智技能则具有观念性、内隐性和简缩性等特点。换言之，前者主要表现为外显的肌肉骨骼的操作活动，后者主要为内隐的思维操作活动。但它们又密切地联系在一起。心智技能是动作技能的调节者和必要的组成部分,动作技能又是心智技能形成的最初依据和外部体现的标志。两者是相辅相成、互相制约、互相促进的。例如,在学生的学习活动中,不仅需要心智技能参与,也需要动作技能参与,常常是这两种技能的有机统一,即手脑并用。

因此,在确定某种技能到底是属于心智技能还是动作技能时,关键取决于其活动的主导成分,如打字、做操主要是肌肉骨骼的运动,虽然这种运动也受到人的思维的调节支配,但它属于动作技能;阅读、写作、运算主要是人脑内的思维活动,虽然也借助发音器官和手的运动来实现,但它们仍属于心智技能。

### 三、熟练和习惯

熟练和习惯两者之间既有联系,又有区别。学生在技能的学习中,了解熟练与习惯两者之间的关系,对于技能的掌握是十分必要的。

熟练和习惯都是自动化了的动作系统。任何习惯离开了自动化的活动动作系统都无法完成。一个养成了起居习惯的人,不管他在何处生活,总是准时就寝和起床;一个有卫生习惯的人,对于饭前洗手、餐后刷牙的动作都是自动化的。正因为如此,人们在完成习惯性动作时,意识的调节作用也很低。

熟练和习惯又是有区别的。首先,习惯是实现某种行动的需要,即成为一种实现自动化动作系统的心理倾向。当人适时地将某种习惯实现时,该人就获得了满足、产生愉快的心情;反之,就会引起不愉快的情绪。而熟练则不同,它仅仅是一种自动化的动作方式,它不一定与人的需要联系在一起,因而熟练是否实现并不直接引起愉快或不愉快的体验。例如,会骑自行车的学生,不一定非骑自行车不可,为了避雨他可能乘公共汽车到校读书。

其次,熟练是在有目的、有计划的练习中形成的,而习惯却可以在无意中,通过简单的重复养成。日常生活中的一些习惯,如洗脸、刷牙等,都是通过这条途径形成的。当然,习惯也可以通过有意识的训练来培养,学生良好的学习习惯和生活习惯的养成,大都是在成人对他们进行的常规训练中获得的。

最后,熟练有高级和低级之分,但没有好坏之分。而习惯则不同,可以根据对个人和社会的意义,把那些有益于社会、有益于他人或自己身心健康的习惯,称为好习惯,如有礼貌、讲卫生、团结同学、遵守纪律等;把那些损害社会和他人利益以及威胁个人身心健康的习惯,如抽烟、酗酒、破坏课堂纪律等习惯,称为坏习惯。因此,对于学生来说,应该自觉地养成各种良好的学习习惯和生活习惯。

### 四、技能和个性

技能和个性有着密切的联系。一方面,个性影响着技能学习的方向、速度和水平。首先,需要、动机等个性特征不仅制约着技能的选择,而且也维持着学生学习某种技能的活动,并为进行这种活动提供了内部动力。当学生有了学习某种技能的需要时,他就会选择这种技能来学习。否则,他就会放弃这种技能的学习。其次,能力等个性心理特征也影响着技能学习的效率和水平。能力较强的学生在复杂技能的学习中就显得比较轻松并富有成效,而对于缺乏能力的人来说则显得比较困难。

另一方面，技能的学习和掌握对学生的个性也有着重要影响。技能的掌握要求学生必须具有某些个性品质。学生在某种技能的学习活动中，久而久之，也就养成了这些个性品质。例如，运算技能要求学生细心和踏踏实实，学生在掌握运算技能的过程中，逐步克服了自己的粗心大意，养成了细心的个性品质。

## 第二节　学生动作技能的形成

### 一、动作技能的结构

学生在学习活动中，由于学习任务多种多样，因而要求学生必须掌握多种动作技能。但不管何种动作技能，从结构上来说，通常都包括感受部分、中枢部分和运动部分等三种基本成分。学生在完成一项特殊的运动任务时，他们的感觉器官在内外环境特定刺激的作用下，将这些信息迅速地输入大脑进行信息加工，并做出指令调节和支配效应器官的活动动作，使各种运动协调进行。因此，正确地感知周围环境，准确判断身体各部分的位置和移动，建立身体各部分动作的相继性或同时性的协调，并使自身的肌肉活动适应变化着的环境条件，产生某种运动的节律，这一切对于动作技能的形成都有着重要的意义。

#### （一）动作技能控制系统

有研究者从信息加工的观点出发对动作技能结构进行了分析，提出了动作技能的控制系统模型。该模型不仅把动作技能看成由感受器系统、中枢加工机能和效应器系统构成的一个完整的信息加工系统，而且还强调中枢加工机能的作用。它通过感觉-运动程序，对输入的信息进行检查和校正，进而支配效应器系统的活动，引发和维持某种运动反应，并指向特定的目标。

#### （二）动作技能连续体

有研究者从七个维度分析了动作技能，并把每一种维度看成机能的连续体，这样，人的某一种特定的技能就可以用这七种连续体上的特定位置来说明。

① 语言-运动连续体。人在进行某种动作技能时，对言语（包括外部言语和内部言语）的依赖程度是不一样的。不规则而急速的运动对言语的依赖程度较少，而缓慢、不连续的运动对言语的依赖程度较多。技能的熟练程度不同，对言语的依赖程度也不一样。在技能形成的初期，言语的作用非常重要；在技能形成后期，言语的作用就不大明显了。

② 知觉-运动连续体。在动作技能形成中，知觉的作用是不同的。通常，在技能形成的初期，知觉的作用较大；在技能形成后期，知觉的作用有减少的趋势。

③ 视觉-运动连续体。在动作技能形成中，视觉控制所起的作用是不同的。通常在技能形成的初期，视觉控制的作用较大；在技能形成的后期，视觉控制的作用逐渐让位于动觉控制。另外，在不同性质的动作技能中，视觉的作用也不一样。例如，钟表和仪器的修理技能、写字技能和绘画技能等，对视觉控制依赖性大，即使这些技能达到熟练后，也仍然离不开视觉控制。

④ 力量-准确性连续体。动作技能是由力量、空间准确性和时间因素（速度和韵律）组成的。因此，我们可以以力量为一端、以准确性为另一端来确定某种技能的特点。

⑤ 精细-粗大连续体。动作技能有精细和粗大之分。精细的动作技能（如手指的动

作）往往是身体的局部运动，这种运动幅度小；粗大的动作技能（如手臂的动作技能、腿脚的动作技能等）往往是全身性的动作技能，运动幅度大，也比精细的动作技能更复杂。

⑥ 简单－复杂连续体。动作技能有简单与复杂之分。确定技能的复杂程度往往是从感觉信息运动类型的复杂程度和技能形成的阶段等方面来考察。

⑦ 个体差异－最大努力连续体。动作技能具有一般的模式，完成这种技能要求人们付出最大的努力，这是动作技能中的一端。同时，个体在完成这种技能时，又有自己的选择和偏好，存在着个体差异，这是动作技能中的另一端。例如，一个人赶路每小时可走6千米，但他偏好的步行速度可能为每小时4.5千米；有人跳远的助跑距离需要6米，有人只需要5米。这些都显示了个人的偏好和差异。

## 二、学生动作技能形成的阶段和特征

### （一）学生动作技能形成的阶段

动作技能是由个别动作构成的动作系统，它的形成是学生通过练习逐步掌握某种动作方式的过程。动作技能的形成通常经历认知定向、初步掌握动作技能、协调和完善动作技能三个基本阶段。

1. 认知定向阶段

学生在开始掌握一种技能之前，要产生掌握这种技能的动机，学习有关知识，了解完成这种动作技能的基本要求，在头脑中形成这种技能的最一般、最粗略的表象。一句话，练习者要将组成某种动作技能的活动方式反映到头脑中而形成动作映象，并使这种映象（image）在动作技能的练习中起到指引方向的作用，这就是认知定向阶段。

该阶段的主要任务是：学生通过观察教师所做的示范动作，了解所要学习的动作技能的动作结构和特点，以及各组成动作之间的联系，从而在头脑中形成动作映象，以便对所学的动作技能进行动作定向。也就是说，学生在这个阶段要认识到"做什么"和"怎样做"。

在这个阶段，动作映象的形成十分重要。正确的动作映象能帮助学生有效地掌握某种动作技能；反之，错误的动作映象会使技能学习出现偏颇。清晰而精确的动作映象依赖教师的示范动作和学生对示范动作的正确感知，以及学生所掌握的已有知识经验。尽管学生在学习动作技能时，有时可能从个别动作入手，有时可能从整体动作入手，但教师都必须加强每个动作的示范表演，让学生在模仿中把握动作的要领和特点，以便他们把新学习的动作与已有的、习惯化了的动作进行比较，克服习惯动作的干扰，从而在头脑中建构起清晰而准确的动作映象。

2. 初步掌握动作技能阶段

这个阶段又可以分为两个小阶段，即掌握局部动作阶段和初步掌握完整动作阶段。

在练习的初期，由于学生的注意范围比较狭窄，其注意力只能集中在个别动作上，并且不能控制动作的细节。同时，生活中已经形成了的许多习惯性动作又往往与所要学习的动作方式不相符合。因此，在没有掌握新的动作方式之前，学生若不集中注意于个别动作，习惯动作就会干扰正确动作的掌握。可见，在掌握局部动作阶段，学生所表现出来的行为特点是忙乱而紧张，呆板而不协调，多余动作和错误动作频频发生。

经过前一阶段的练习，学生已经逐渐掌握了一系列的局部动作，这时便进入了初步掌握完整动作阶段。在掌握局部动作的基础上，学生开始把个别动作结合起来，形成比较连贯的动作。但他们常常忘记动作之间的联系，在动作转换和交替之际，往往会出现短暂的停顿现象。学生的协同动作交替进行，即先集中注意做出一个动作，而后再注意做出另一个动作，反复地进行着交替。这时，他们的注意力已从认知转向运动，从个别动作转向动作的协调与组织。随着练习时间或次数的增加，这种动作交替慢慢加快，技能结构的层次也不断增多，最终在大体上构成了整体的动作系统，动作技能已接近形成。这时，他们的动作紧张度降低，但并没有消失，稍一分心，还会出现错误动作。然而从整体上来说，多余动作和错误动作逐渐消失，动作速度加快，练习者发现错误的能力也加强了。

3．协调和完善动作技能阶段

这是技能形成的最后阶段。在这个阶段，学生学习的各个动作在时间和空间上已联合成为一个有机的整体并巩固下来，各个动作的相互协调已趋自动化。只要有一个启动信号就能迅速准确地按照动作的程序以连锁反应的方式来实现，意识对动作的控制作用减小到最低限度，整个动作系统从始至终几乎是一气呵成的，动作的连贯性主要是由感受器提供的动觉信号来调节。由于技能已经完善，学生就能熟练地运用这种动作技能去完成所面临的各种学习任务。

**（二）学生动作技能形成的特征**

学生的动作技能一旦形成并达到熟练后，必然会在他们的实际操作中发生明显的变化。与初期的动作技能相比较，已形成的动作技能发生了质的变化。这种变化具有以下几个特征。

1．意识对动作的控制作用减弱，整个动作系统转向自动化

在动作技能形成初期，内部言语起着重要的调节作用，学生完成每一个动作，都要受到意识的控制。如果意识控制稍有减弱，动作就会停顿或出现错误，心情就会随之紧张起来。随着技能的逐渐形成，意识对动作的控制也随之减弱而为自动控制所取代。当动作技能已达到熟练时，学生在进行一种技能时，只关心怎样使这种技能服从于当前任务的需要，而不再关心技能中个别动作的进行，技能的整个动作系统已经是自动化了的，精神紧张状态消失。

2．动作控制方式的变化

这种变化主要表现在两个方面。①利用线索的变化。在动作技能形成初期，学生对那些明显的线索，如教师的指导语等发生反应，他们不能觉察自己所做动作的全部情况，难以发现自己的错误，这时就需要教师的提醒或矫正。随着技能的形成，学生逐渐能觉察到自己动作的细微差别，能运用细微的线索使动作日趋完善。当技能达到熟练时，学生头脑中已储存了与一系列线索有关的特有信息，当某种线索一出现，他们就能预测动作的结果，灵活地进行一系列的反应。②动觉反馈作用的加强。在动作技能形成初期，学生依靠视觉反馈（外反馈）控制动作，如刚学打字的学生，总是一边看着自己的手指和键盘上的字母，一边按键盘。随着动作技能的形成，运动的视反馈控制逐渐让位于运动程序图式和动觉反馈。当动作技能达到熟练时，动觉反馈对运动的控制作用得到进一步的加强，以至达到稳定而牢固的程度，这是运动自动化的关键，如当一个人在走路时偶尔踩到一块小石头，就会立即产生防止跌倒的动作，这是由于脚部的动觉反馈信息对运动程序的调节。在熟练期，动觉反馈是运动程序的调节器，它保证着动作技能的顺利进行。

3. 动作品质的变化

在技能形成初期，技能是不稳定的，这种不稳定性既表现在个别动作的不准确上，也表现在动作之间的转换不灵活、不迅速上。当动作技能形成之后，整个动作系统已成为一种相对稳定的方式。一个书法家在执笔运笔时，总是按一定的方式迅速完成书写的整套动作，以至形成自己独特的风格。技能的稳定性并不意味着动作是机械刻板的或一成不变的。恰恰相反，熟练是与情境的种种变化相适应的一种高水平的状态。情境一旦发生变化，熟练者就能当机立断，及时调整自己的动作，施出绝招出奇制胜，灵活而巧妙地应付这种变化。

4. 协调化运动模式的形成

在技能形成初期，学生的动作是不协调的，经常出现多余动作和错误动作，完成动作也比较紧张，动作往往不能达到预期的效果。随着技能的进步，动作之间的配合和转换逐渐协调起来。当技能达到熟练时，整个动作系统已成为一个协调化的运动模式。协调化运动模式的形成是熟练的重要标志。它有两种主要类型：一是像学生在朗读课文时的眼和口的紧密配合，称为同时性协调化运动模式；二是像学生写字时的运算先后程序运动，称为连续性协调化运动模式。

### 三、练习与学生动作技能的形成

动作技能只有经过一定的练习才能形成。练习是指以形成某种技能为目的的学习活动。就是说，它是以掌握一定的动作方式为目标而进行的反复操作过程。学生通过练习，可以促进所学技能的进步和完善。具体来说，学生通过一次次地练习，可以减少技能完成的时间，提高技能动作的精确度，完善技能中的动作之间的协调性。

在练习过程中技能进步情况（即练习结果）可以用"练习曲线"来表示。所谓练习曲线是指在连续多次的练习过程中所发生的动作效率变化的图解。从练习曲线上既可以看出技能形成中量的变化，也可以看出质的特点；既可以看出动作技能形成过程中的工作效率、活动速度、动作准确性方面的变化，也可以看出各种动作技能在形成过程中的共同之处和个别差异。通常，练习曲线有三种表示法，如图6-1所示。

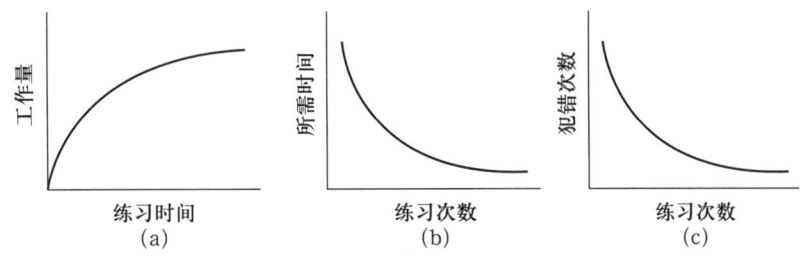

**图6-1　练习曲线的不同表示方法**

（a）横坐标表示练习时间，纵坐标表示单位时间内完成的工作量。图中的练习曲线是上升的，因为工作量是随着练习时间的增加而增加的。

（b）横坐标表示练习次数，纵坐标表示每次练习所需要的时间。图中的练习曲线是下降的，因为每次练习所需时间是随着练习次数的增加而减少的。

（c）横坐标表示练习次数，纵坐标表示每次练习中的犯错次数。图中的练习曲线是下降的，因为练习中的错误将随着练习次数的增加而减少。

练习曲线表明，在学生的动作技能形成过程中普遍存在下列几种情况。

**（一）练习成绩逐步提高**

学生的动作技能的练习成绩逐步提高主要表现在动作速度加快和准确性提高上。其表现形式有三种。

第一，练习进步先快后慢。这是由于以下几个原因。①练习初期有已有经验的积极影响。但到了练习后期，可供利用的已有经验逐渐减少，而需要建立的新的神经联系则相应增加，因此要提高成绩就比较困难。②练习初期要掌握的只是局部动作，比较简单，又是单独进行练习，所以成绩提高较快，而练习后期却要对各种局部动作加以协调和完善以形成动作系统，比较困难，所以成绩提高缓慢。③学生在练习初期，可能兴趣比较浓厚、情绪高涨，而到了练习后期这些方面都有可能降低，再加上疲劳因素，因而影响练习成绩的进步。

第二，练习进步先慢后快。这是因为学生在练习初期需要花费一定的时间去掌握有关的基础知识和基本技能，再加之已有的习惯动作的干扰，所以进步缓慢。但是在掌握了这些之后，练习成绩的进步就会明显加快。

第三，练习进步先后比较一致。这种情况是个别的，在动作技能中不常见。

**（二）练习中的"高原期"现象**

在学生动作技能的形成中，练习到一定阶段往往出现进步暂时停顿现象，称之为"高原期"。它表现为练习曲线保持在一定的水平而不再上升，甚至有所下降。但是，在"高原期"之后，练习曲线又会上升，即表示练习成绩又可以有所进步（如图6-2所示）。"高原期"产生的原因主要有两个方面。①当练习成绩已经达到一定水平时，继续进步需要改变现有的活动结构和完成活动的方式方法，而代之以新的活动结构和完成活动的新的方式方法。在没有完成这种改造之前，练习成绩只会处于停顿甚至暂时下降的状态。②经过较长时间的练习，学生的练习兴趣有所下降，甚至产生厌倦情绪，或者身体疲劳等原因而导致练习成绩出现暂时停顿现象。必须指出，"高原期"并不具有普遍性，也不能表明动作技能的掌握已临近学生身心发展的极限。

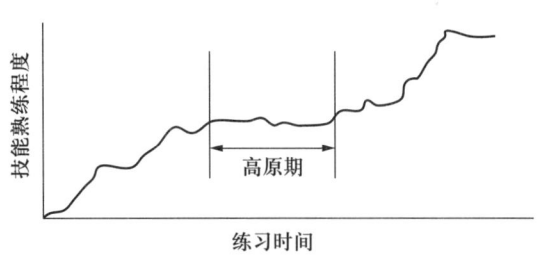

图6-2 练习中的"高原期"现象

**（三）练习成绩的起伏现象**

在学生动作技能的练习曲线中，可以看到练习成绩时而提高、时而下降、时而停顿的现象，这就是练习成绩的起伏现象。产生这种现象的原因主要有两点。①由于客观条件有了变化，如学习环境、练习工具以及教师指导的改变等。②学生的主观条件起了变化，如有无强烈的学习动机和浓厚的学习兴趣，注意力是否集中、稳定，有无骄傲自满情绪，意志努力程度如何，练习的方式方法有无改变，以及身体状况如何，等等，都会对练习产生影响。练习成绩的起伏是正常现象，但如果练习成绩出现明显的下降，教师就应该帮助学生分析原因，加强教育和指导，以使练习成绩能够尽快地得到提高。

**（四）学生动作技能形成中的个体差异**

各种技能的练习进程都服从上述的一般规律，表现出进步的一般趋势。但不同的学生在学习同一技能或同一学生学习不同技能时，其练习进程又表现出明显的个体差异。这是由于学生个体的练习态度、知识经验、预备训练情况以及练习方式方法等方面的不同而造成的。教师在进行指导时，既要以练习进程的一般规律为依据来进行指导，也要考虑学生的个体差异因材施教。

**四、学生动作技能的培养**

练习是学生动作技能形成的基本途径。换言之，要使学生掌握某种动作技能，就必须进行练习。然而，并非所有的练习都是高效率的。为了帮助学生提高练习的效果，迅速而准确地掌握动作技能，教师除遵照练习的一般规律正确指导外，还必须注意以下几个问题。

**（一）帮助学生明确练习的目的和要求**

每一种动作技能都有其特定的目的和要求。只有当学生明确了所学技能的目的和要求后，他们才能自觉地组织自己的行动来掌握这种技能。练习是一种有目的、有计划、有组织的学习过程，它不同于单纯的重复。如果缺乏明确的练习目的和具体的要求，机械地重复一种动作方式，就不可能使行动方式有所改善，如有的学生虽然天天写字，但字体仍然没有多大改观。可见在学习技能的过程中，学生为自己树立的练习"目标"，对于练习的效果具有重要意义。

**（二）帮助学生对所学的动作技能形成正确的动作映象**

人们的各种运动动作是在动作映象的定向调节支配下做出来的。因此，在学生对所学的动作技能进行练习之前或之中，教师应通过自己的动作示范帮助他们在头脑中形成正确的动作映象。为此，教师的示范要做到以下几点：动作示范与言语解释相结合；整体示范与分解示范相结合；示范动作要重复，动作速度要放慢；指导学生观察。做好上述四个方面的工作，就可以促进学生在头脑中形成正确的动作映像，大大提高动作技能学习的效果。

**（三）坚持以实现视觉控制向动觉控制转化为中心的练习**

在练习中，实现对动作的动觉控制替代视觉控制是学生动作技能形成的重要标志之一。因此，教师要做到以下几点：指导学生将动作的视觉形象与动觉表象结合起来；指导学生认真体会动作的动觉刺激，加速视、听分析器与运动分析器之间，以及运动分析器中的动觉细胞与运动细胞之间联系的建立；在练习后期，指导学生运用视觉控制与动觉控制交替练习的方法，促进动觉控制替代视觉控制的转化。

**（四）根据练习的实际情况及时提供反馈信息**

在技能的练习中，让学生及时地了解自己的练习结果，有利于练习效率的提高。换言之，学生在动作技能练习时，若能及时掌握练习的情况，即知道自己的成绩和错误、优点和不足，就可以把符合要求的、符合目的的动作保留下来，改正不符合要求的动作，这样才能有助于迅速地提高练习质量。教师在提供反馈信息时要做到以下几点：在练习初期，教师应积极向学生提供关于他们练习时身体运动过程和动作姿势方面的信息，因为这些信息是学生用来改进自己的动作的主要线索，且这些信息是学生本人很难获得的；在练习后期，教师应指导学生细心体会自己的练习行为并力求发现自己的经验，因为这时的练习是以技能动作的连贯、协调和自动化为目的的，要实现这一目标只能依靠学生自己在练习中细心体验。

**（五）指导学生合理安排练习时间，力求集中练习和分布练习相结合**

集中练习是指学生在学习一种技能时，在一段较长的时间内对某种技能进行反复的练习。分布练习是指学生把练习技能的时间分散开来，安排在几个时间段内或几天内来进行，每次练习的时间较短。研究表明，分布练习的效果优于集中练习。究其原因，这是因为集中练习容易产生反应性抑制的累积作用，有碍于练习成绩的提高；分布练习则不容易产生反应性抑制的累积作用。

从整体上来说，虽然分布练习优于集中练习，但在合理安排练习时间上还应从技能的性质、学生的学习能力以及如何消除疲劳、克服遗忘等方面来考虑。研究表明，当学生初学一种技能时，先进行集中练习，而后改用分布练习，要比单纯的分布练习效果更佳。

## 第三节　学生心智技能的形成

### 一、学生心智技能形成的过程

苏联心理学家加里培林等人依据自己多年的实验研究资源，于1953年提出了智力活动按阶段形成的理论。

依据加里培林的观点，智力活动是外部的、物质活动的反映，学生心智技能形成是外部物质活动转化到知觉、表象和概念水平的结果。这种转化（内化）过程需要经历以下五个基本阶段。

**（一）活动定向阶段**

这是一个准备阶段，即领会活动任务的阶段。也就是说，在学生从事某种活动之前了解做什么和怎样做，从而在学生头脑中形成对活动本身和活动结果的表象，进行对活动本身和活动结果的定向。例如，在学生的加法运算定向阶段中，教师在演示加法运算时，应该使学生明了加法运算的目的在于求几个数量之和，了解运算的客体是事物的数量，知道运算的操作程序和方法，懂得运算的关键是进位等，由此在学生头脑中形成完备的定向映象。

在教学中帮助学生建立完备的定向映象，其教学措施主要有以下几个方面。①教师在实物直观或模象直观教学中，要帮助学生建立活动的原型，即让学生了解这种活动的物质或物质化的形式，确定它的内容。例如，在演算一道运算题之前，教师要把该题的演算目的、数量与数量之间的关系等用实物或图像等形式表示出来。②在指导学生审查的前提下，教师对活动原型进行分析，帮助学生在头脑中形成完成这一活动所必须经历的操作程序。③教师在对学生进行活动的示范和讲解时，要把这种活动的操作程序以物质或物质化的形式展开，并注意变换这种展开的物质或物质化形式，如用手指、算棒、点子、算珠等，使活动得以概括，利于学生在头脑中形成比较完备的定向映象。

## （二）物质活动或物质化活动阶段

物质活动和物质化活动是直观中的两种基本形式。物质活动是运用实物的教学；物质化活动则是物质活动的一种变形，是指利用实物的模象，如示意图、模型、标本等进行的活动。这个阶段实质上是借助实物或模象为支柱进行的心智活动的阶段。例如，在学生的加法运算中，既可以让他们利用小木棒进行演算活动，也可以利用画片中的小木棒进行演算活动。通过这种物质活动或物质化活动，让他们掌握加法运算的实际操作程序，学会如何进位。

在课堂教学中，无论学生是对自然科学知识的学习，还是对社会科学知识的学习，教师不可能事事通过直接经验的方式利用物质活动来进行，这时物质化活动便成为一种主要的方式。加里培林认为，任何新的智力在最初都应当不是活动本身，而是作为外部的——物质或物质化的活动而形成的。可见，物质活动和物质化活动两者共同构成了学生智力活动的源泉。

教师在这一阶段中应该注意先把活动展开，把活动分为大大小小的各种操作，指出其间的联系，然后再进行概括，使学生从对象的各种属性中区分出这一活动所需要的属性，并归纳出进行这一智力活动的法则。例如，在演示分数加法 $3/4 + 1/3$ 时，先将该题展开：$3/4 + 1/3 = (3 \times 3)/(4 \times 3) + (1 \times 4)/(3 \times 4) = 9/12 + 4/12 = 13/12 = 1\frac{1}{12}$。从教师的演示中，学生了解到了运算的每一步，即先通分，求出 4 和 3 的最小公倍数作为公分母，然后将每个分数的分子和分母乘以相同的倍数，再进行同分母的分子相加，最后将数简化为带分数。在完成这一活动的运算步骤后，学生就可以归纳出异分母分数加法运算的一般法则。当然，在学生熟悉这种概括后，还要将完成这一活动的全部操作进一步简化，并与他们的言语活动结合起来，为有声的言语活动阶段做准备。

## （三）有声的言语活动阶段

有声的言语活动即出声地说话。这一阶段是指学生的学习活动已不直接依赖实物或模象而借助自己出声的外部言语进行的阶段。例如，在加法运算中，他们能根据题目的数字出声地说出"3 加 2 等于 5"或"8 加 4 等于 12"等。在这一阶段中，他们虽然不用操作实物或模象来进行计算，但他们是用出声的言语来运算的。这样，学生不仅要对这些动作的对象内容进行定向，而且还对这些对象内容的词的表达进行定向。这一阶段虽然脱离了实物或模象操作，但它并不是智力活动本身，还不能在学生头脑中默默地完成活动。

## （四）无声的外部言语活动阶段

这一阶段是有声的言语活动向内部言语活动转化的过渡，在此阶段，学生是以词的声音表象、动觉表象为基础而进行智力活动的。从表面上看，这种无声的外部言语活动是"言语减去了声音"，似乎很简单。其实不然，无声的言语活动是有声言语活动向言语的声音形象、动作形象转化的途径。加里培林说，这时在头脑中，言语的有声形象成为词的声音形象的表象。可见，这种言语不出声的变化要求学生对言语机制进行很大的改造，因而需要他们重新学习。但由于这种言语的外在形式和实际内容与出声言语并无质的区别，因此，学生在前一阶段所获得的概括、简化等活动的成就便可以直接转移到这一阶段中来。

### （五）内部言语活动阶段

这是智力活动完成的最后阶段。在这一阶段中，学生凭借简化了的内部言语，似乎不需要多少意识的参与就能"自动化"地进行智力活动。这一阶段的特点是简缩和自动化。由于内部言语是指向自己的，不必考虑将外部言语作为交际手段的机能——要完整地表达，因而可以大大压缩和简化，加之内部言语活动基本上是处于自我观察界线之外的，是自动化的，学生自己觉察不到。例如，学生演算进位加法时，已经不再需要默念公式和法则，而是在头脑中出现几个关键词，随之而来的就是自动化的操作。整个运算过程的智力活动在他们头脑中被"压缩"和"简化"了，以至他们已不大可能觉察运算过程，所能觉察到的只是运算的结果。

## 二、学生心智技能形成的特征

学生的心智技能一旦形成，必然会在他们的智力活动中表现出以下几个方面的特征。

从智力活动的方式来看，智力活动的各个环节逐渐联合成为一个有机的整体，内部言语趋于概括化和简约化，观念之间的泛化现象逐渐减少以至消失。在解决课题时，由开展性推理转化为"简缩性推理"。

从智力活动的调节来看，智力活动已经不太需要意识参与调节和控制就能自动进行，达到"运用自如""得心应手"的程度。学生已经觉察不到自己头脑中的内部操作过程和程序，而只能觉察到内部活动的结果。

从智力活动的品质来看，思维的广度和深度、独立性和批判性、敏捷性和灵活性、流畅性和逻辑性以及敏感性等品质大为增强。这时，无论学生在掌握新知识上还是在解决问题的速度和水平上，都有明显的提高。

## 三、学生心智技能的培养

中小学阶段是个体心智技能形成和发展的重要时期，因此，教育工作者要重视对学生心智技能的训练，促进其发展。具体可从以下几个方面进行。

### （一）遵循智力活动按阶段形成的理论

【微课】
心智技能的培养

智力活动形成的五个基本阶段充分体现了心智技能形成的一般规律。因此，教师在培养学生形成心智技能时应遵循这一理论，积极创造条件，帮助他们从外部的物质活动向内部的智力活动转化。

### （二）根据实际情况选择培养途径

心智技能的培养可以因其复杂程度不同而采用不同的途径。对于那些复杂的由多种智力活动组成的心智技能，如写作技能、解题技能等，应该采用从部分到整体的训练方法，即从单个智力活动训练开始，等学生掌握后，以一个统一的顺序将它们联结起来，构成一种复杂的心智技能。而对于那些简单的心智技能，如加减运算、字形笔画分析等，宜采用整体方法来训练。

### （三）创设条件，提供应用心智技能的机会

学生的实践活动是心智技能形成和发展的基础。要想促进学生心智技能的形成和发展，使之达到熟练掌握和灵活运用的水平，教师必须积极引导他们参加实践活动，创设问

题情境，让他们的心智技能在问题解决的过程中得到锻炼。此外，教师还应该加强指导，帮助他们正确运用心智技能来解决有关问题。

**（四）培养学生掌握良好的思维方法和思维品质**

学生的心智技能的核心心理成分是思维。因此，培养学生掌握良好的思维方法和思维品质对学生心智技能的形成与发展具有特别重要的意义。为此，教师在教学过程中要重视学生的思维训练，教授思维方法，培养他们思维的独立性与批判性、敏捷性与灵活性、流畅性与逻辑性以及敏感性等良好品质，养成认真思考的习惯。

**（五）熟练掌握智力活动规则和课题解答程序**

智力活动规则是学生对自己在认知活动中所运用的方式方法的概括和总结。各类课题的解答程序是解题的具体步骤和方法在智力活动方式中的有机组合。当学生对某种智力活动规则和某种解答程序达到熟练地掌握时，也就标志着相应的心智技能已经形成。因此，帮助学生熟练地掌握智力活动的规则和解答程序，是培养学生心智技能的重要一环。

## 本章概要

1. 技能是指运用一定的知识、经过练习而获得的一种合乎法则的活动动作方式。按其自身的性质和特点，技能可分为动作技能和心智技能两种。

2. 从结构上来说，动作技能通常包括感受器系统、中枢加工机能和效应器系统。动作技能可以从语言－运动、知觉－运动、力量－准确性、视觉－运动、精细－粗大、简单－复杂以及个体差异－最大努力这七对连续体加以分析。学生动作技能的形成经历认知定向阶段、初步掌握动作技能阶段、协调和完善动作技能阶段。动作技能一旦形成并达到熟练后，将具有以下几个特征：意识对动作的控制作用减弱，整个动作系统转向自动化；动作控制方式的变化；动作品质的变化；协调化运动模式的形成。

3. 动作技能只有经过一定的练习才能形成。技能进步情况可以用"练习曲线"来表示。练习曲线表明，在学生的动作技能形成过程中普遍存在下列几种情况：练习成绩逐步提高；练习中的"高原期"现象；练习成绩的起伏现象；学生动作技能形成中的个体差异。

4. 培养学生动作技能时要注意以下几个问题：帮助学生明确练习的目的和要求；帮助学生对所学的动作技能形成正确的动作映象；坚持以实现视觉控制向动觉控制转化为中心的练习；根据练习的实际情况及时提供反馈信息；指导学生合理安排练习时间，力求集中练习和分布练习相结合。

5. 学生心智技能的形成需要经历五个基本阶段：活动定向阶段；物质活动或物质化活动阶段；有声的言语活动阶段；无声的外部言语活动阶段；内部言语活动阶段。

6. 学生心智技能的培养要遵循智力活动按阶段形成的理论；根据实际情况选择培养途径；创设条件，提供应用心智技能的机会；培养学生掌握良好的思维方法和思维品质；熟练掌握智力活动规则和课题解答程序。

## 思考题

1. 在"互联网+"时代，如何培养学生的技能？
2. 动作技能形成的基本阶段和特点有哪些？
3. 心智技能形成的基本阶段和特点有哪些？
4. 联系实际谈谈你自己是怎样培养某项动作技能或心智技能的。

## 推荐阅读

安德森. 认知心理学及其启示：第7版[M]. 秦裕林，等译. 北京：人民邮电出版社，2012：第九章.

# 第七章 品德的学习

教育不仅要发展学生的知识与技能，提高他们的能力，而且要培养学生具有良好的品德，使学生能够按照一定的道德和价值标准来规范自己与他人、与社会的关系。品德是社会生活环境与学生个体的主观世界相互作用的产物，它的形成过程极其复杂。本章就品德实质及其培养等进行简要分析。

## 本章结构

- 品德心理概述
  - 品德的含义
  - 品德的心理结构
  - 品德的发展
- 品德的形成及其培养
  - 品德的形成过程
  - 影响品德形成的因素
  - 品德培养的途径与方法
- 学生的不良行为及其矫正
  - 学生不良行为的分类
  - 学生不良行为的原因分析
  - 学生不良行为的矫正

# 第一节　品德心理概述

## 一、品德的含义

品德是个体依据一定的社会规范（或道德行为准则）做出某种社会行为时所表现出来的相对稳定的心理特征，是社会道德在个体身上的反映。在人的个性中，品德是具有道德评价意义的心理品质，它最典型、最集中地体现着人的社会性，是个性的核心成分。

品德与一定的社会规范（或道德行为准则）相联系。社会规范是社会组织为调节个体间的相互关系而确立的准则，它构成了评价个人社会行为的是非善恶的标准。符合社会规范的行为就是好的、善的，违背社会规范的行为就是不好的、恶的。社会规范不仅涉及社会规范准则本身，也涉及基本价值（伦理）原则，如人道主义、利他主义等。相应地，一个人的品德不仅仅是对具体的行为准则的服从，在更深层次上，它体现了一定的价值原则和基本信念。

品德是社会道德在个体身上的反映。道德是一种社会现象，是一定社会要求人们应当遵守的行为准则的总和。它产生于社会生活，并随着社会的发展而发展。品德则不同，它是一种个体心理现象，其形成和发展不仅要受到社会发展规律的制约，还要受到个人身心发展特点和规律的制约。

但品德与道德又是紧密联系的。品德的内容是社会道德在个人身上的具体体现，社会道德也无法离开个人的品德而存在。社会上众多个体的品德构成或影响着一定的社会道德面貌或风气。社会道德舆论和社会道德风气也影响着个人品德的形成和发展，往往以一种无形的社会压力迫使个人规范自己的行为。

品德是一种相对稳定的心理特征。一个人的品德是指他一贯的行为倾向，而不是一时、一事的偶然行为表现，不能因为偶尔的错误行为就判断一个人道德败坏，也不能因为偶尔做了一件好事就断定他品德高尚。

品德调节的是个体的社会行为，即对社会、对他人有影响的行为，这种影响可以是直接的，也可以是间接的。

## 二、品德的心理结构

品德的心理结构是指品德的组成要素及各要素间的相互关系。一般认为，品德是由道德认知、道德情感和道德行为构成的。

### （一）道德认知

道德认知（moral cognition）又称为道德观念，是指人对道德行为准则及其意义的认识，通常表现为人对道德现象或道德行为的是非、善恶及其意义的认识。它包括对一定道德知识（如道德概念和道德行为准则等）的掌握，也包括以这些知识作为自己的行动指南，将其转变为道德信念，并且以此来对自己和他人进行道德评价。

### （二）道德情感

道德情感（moral feeling）是在道德认知的基础上，对现实生活中的思想言行（包括他人的和自己的）是否符合道德标准和道德需要而产生的内心体验。现实生活中的多种事件，凡是符合个体自己的道德认知或能满足自己的道德需要的，都会产生积极的、肯定的情感体验，否则会产生消极的、否定的情感体验。就形式而言，道德情感大致有三种。①直觉的道德感。它是由对某种具体情境的感知引起的。因为是直觉的，所以一旦个体感知到某种情境就会迅速产生一种积极的或消极的情绪体验，并对道德行为进行迅速的定向。②形象的道德感。它是通过想象和联想某些道德形象而产生的情感体验。通过联想和想象，引起情感共鸣，并领会其中的深刻含义。③伦理的道德感。它是一种以道德的理性认识为基础，能清晰地意识到道德伦理的情感。它具有很强的自觉性、概括性与深刻性，是道德情感的最高形式。道德情感与道德认知联系紧密，二者构成了人的道德动机的基础。

**（三）道德行为**

道德行为（moral behavior）是人的道德认知、道德情感的具体表现和外部标志，是人在一定的道德认知支配下所进行的各种具体行动，是实现道德需要、道德动机的手段，包括道德行为方式和道德行为习惯。

在品德的心理结构中，各种心理要素是彼此联系、互相影响的，在个体的道德生活中起着不同的作用。道德认知是道德情感产生的基础，道德情感又影响着道德认知的倾向和深度。道德行为是在道德认知的指导和道德情感的驱动下通过一定的练习和培养形成的，道德行为又可以巩固道德认知，加深和丰富道德情感。

品德虽然在结构上可以区分为各种心理要素，但在人的社会生活中是一个由这些要素有机结合而成的整体。在德育活动中，教师需要全面兼顾品德的各个侧面，不能简单让学生记忆各种社会规范，也不能只是靠纪律、惩罚等约束学生的行为，必须将道德认知、道德情感和道德行为结合起来。

### 三、品德的发展

有的研究者（如皮亚杰和科尔伯格）重在从道德认知判断的角度揭示儿童品德发展的线索，而有的研究者（如弗洛伊德）则主要从人格的角度来理解儿童品德的发展。

**（一）皮亚杰道德认知发展理论**

皮亚杰是第一个系统地追踪研究儿童道德认知（确切地说是道德判断）发展的心理学家。皮亚杰认为，道德是由种种规则体系构成的，道德的实质包括两方面的内容：一是对社会规则的理解和认识；二是对人类关系中平等、互惠的关心，这是公道的基础。于是，他通过研究儿童对这两方面的认识，揭示了儿童道德认知发展的阶段及其影响因素。

皮亚杰在研究中采用了他独创的临床谈话法，在观察和实验过程中向儿童提出一些事先设计好的问题，然后分析儿童的回答，尤其是回答中的错误，从中找出规律性的东西。他设计了许多包含道德价值内容的对偶故事。例如，在研究儿童对过失行为的判断时，他向儿童叙述了下面两则故事，要求儿童对主人公的行为做出评价，并说出理由。

A. 小男孩约翰，听到有人叫他吃饭，就去开饭厅的门，他不知道门外有一把椅子，椅子上放着一个盘子，盘内有15个茶杯，结果撞翻了盘子，打碎了15个杯子。

B. 小男孩亨利，一天趁妈妈外出，想吃橱柜里的果酱，他爬上椅子伸手去拿。但由于果酱放得太高，手够不着，结果碰翻了一个杯子，杯子掉在地上碎了。

皮亚杰以认知发展的观点考察和分析了儿童对这些问题的回答，概括出了儿童道德认知发展的三个阶段。

1. 前道德阶段

皮亚杰认为，5岁幼儿以"自我中心"来考虑问题，对引起事情的原因只有朦胧的了解，其行为直接受行为结果支配，因此，这一阶段的儿童既不是道德的，也不是不道德的，随着年龄的增长才能对行为做出一定的判断。

2. 他律道德阶段

皮亚杰认为，5—8岁的儿童对道德行为的判断多半根据别人设定的外在标准，处于他律道德阶段。这一阶段的道德认知具有以下几个特点。①儿童认为规则是不变的，不理解规则是由人制定的。②评定是非时，总是持有极端的态度，非好即坏，非善即恶。③判断行为好坏的根据是后果的严重性，而不看主观动机。例如，6—7岁儿童认为，在上面的故事中，约翰比亨利坏，因为约翰打破了15个杯子，而亨利只打破了1个杯子。这说明，这一阶段的儿童根据行为的客观后果即客观责任来判断是非善恶。④把惩罚看作天意和报应，认为惩罚的目的是使过失者受到跟他所犯的错误相一致的遭遇，而不是把惩罚看作改变人的行为的一种手段。一般来说，这一阶段的儿童所提议的惩罚比较严厉。

3. 自律道德阶段

皮亚杰认为，9—11岁儿童进入自律道德阶段，主要依据自己认可的内在标准进行道德判断。这一阶段的道德认知具有以下几个特点。①儿童认为规则是由人们相互协商而创造的，因而可以依照人们的愿望加以改变。②根据行为的意图和后果来判断行为，例如，10—12岁的儿童认为，亨利比约翰坏，因为约翰是无意中打碎了杯子，而亨利是趁妈妈不在偷东西吃时打碎杯子的。这说明，这时的儿童已注意到了行为的意图和动机，即从行为的主观责任来做判断。③提议的惩罚与所犯的错误更加相称。

总体来说，皮亚杰认为，儿童的道德认知发展是从他律道德向自律道德转化的过程。他律道德是根据外在的道德法则做判断，只注意行为的外在结果，而不考虑行为的动机，是非标准取决于是否服从成人的命令或规定，这是一种受自身之外的价值标准支配的道德判断。自律道德则从主观动机出发，用平等/不平等、公道/不公道等标准来判断是非，这是一种受儿童自己所具有的主观价值支配的道德判断。皮亚杰认为，儿童只有达到这个水平，才算有了真正的道德。

皮亚杰认为，同伴交往是使儿童从自我中心中解放出来的最重要途径。在同伴交往中，儿童才能比较自己和他人的观点，对别人的观点提出质疑和修改；才能认识到他人会以不同的方式理解同样的行为，从而导致不同的结果；才能开始摆脱权威的束缚，互相尊重，共同发展，发展公正感。同时，成人尤其是父母，必须改变传统的权威地位，与儿童平等相处，促进儿童的道德认知发展。

**（二）科尔伯格道德认知发展理论**

科尔伯格继承并发展了皮亚杰的理论。科尔伯格与皮亚杰一样，承认道德发展有一个固定不变的顺序，都是从特殊到一般，从自我中心、关心直接的事物到基于一般原则、关心他人的利益。科尔伯格和皮亚杰都肯定道德判断要以一般的认知发展为基础，都强调社会交往在道德发展中的作用。在20世纪60年代，科尔伯格提出了自己的一套道德认知发展理论。

科尔伯格采用道德两难故事,让儿童在两难推理中做出选择,并说明理由。海因兹偷药的故事就是其中一例。

有个妇人患了癌症,生命垂危。医生认为只有本城一家药店的一种药才能救她。药店老板制造这种药花了200元,而他的要价竟高达20000元。病妇的丈夫海因兹四处向熟人借钱,一共借得10000元,只够药费的一半。海因兹不得已,只好告诉老板,他妻子快要死了,请求老板把药便宜一点卖给他,或者允许赊账。老板不愿意。海因兹走投无路,撬开了商店的门,为妻子偷来了药。

讲完这个故事,研究者向儿童提出了一系列问题:海因兹是否应当这样做?为什么?是否该判他的刑?为什么?与皮亚杰一样,科尔伯格真正关心的不是儿童对问题的回答,而是答案中的理由和推理。

科尔伯格采用道德两难故事法,测试了大量的来自欧亚十多个国家的儿童。他发现,尽管种族、文化以及社会规范等各方面不同,但道德判断能力随年龄发展的趋势却是一致的。他将儿童的道德发展划分为3种水平6个阶段。

1. 前习俗水平

前习俗水平大约出现在幼儿园及小学低、中年级阶段。其特征是儿童遵守规范,但尚未形成自己的主见,着眼于人物行为的具体结果与对自身的利害关系。这一水平又分为两个阶段。

(1)第一阶段:惩罚和服从定向阶段

此阶段的儿童缺乏是非善恶观念,只是因为惧怕惩罚而服从规范,认为免受处罚的行为都是对的、好的,遭到批评指责的事都是错的、坏的。

(2)第二阶段:工具性的相对主义定向阶段

此阶段的儿童认为行为的好坏是按行为的后果来确定的,对自己有利就是好的,对自己不利就是不好的,没有主观的是非标准。这是一种具体的个人主义观念。

2. 习俗水平

习俗水平在小学中年级以上出现,一直到青年、成年。其特征是个人认识到团体的行为规范,进而接受并付诸实践。这时期又可分为两个阶段。

(1)第三阶段:人际协调的定向阶段

此阶段的儿童顺从传统要求,附和大众意见,期望得到别人的赞许,从而按照人们所说的"好孩子"的标准来约束自己的行为。

(2)第四阶段:维护权威或秩序的定向阶段

此阶段的儿童服从团体规范,严守公共秩序,尊重法律权威,他们在这一阶段的是非判断已有了法制观念,但把规范看成固定不变的。

3. 后习俗水平

后习俗水平已经超越了现实道德规范的约束,达到了完全自律(自己支配)的境界,至少是青年期人格成熟之后才能达到这种境界。这个水平是理想的境界,成人中也只有少数人才能达到。这一时期也可分为两个阶段。

(1)第五阶段:社会契约定向阶段

处于这一阶段的人有强烈的责任心与义务感,尊重法制但不囿于法律条款,相信它是人定的,不适于社会时理应被修正。

（2）第六阶段：普遍道德原则的定向阶段

处于这一阶段的人有其个人的人生哲学，对是非善恶有其独立的价值标准，认为事有所为有所不为，不受现实规范的限制。

皮亚杰和科尔伯格从认知发展的角度，揭示了儿童的道德认知发展的基本历程，许多跨文化研究已证实了皮亚杰关于儿童道德认知从效果论到动机论，从客观责任到主观责任，从受外部权威控制到受内部道德原则支配，从他律到自律，从道德实在论到道德主观主义的发展阶段具有一定的普遍意义，而科尔伯格所描述的阶段比皮亚杰更加具体、细致，反映了一些道德认知的社会内容，因而更具有现实意义。

【微课】
吉利根的关怀
道德理论

### （三）精神分析学派的观点

品德是个性（人格）的一个方面，在讨论道德心理发展时，我们不能不介绍弗洛伊德的个性理论中有关道德的重要概念。弗洛伊德认为，个性是一个整体，由彼此相关的本我（id）、自我（ego）和超我（super-ego）构成。这三部分相互作用形成的内部动力，支配着个体的行为。在个体行为中，道德行为的原动力来自超我的支配。

本我是个性结构中最原始的部分，包括一些生物性或本能性的冲动，弗洛伊德称之为"力比多"（libido）。在力比多的冲动之下，个体寻求即时的满足，没有任何自制力，遵循"快乐原则"。所以，完全由本我支配的行为，只是冲动，毫无道德可言。初生婴儿的行为即属于此类。

随着年龄的增长，个体与环境中的人、事、物发生交互作用，在本我之外增加了自我成分。本我只是冲动，追求满足，但因外在限制，未必能够实现。自我遵循"现实原则"，既要满足本我的本能需要，又要控制、压抑其冲动，使它只能获得现实许可的那些快乐和满足。

超我是从自我中分化出来的，是对自我的监督，它遵循"道德原则"，具有支配个体趋向社会规范的力量。超我的监督作用是通过自我理想和良心实现的。自我理想规定了自我应该做什么，它通过奖励形成。当儿童的表现与父母的道德标准相吻合时，父母就给予肯定和奖励，这些标准就逐渐构成了儿童的自我理想。良心规定了自我不应该做什么，它通过惩罚形成。当儿童的表现与父母所鄙弃的道德观念相一致时，父母就给予惩罚，从而使儿童在心灵上受到责备。

弗洛伊德认为，儿童道德发展的过程是一个逐步内化的过程。父母很早就向儿童提出了社会化的要求。儿童将父母的批评和社会的批评内化成超我，俗称"良心"。超我或良心代表了"内化了的父母"，它相当严厉且具有惩罚性。良心的发展可以帮助儿童在父母不在眼前时也能让道德规范起作用，抵制外界的诱惑。如果个体的行为违反了超我的意向，就会感到自责和内疚的心理压力。

新精神分析学派的代表人物埃里克森对人格与品德的发展做了进一步的解释和必要的修正。埃里克森不再只是强调心理性欲的发展，而是重视人格的心理社会发展。同时，他非常强调自我在人格结构中的作用。自我是过去经验和现在经验的综合体，它能够把个体的内部发展和社会发展两方面结合起来，引导本能向合理的方向发展。他认为，健康的自我是创造性的自我，能够对人生发展的每个阶段所产生的问题加以创造性地解决。埃里克森把人格的发展分为八个阶段，每个阶段都有可能出现相应的危机，对此我们已经在第二章中做了介绍，此处不再赘述。

#### （四）班杜拉的道德行为的学习理论

本书在学习理论部分介绍过班杜拉的社会学习理论，这里谈谈他在品德方面的研究。班杜拉等人主要采取实验来研究品德形成问题。班杜拉对品德问题的基本观点是：道德行为的决定因素是环境、社会文化关系以及各种客观条件、榜样和强化等。他认为只要利用一定的条件与方法，奖励学生的适当行为，就有助于学生良好行为的形成与发展。

班杜拉的赏罚控制实验表明，当行为合乎道德标准时，给予奖赏，以期学生在同样情境重现时能出现同样的行为；当行为不合乎道德标准时，给予惩罚，使学生从害怕惩罚到学会逃避惩罚，从而建立道德。

## 第二节 品德的形成及其培养

### 一、品德的形成过程

品德的形成过程经历了从外到内的转化过程，它是社会规范的接受和内化过程。这种内化过程大致经历了社会规范的依从、认同和信奉等三个阶段。

#### （一）依从

依从即表面上接受规范，按照规范的要求来行动，但对规范的必要性或根据缺乏认识，甚至有抵触情绪。依从具有一定的盲目性和被动性，个体对规范所要求的行为缺乏足够的了解，只是迫于权威或情境的压力才遵从了规范。因此，依从水平上的规范也是最不稳定的，一旦外部监控和压力消失了，相应的规范行为就可能会动摇和改变。依从是品德形成的初级阶段，也是进一步内化的基础。

#### （二）认同

认同比依从更深入了一层，简单来说，认同是对自己所认可、仰慕的榜样的遵从、模仿，个体在思想、情感和态度上主动地接受了规范，从而试图与之保持一致，这已不简单是因为外部压力。认同具有自觉性和主动性，虽然学习者对规范的必要性的认识还有不足，但他已有明确的行为意图，团体的规范对学生具有一定的吸引力和感染力。相应地，认同水平的规范已经具有一定的稳定性，认同是品德形成的深入阶段。

#### （三）信奉

信奉是品德形成的最高阶段，学生对社会规范及其价值原则有了深刻的理解，并持有积极的情感体验，使之成为自己的一种信念，与已有价值观念一体化。这时，学生所做出的规范行为是由自己的价值信念所驱动的，而不是因为外界的压力所控制。当个体按照自己的价值标准做出行动时，他就会感到满意和快乐；当做了违背自己的价值信念的事情时，他就会感到内疚，受到良心的责问。对规范的信奉具有高度的自觉性和主动性，因而成了稳定的品德。

可见，德育要从道德行为的纪律约束和外部控制开始，但不能仅仅停留在表面的依从水平上。品德是学生作为活动主体所具有的自觉的、自主的品质，而不仅仅是对规范的"亦步亦趋"或"阳奉阴违"。教师需要引导学生对规范及其价值原则进行思考、分析和判断，促进规范的认同和信奉，否则就没有真正完成品德的建构。

## 二、影响品德形成的因素

影响学生品德形成的因素极其复杂，归纳起来有环境因素和自身因素两个方面。环境因素包括家庭、社会环境、班集体与同辈团体等，自身因素包括学生本人的智力、个性、学业水平等。下面仅就其中一些重要因素进行分析。

### （一）家庭

家庭环境包括家庭教养方式、父母的道德观念、人员构成等。它对学生品德的形成和发展起着奠基的作用。

首先，家庭教养方式会影响儿童品德的发展。按照家长对子女的控制程度的不同，家庭教养方式可以分为放纵型、民主型和权威型。信任、民主、宽容的作风与儿童的优良品德之间具有正相关，过分严厉、过分溺爱都不利于儿童良好品德的形成。

其次，父母的道德观念会影响儿童品德的发展。父母的道德观念会体现在他们待人接物的方式和态度中，而父母是儿童最早的认同和模仿的对象，儿童会以观察学习的方式受到父母的影响。

最后，家庭人员构成与儿童品德的发展也有一定的关系。孩子和父母两代人一起生活的家庭被称为核心家庭，孩子和父母以及爷爷、奶奶（或外公、外婆）三代人一起生活的家庭被称为直系家庭。由于儿童容易获得祖辈的溺爱，一般来说，核心家庭比直系家庭更有利于孩子的品德培养。

### （二）社会环境

社会风气对儿童品德的形成和发展具有重要影响。随着学生年龄的增加，他们与社会的接触也越来越多。由于儿童好奇心强，喜欢模仿，对社会信息敏感，社会风气对他们品德的影响也就越来越大。社会风气有着广泛性、复杂性等特点，学生尤其是小学生的识别能力较差，他们往往自发地、偶然地、不知不觉地接受社会的影响。他们既可能接受社会上积极因素的影响而形成良好的品德，又可能受到消极因素影响而形成不良行为。由于消极的社会风气的影响，学校德育出现了"5＋2＝0"的怪圈，即学生在学校受到了5天的正向影响，在周末2天受到了来自社会的负向影响，而后者却在结果上抵消、抹杀了德育的效果。

电视、书刊、网络等构成的大众传媒对儿童的成长正在产生着越来越深刻的影响。有研究表明，在其他社会条件相同的条件下，常观看暴力电影的学生比其他学生表现出了更多的攻击性行为。

### （三）班集体与同辈团体

良好的班集体对儿童的品德发展具有重要意义。如果一个班级内有良好的师生关系，同学和睦融洽，有凝聚力，有明确的纪律规范，这种班风就构成了一种无形的影响力，对那些品德不良的学生构成了一种压力，同时又提供了很好的榜样，让这些学生及时纠正自己的不良品德。

随着儿童青少年的成长，一些小伙伴会因为共同的兴趣爱好、共同的活动而形成相互交往、彼此接纳的同辈团体，这构成了在父母和老师之外对儿童青少年极具影响力的又一种因素。伙伴之间常常会相互模仿、相互感染，既可能使好的习惯和品德得以推广，也可能使不良的思想行为得以蔓延。教师需要积极引导儿童青少年中的同辈团体更多进行积极向上的、有意义的活动，自觉抵制不良习气的影响。

### （四）自身的智力水平

智力水平与品德之间的关系非常复杂。有人对 500 名有法庭记录的失足青少年的智商进行了测量，发现他们的智商分布与随机抽样的儿童的智商分布很相似，但他们的平均智商低 8—10 分。而且，相对而言，在这些青少年当中智商低的人比较多，智商高的人较少。但是，在智商全距的各个水平上都有失足青少年，这就是说，他们中既有智力超常者，也有智力低下者。一个智力较高的人，不见得就有积极的道德取向，而且，一旦他们形成了不良的品德，高智力反而会促进其恶性发作。

### 三、品德培养的途径与方法

#### （一）道德认知的提高

道德认知是品德结构中的引导性要素，德育必须使学生对基本的道德认知、道德准则形成正确的理解，并提高学生的道德分析判断能力。

1. 言语说服

教师要经常通过言语讲解和说服使学生理解和接受一定的道德认知和道德准则（社会规范），在这个过程中，还要注意以下几个方面。

（1）单面论据与双面论据

在讲解某种道德观念或准则时，应该只提供正面的论点和证据，还是应该同时提供不同规定和反面的论据？社会心理学家霍夫兰德（C. L. Hovland）发现，对于受教育程度高的人来说，提供正反两方面的论据更易于使他们信服；对于受教育程度低的人来说，只提供正面论据更好。这可能是因为后者的理解力比较差，难以对正反论据做出恰当的分辨和判断。由此看来，对低年级的学生来说，教师可以只提供正面论据，而对于高年级学生来说，教师可以考虑同时提供正反两方面的论据。

但另有研究表明，教师如果在提出自己的观点之后，学生没有产生相反的观点，则教师只提供正面的观点和材料有助于学生形成肯定的态度；在这种情况下，教师再提出反面观点和材料，就会引起学生对反面材料的兴趣。从说服的任务和效果看，正面的观点和材料能在短时间内见效，解决当务之急的问题，而同时提供正反两面的论据和资料则更有利于培养学生长期的辩论思维。

（2）以理服人与以情动人

在向学生说明某种道理时，教师有时需要以理服人，即用严密、有条理的论证来说明；有时则需要以情动人，即在说明中带有强烈的情绪色彩，以情绪、情感来打动学生。从心理学的研究来看，带感情色彩的说服更容易立竿见影，但这种影响往往不能持久。另外，对于低年级的学生来说，富有感情色彩、生动感人的说服内容更容易产生影响，而对高年级学生而言，充分说理、逻辑性强的说服内容更为有效。

2. 小组道德讨论

小组道德讨论，即让学生在小组中就某个有关道德的典型事件进行讨论，以提高他们的道德判断水平。这是基于科尔伯格的道德两难判断而设计的德育模式。小组讨论的内容一般是能引起学生争议的道德两难故事，通常根据学生在家庭和学校中遇到的人际或群体之间各种权利义务的矛盾冲突关系，编成一个个的道德情境故事，也可以是各种媒体报道的一些社会道德问题。下面这则实例就反映了中学生在日常生活中面临的道德两难问题[①]。

学生乙提出了如下问题:

有一天,我与好友小张一起放学回家,半路上碰到同校低年级的一位同学。小张上前先是向小同学借2元钱买冷饮。在小同学表示不愿意之后,小张就威吓小同学说:"不借我就打你。"小同学出于无奈只得拿出2元钱给了小张。当时我曾想到劝小张,不应该强迫小同学,但我又怕伤了自己与小张的感情。再一想如果吵起来,说不定小张也会打我。那时我真不知该怎么办。

同学议论:

A. 应该帮小同学,不能让小张得逞。
B. 即使小张不理睬你甚至打你,也应该挺身而出。
C. 告诉小张,这是敲诈行为,违反了中学生守则,要受学校处分的。
D. 如果小张不听劝,第二天就告诉老师。
E. 告诉老师后,小张肯定会知道的,就可能会恨你,你会失去一个好朋友。
F. 这种人根本不应该与他交朋友。
G. 既然小张是你的好朋友,就应该帮助他,不能疏远他。应该与他说清道理,让他向小同学道歉,改正错误。

小组内的成员最好是具有不同道德判断、思想认识的学生,这样,他们就可以面对不同的观点。在小组讨论中,教师具有重要作用。他应该了解学生道德发展的有关理论,能启发学生积极地思考,做出判断,进行交流辩论。教师也要鼓励学生考虑其他人的意见,协调彼此的分歧,就像"精神助产士"那样循循善诱,帮助学生通过讨论提高他们的道德判断能力。

**(二)道德情感的培养**

1. 移情能力的培养

在人际交往中,人们会在感情上彼此沟通、相互分享。移情(empathy)是个体由真实或臆想的他人情绪、情感状态引起的与他人一致的情绪、情感体验,是一种替代性的情绪、情感反应,是一种无意识的、有时又十分强烈的、对他人的情绪状态的体验。移情作用是维系积极的社会关系、促进亲社会行为的重要因素,是人们内心世界相互沟通的桥梁。当看到他人处于困难、痛苦境地时,个体是否会做出帮助他人的行为,这依赖个体是否能知觉并体验到对方的情绪体验。如果对对方的痛苦情绪毫无知觉,他就可能冷漠无情,置之不理。

通过移情训练,学生可以更为敏感地知觉到在想象的或真实的社会情境下他人的情绪、情感状态,并唤起相应的情绪反应模式。这样,当发现别人处在困难的、不良的境地时,他们更可能设身处地去感受别人的心理反应,这便更有可能做出帮助他人的行为。

发展移情能力可以从以下几个方面着手。①表情识别:即通过对方的表情来判断对方的态度、需求和情绪、情感体验,这可以通过照片、图片等来训练。②情境理解:理解当事人的处境,从他的处境去感受他的情绪体验,考虑他需要的帮助。这可以用故事讨论的形式,让学生分析故事中的人物的处境和体验。③情绪追忆:针对一定的情境,通过言

---

① 李伯黍,岑国桢.道德发展与德育模式[M].上海:华东师范大学出版社,1999:46-47.

语提示唤醒学生以往与此有关的感受，并对这种情绪体验产生的情境、原因、事件进行追忆，加强情绪体验与特定情境之间的联系。这样可以以自己切身的体验来理解他人的感受。

2. 羞愧感

羞愧感是当个体认识到自己未能成功地以较好的方式思考或行动时而产生的痛苦的情绪。有人通过实验研究了产生羞愧感的条件，如儿童对自己的哪些行为感到羞愧，在哪些人面前感到羞愧，哪个年龄会受舆论的影响等。实验设计了一些可以引起儿童羞愧感的情境。比如，将儿童领进房间，让他玩一些玩具，告诉他有一个玩具是别人的，不能动，当儿童按捺不住，打开这个玩具的包装时，就将他带出房间，观察他的情绪反应。实验结果表明：儿童只有形成了个人自尊感，理解了自己的各种品质（首先是那些优良品质），才能认识到自己的过失和错误，才能从道德角度对自己做出评价，才会懂得哪些行为引起了成人不好的评价，并为之羞愧；3岁儿童已出现萌芽状态的羞愧感，但这种羞愧感并不是由于认识到自己的过失而产生的，而是由于成人带有责备和生气的口吻产生的，他们还没有从惧怕中摆脱出来，并且，其羞愧感全部表露在外；学前期儿童已不需成人的刺激，能自己认识到行为不对而感到羞愧，惧怕感与羞愧感可以分开；小班和中班儿童只在成人面前感到羞愧，大班儿童在同伴面前，特别是本班同伴面前也会感到羞愧，这表明集体舆论已越来越重要；随着年龄增长，儿童羞愧感的范围在不断扩大，而且，越来越社会化，但羞愧感外部表现的范围在缩小，对羞愧感的体验在加深，儿童还会记住产生这种情绪的条件，以后遇到类似情境时便会努力克制可能导致重犯错误的行为和动机，将成人的要求逐渐变为自己的要求。研究者最后认为，儿童羞愧感的产生意味着儿童的个性正在发生变化，当羞愧感成为个性中一种稳定的东西时，就会改变个性的结构。

在培养和塑造学生的道德行为时，应当看到每个学生都有积极肯定自己、希望得到他人表扬的强烈愿望，这是学生得以遵守道德规范和法制的条件之一。面对学生消极的、不符合社会道德的行为，教师不能采用简单的比较法或过于严厉的批评，而要就事论事、对事不对人，使学生感到自己只是在某个具体行为上不符合社会要求，要调动学生自身的积极性来克服不良行为。

（三）道德行为的获得

关于道德行为的获得，班杜拉认为，道德行为的决定因素是环境、社会文化关系以及各种客观条件、榜样和强化等，只要利用一定的条件与方法，奖励学生的适当行为，就有助于学生良好行为的形成与发展。

班杜拉指出，行为（包括道德行为）可以通过观察学习而获得，也可以通过观察学习而改变。在学生生活的环境中，对他产生影响力最大的人所表现的以身作则（即"身教"）具有重要作用。这些人中，父母、教师、同学等，都是学生直接接触到的；电视、电影、故事、小说等资料中的人物，也可以成为学生行为的榜样。只要是学生喜欢的人，只要这些人在行为上表现的特征能够引起学生羡慕，学生就会模仿。我们常说的"耳濡目染"与"潜移默化"，正好说明了学生通过模仿学习社会行为的历程。经过这样的历程，学生可以不知不觉地学习各种行为。但如果环境中缺乏足以"身教"的榜样人物，学生也可能经过这样的历程学到不合乎道德或违反道德的行为。

观察学习既有赖榜样的示范活动，也有赖学生通过观察在自己头脑中形成榜样行为以及有关背景的表象。这样，只要处在类似于榜样的行为情境时，学生就会做出与榜样相似的行为反应。

通过观察学习，学生的道德行为受到榜样行为的多种影响，这些影响概括起来有以下几个方面。①形成新的行为：学生通过对榜样行为的观察学习直接建立新的行为。②消退已有的行为：通过榜样的替代性作用，学生也可以消退已经形成的行为反应。③抑制已有的行为：通过榜样的替代性作用减小学生已有行为出现的概率。④解除对已有行为的抑制：在榜样的替代作用下，已被抑制的行为也可以得以解除。

社会学习理论认为，需要运用赏罚的办法培养学生对品德行为的观察和模仿，这在前面已经介绍过了，此处不再赘述。

抗拒诱惑是道德社会学习论的基本概念。班杜拉等人认为，生物界弱肉强食的现象说明有机体为了生存，必须在环境中寻求满足其生存的东西。如果人类只保持生物性的求生本能的话，就谈不上道德。作为社会中的人，我们必须有组织、有规范、有纪律，因为要在社会中求得生存，必须学会求生的方式：满足自己的需求同时又不违反社会的约定。抗拒诱惑是针对后者而言，就是在具有诱惑力的情境之下，个人能依据社会规范的禁忌，对自己的愿望、冲动等行为倾向有所抑制，使自己在行动上不致做出违反社会规范的行为。道德意味着自我控制，抗拒诱惑实际上就是依据所学的社会规范在生活情境中约束和控制自己的行为。

【链接】
惩罚可以抗拒诱惑

**（四）综合性的培养方法**

1. 角色扮演

在一个社会中，不同的人有不同的角色，父母、孩子、老师……不同的角色具有相应的地位和身份，人们对不同的角色有相应的期望、要求和评价标准。角色扮演是指让学生在团体的活动中扮演一定角色，按照相应的角色规范进行活动。比如，让不太关心班集体的学生在班中担当一定的职务。在担当一定的角色的过程中，学生可以充分理解这一角色的规范要求，感受相应的情绪体验，练习相应的行为方式。而且，这可以进一步改变别人对他的印象，也改变自己对自己的评价和印象，从而导致整个行为系统的改变。

2. 群体约定

经过集体成员讨论决定的公约、规则有助于学生形成积极的态度。由于各个成员参与了规则的讨论和决定，每个人都对规则负有责任，这会增加规则的约束力。而且，群体中意见高度一致，行为取向一致，这会形成一种无形的规范力。一般认为，教师引导学生集体讨论、集体决定的过程包括七个步骤。①清晰而客观地介绍问题的性质。②帮助班集体唤起对问题的意识，认识到改变的必要性。③清楚而客观地介绍需要形成的新态度。④引导全体学生讨论改变态度的具体方法。⑤使全体学生同意把计划付诸行动，每位学生都承担执行计划的义务。⑥学生在执行计划的过程中改变态度。⑦引导集体对已经改变的态度做出评价，使态度进一步概括化和稳定化。如果未能达到预期的改变，不要责怪学生，只能强调计划有缺点，要鼓励学生再从④开始，重新制订计划。

3. 道德自律

品德培养应该使学生达到道德自律的水平，即能按照自己内在的价值标准来评判自己的行为，从而规范自己做自己认为应该做的事，避免自己做那些不应该做的事。自律行为大致包括三个主要的环节。①自我观察：个人对自己的所作所为的觉察。这可以是在活动过程中的自觉，也可以是事后的反省。可以让学生自己写日记，记录自己何时何地做了何种不当行为。②自我评价：在自我观察的基础上，个体根据自己的行为标准来评判自己的行为，看自己的所作所为是否符合自己的道德标准。③自我强化：在对自己的行为做了自我评价之后，在心理上对自己的行为做出奖励或惩罚。对自己正确行为的自我肯定和奖励可以产生满足感和欣慰感，而对自己不当行为的自责可以引起愧疚感，从而告诫自己以后改进。

曾子说："吾日三省吾身。"这种自省的确是通向完美人格修养的重要途径。德育应该引导学生主动地进行道德反省，培养他们的道德自律能力，把品德学习与人生观、价值观的发展联系起来，与健全人格的塑造联系起来，使学生形成独立、进取、开放、接纳、宽容、仁爱的个性。

## 第三节　学生的不良行为及其矫正

学生的不良行为主要是指学生经常违反道德准则或犯有较严重的道德过错，有的甚至处在犯罪的边缘或已经有轻微的犯罪行为（或称准犯罪水平）。

### 一、学生不良行为的分类

学生的不良行为可分为过错行为和不良品德行为两种。这两种问题行为既有区别又有联系。在学校生活中，区分学生的过错行为和不良品德行为是经常遇到的必须解决的重要问题。如果将学生的过错行为视为不良品德行为，就会将问题看得过于严重。反之，如果将学生的不良品德行为混同于过错行为，也会将问题看得过于轻率。以上两种情况都可能导致使用教育措施不当。只有正确区分，才能进行正确教育。

#### （一）学生的过错行为

学生的过错行为是指学生个体或群体所发生的违反校纪校规的行为。它会给家长、学校带来麻烦，也容易转化为不良品德行为，成为妨碍学生身心健康发展的隐患。过错行为具有盲目性、情境性、偶然性、情绪性、易变性等特点。由于缺乏明确的道德意识，道德观念不强，道德知识经验不足和认识水平较低，在不良的需要或情绪、好奇心、好动、试探和模仿等心理因素的驱使下，学生可能偶然地采取了错误的行为方式而导致了过错行为。学校教育实践表明，在学生的生活中，过错行为是大量存在的，特别是那些校风、班风较差的学校、班级，此类行为尤为严重。若不及时纠正学生的过错行为，任其发展，则容易发展为不良品德行为，甚至会使少数人走上违法犯罪的道路。

【微课】
攻击行为

#### （二）学生的不良品德行为

学生的不良品德行为是指学生个体或群体由错误道德意识支配的、严重违反道德规范、损害他人或集体利益的行为。它具有一贯性、严重性、有意性、倾向性等特点。在学校生活中，品德不良的学生虽然人数极少，但其消极作用大，经常干扰学校的教育和教学工作，有的学生甚至走上犯罪道路。面对这种情况，教师应该重视并采取积极有效的教育措施，努力做好品德不良学生的思想转化工作，尽可能帮他们把不良品德行为矫正过来。

## 二、学生不良行为的原因分析

学生的品德是在一定客观条件的影响下，通过内部心理活动的作用而形成的。学生不良行为的形成，离不开家庭、社会、学校和学生个人因素的影响。例如，有的学生家长本身就是坏榜样，或纵容孩子的一些错误行为，这时，从家庭找原因就比较容易。而有的家长本身表现不错，对孩子也有要求，为什么孩子会"失足"？这就要具体分析了，要从学生个体的微观社会环境中找出消极因素，看它是如何通过个体的主观因素而起作用的。

### （一）微观社会环境中的消极影响

1. 家庭的不良影响

家庭环境中不良因素的消极影响大致有以下两个方面。

（1）家庭结构不良因素的消极影响

在我国的社会生活中，家庭结构的不良因素大致包括以下几个方面。①家庭自然结构的破坏：由于家庭中缺父或少母以及父母离异等情况的存在，孩子在家庭生活中得不到应有的教育和关爱而产生不良行为。②家庭关系结构的破坏：家庭成员存在着生理、社会、心理三层关系，其中一层关系的损害往往导致其他两层关系的裂痕。家庭关系的破裂或冷淡对子女将会产生不良影响。③家庭意识不良：有的家长思想观点不正确，整天在家中发牢骚、说怪话，散布对社会的不满情绪，孩子在家中耳闻目睹家庭成员的错误言论和恶习，受其不良影响而产生不良行为。④家长的不良性格：如有的家长修养差，行为粗鲁、满口脏话；有的家庭家风不正，酗酒、赌博、吸毒、偷窃、腐化；有的家长思想迷信，装神弄鬼；有的家长极端自私，损公肥私等，孩子受其不良影响而产生不良行为。

（2）家庭教育功能不良的消极影响

家庭教育功能不良主要表现为以下几个方面。①家庭教育条件与水平较差。例如，有的家长受教育程度不高，对子女教育不重视，或教育子女的时间不多，有的家长甚至从不过问子女的情况。②错误的教育态度与方式方法。如有的家长过分溺爱孩子、庇护孩子，认为孩子长大了就会自然"懂事"，他们持一种"任其发展"、养而不教或重养轻教的态度。这种家长只重视满足子女的物质需要而忽视其思想品德的教育，甚至连最基本的生活技能也不教。③有的家长重智轻德，忽视子女的身心健康。他们整天忙于检查子女的作业，聘请家庭教师帮助子女学习，致使部分孩子视学习为苦差，千方百计地想逃离家门，躲避学习的沉重负担。即使学习成绩良好的学生，在这种家庭气氛中也是无精打采，筋疲力尽。④家庭教育态度不一致，要求不一致，致使孩子无所适从。这种现象往往发生在直系家庭中，祖辈和父辈的意见不一致，有时也表现为核心家庭中的父亲和母亲的教育态度不一致。这种家庭教育态度的不一致或导致孩子对道德准则的认识困惑，或让孩子学会见风使舵，以求庇护自己。⑤有的家长对子女宽严失度，方法不当。时而管教不严，错把庇护当爱护；时而管教过严，错把粗暴当严教。这是一种最值得重视的情况。有的家长最初溺爱、袒护孩子，等孩子出现不良行为后又采取极端粗暴的态度，轻则咒骂，重则毒打，没完没了。许多青少年失足与此有关。最初是父母的时时夸赞，周围人们的称赞，使之产生唯我独尊、目中无人的态度。等到孩子出现问题后，父母感到脸上无光，便对孩子进行无情地打骂。子女从对错误观念的"合理感"未经任何思想上的转化突然变成了"犯罪"，成为周围人谴责的对象，随即引起了孩子心理上剧烈的矛盾及冲突，产生了对抗心理和逆反心理，从而越陷越深，甚至走上犯罪道路。

2. 学校教育的某些缺陷的不良影响

学校教育上的缺陷主要表现为以下几个方面。

① 某些教师缺乏正确的教育思想，"自我中心倾向"严重，对学生不能一视同仁。为了片面追求升学率，把一部分基础不好的学生推向家庭或社会，集中精力"保"基础好的学生过高考关或中考关，千方百计地帮助他们升入重点大学或重点中学。而对那些基础不好的学生或自己不喜欢的学生往往进行体罚或变相体罚，讽刺挖苦或刁难他们，以致这些学生产生不良行为的概率提高。

② 学校教育与家庭教育脱节，互不沟通，互不配合，各行其是，削弱了教育的力量，甚至相互抵消。

③ 有少数教师本身缺乏师德，或者品德不良，他们给学生带来了直接的不良影响。

④ 学校的各种压力，如升学压力、考试压力、名目繁多的竞赛和评比的压力等，引起了学生过度的焦虑与挫折，从而产生不良行为。

⑤ 有些教师对学生或家长的要求过高、过严、过急，忽视了学生的年龄特征和个性差异，忽视了他们的心理需要和人格尊严，无节制地加大他们的精神压力，造成他们的对抗心理而产生不良行为。

3. 社会环境中消极因素的不良影响

社会环境中消极因素的不良影响主要包括：社会上各种错误的思想、不良风气、社会文化生活（如文学艺术作品、影视作品、社交网络等）中不健康因素的影响；社会上具有各种恶习的人的影响，尤其是坏人的教唆；学生群体亚文化与同辈的不良影响等。游离于犯罪边缘、行为异常的青少年小团伙对一些不良倾向的青少年具有极强的影响，它是犯罪团伙的低级预备阶段。许多青少年之所以出现不良行为，往往是因为进入了这种小群体。

（二）学生不良行为的内部心理原因

1. 中小学生的一般心理特点

中小学生的心理发展是处在不成熟到成熟的过渡阶段，他们共同的心理特点包括以下几个方面。

① 他们正处在迅速社会化阶段，未定型、可塑性大。他们既可以接受正确教育而把自己塑造成符合社会要求的人，又可以接受错误思想的影响而成为违反社会要求的人。

② 他们自我意识能力差，因而"抗腐蚀"能力差，容易受到外部条件的诱惑和熏染。

③ 他们既有独立自主的强烈愿望，又乐意成群结队。如果他们加入了积极型非正式群体的活动，那么就会受其积极影响而健康成长。反之，若加入了消极型非正式群体或破坏型非正式群体（又称犯罪团伙），必然受其不良影响而变坏。

④ 他们重感情、易激动。由于他们的认知能力较差，明辨是非的能力不强，再加上缺乏必要的社会生活经验，所以他们不够理性，以理智控制自己的情感往往显得不足。在待人接物上，常常表现为自以为是，凭感情办事。此外，他们还具有强烈的好奇心和盲目模仿的心理等。

2. 不良行为者的心理特点

不良行为者的心理特点包括以下几个方面。

① 错误的道德观念。不良行为者的道德认知还不明确、不稳定，有时甚至产生错误的道德认知。例如，认为"勇敢"就是天不怕、地不怕，因而逞强、闹事、违反纪律。

② 异常的情绪表现。不良行为者大多被父母娇生惯养或粗暴对待，他们脾气大、易冲动，稍不如意就大发雷霆、火冒三丈，情绪波动大。

③ 明显的意志薄弱。意志薄弱几乎是中小学生的基本心理特点之一，一般不会构成大的坏影响，但如果意志过于薄弱，那就往往经不起环境中消极因素的诱惑和坏人的教唆。

④ 不良的行为习惯。不良的行为最初是偶然发生的，但若未能得到及时制止和矫正，侥幸得逞，这种不良行为就会同个人私欲的满足联系起来，经过多次强化，形成不良习惯，就会成为不良行为者继续产生不良行为的原因。

⑤ 不健康的个人需要。需要是人的行为的动力源泉，不健康的需要是导致不良行为发生的重要内部原因。例如，有的学生不切实际地追求物质享受而产生偷盗行为等。

### 三、学生不良行为的矫正

对学生的不良行为要及早矫正，在矫正时要以正面教育和疏导为主，教师在工作时要有诚心、细心和耐心，尤其要注意下列几点。

**（一）培养深厚的师生感情，消除疑惧心理和对立情绪**

犯错误的学生常常在心理上有一道防线，对别人存有戒心、有敌意，并心虚、敏感。此时，教师不要急于批评，而是要更加关心他、爱护他、信任他，使之深受感动。通过关爱来感化他，从而消除其心理防线。教育实践表明，只要师生感情深厚，对于此类学生的教育就会收到事半功倍的效果。

**（二）培养正确的道德观念，提高明辨是非的能力**

由于缺乏道德观念和正确的是非观，有的学生常常犯错误。虽然他们在道德知识、道德评价方面的接受能力还较差，过多的说教可能收获不大，但联系他们生活实际的说教还是能被他们理解和接受的。只要教师注意儿童身心发展的特点和接受能力的实际情况，进行有效的说服工作，还是能够帮助他们形成正确的是非观念和是非感的。

**（三）保护和利用学生的自尊心，培养集体荣誉感**

学生是生活在班集体之中的。犯了错误的学生在班集体中会受到集体规范的压力，从而产生自卑感。然而集体荣誉、集体感受、集体舆论、集体规范和集体目标等一系列涉及集体利益的因素都能促使他们觉醒，认识到自己行为的危害。因此，教师要充分利用集体的力量，和其他学生一起做他们的思想转化工作，帮助和鼓励犯错误的学生消除自卑感，培养自尊心，使其自爱、自重、自强，并在此基础上鼓励他们和同学一起，共同参加集体活动，培养其集体荣誉感。集体荣誉感一旦产生，集体的道德行为规范会内化为个人的行动指令，让学生产生自觉的行动。

**（四）锻炼与不良诱因进行斗争的意志力，巩固新的行为习惯**

有的学生之所以产生不良行为，固然有其内部错误的心理结构，但也与外部的不良诱因有关。可塑性的另一面就是易变性，正在改正错误的学生往往一遇到不良诱因就很容易故态复萌。因此，教师要有意识、有控制地进行信任性考验，锻炼学生与不良诱因斗争的意志力。

对于中小学生来说，培养良好的道德行为习惯是很重要的。在改变不良行为习惯的同时，教师需要帮助他们建立新的良好行为习惯。良好的行为习惯越巩固，不良行为习惯就越容易被矫正。因此，必须多鼓励、表扬，从而强化学生的良好行为习惯。

**（五）针对学生的个体差异，采取灵活多样的教育措施**

学生的个性不同，矫正的方法也应不同。有的学生流氓习气严重，有恃无恐，对待这类学生，教师要具体问题具体分析。如果他怕集体，有些行为就可以通过集体帮助的方式来解决，当然使用这种方法要十分谨慎；如果学生自尊心特别强，教师可以先容忍一下，等事过之后再个别谈心，促进其思想转化；有的学生需要冷处理，不予理睬，让他自己进行思想斗争；有的学生需要采取迂回的方法；还有的学生则要用正面引导的方法。

总之，矫正学生不良行为的办法和措施多种多样，切忌把有不良行为的学生看作罪犯，对他们实施"关、卡、压"的态度，而应把他们视为遭受病虫害侵蚀的花朵。只要教师真心地关爱他们，并进行精心的呵护，他们仍然可以在爱的阳光下放射出绚丽夺目的光彩。

## 本章概要

1．品德是个体依据一定的社会规范（或道德行为准则）做出某种社会行为时所表现出来的相对稳定的心理特征，是社会道德在个体身上的反映。品德由道德认知、道德情感和道德行为这三种心理成分构成。

2．皮亚杰认为，儿童的道德认知经历了前道德阶段、他律道德阶段和自律道德阶段三个阶段。

3．科尔伯格采用道德两难故事法进行研究，将儿童的道德认知发展划分为三种水平六个阶段：前习俗水平（惩罚和服从定向阶段，工具性的相对主义定向阶段）；习俗的水平（人际协调的定向阶段，维护权威或秩序的定向阶段）；后习俗水平（社会契约定向阶段，普遍道德原则的定向阶段）。

4．品德的形成过程经历了社会规范的依从、认同和信奉这三个由外向内转化的阶段。影响品德形成的因素主要包括家庭、社会环境、班集体与同辈团体和学生自身的智力、个性、学业水平等。

5．道德认知可以通过言语说服和小组道德讨论等方法来提高；道德情感可以通过移情能力和羞愧感的培养来培养；道德行为可以通过观察学习等方法获得。此外，还可以通过角色扮演、群体约定以及道德自律等方法培养学生的品德。

6．学生的不良行为可分为过错行为和不良品德行为两种。学生不良行为受家庭、学校教育、社会环境中的某些不良因素的影响。不良行为者的心理特点表现为错误的道德观念、异常的情绪表现、明显的意志薄弱、不良的行为习惯以及不健康的个人需要等。对学生的不良行为要及早矫正，在矫正时要以正面教育和疏导为主，教师在工作时要有诚心、细心和耐心。

## 思考题

1. 科尔伯格把儿童道德判断的发展分为哪些阶段？各有什么特点？
2. 如何通过小组道德讨论来提高学生的道德认知水平？
3. 试用班杜拉的社会学习理论来解释道德行为的获得。

## 推荐阅读

1. 陈琦，刘儒德. 教育心理学 [M]. 2 版. 北京：高等教育出版社，2011：第十二章.
2. 王振宏. 中学生品德发展与道德教育 [M]. 北京：高等教育出版社，2016.

# 第八章 问题解决与创造性思维

发展学生的问题解决能力是教学的一个重要目标。在现实生活中，个体不断地解决各种各样的问题以适应环境的挑战和要求。问题解决需要学生具备相关的基本知识和技能，包括概念、规则和原理等，但问题解决并不是这些基本要素的简单相加，它有着更为复杂的过程和机制。创造性思维作为一种高级的问题解决活动，一直受到教育界的重视。创造性思维的实质和过程是怎样的？如何培养学生的创造性思维？本章将围绕这些内容展开讨论。

## 本章结构

- 问题解决的性质与过程
  - 问题解决及其分类
  - 结构良好问题的解决过程
  - 结构不良问题的解决过程
- 问题解决能力的培养
  - 知识的深化与问题解决能力的培养
  - 一般性问题解决策略训练
  - 具体领域的问题解决策略训练
  - 教会学生解决问题
- 创造性思维及其培养
  - 创造性思维的内涵
  - 创造性思维的过程与方式
  - 影响创造性思维的主要因素
  - 创造性思维的培养方法

# 第一节　问题解决的性质与过程

## 一、问题解决及其分类

### （一）问题解决的含义

所谓问题，是指这样一种情境：人在做某件事、实现某种目标的过程中遇到一定的阻碍，暂时不知道通向目标的方法。问题解决（problem solving）就是克服、越过当前的障碍，寻找通向目标的方法的过程。问题会让人感受到某种程度的疑惑感，消除疑惑需要引发持续的思维活动，而问题解决就是通过一系列的思维活动来逐渐解除疑惑、得到明朗的理解的过程。

不管问题是简单还是复杂，解决问题所花的时间是长是短，问题的解决一般都涉及以下要素。①初始条件：指有关问题初始条件的一系列信息。②目标：指有关问题结果状态的描述。③障碍：指在解决问题的过程中会遇到的种种有待解决的因素。④解决方法：指问题解决者用来越过阻碍、解决问题的方法步骤。在解决问题的过程中，对方法的选择常常会受到一定条件的制约，如时间、资金等。

### （二）问题的分类

问题存在不同的种类，不同问题的特征、解法和解决过程有所不同。按照答案的标准性程度，可以把问题分为有唯一标准答案的封闭性问题和不存在唯一标准答案的开放性问题；按照问题出现方式的不同，可以把问题分为别人提出的问题和自己发现的问题；按照复杂程度可以分为简单问题和复杂问题；按照问题目标的不同，可以分为需要发现、检验规律的科学性问题和需要设计方案或产品的技术性问题；等等。这里我们介绍一种常见的、较为综合的分类：结构良好问题和结构不良问题。

1. 结构良好问题

【链接】
河内塔问题
与野人书生
过河问题

结构良好问题一般是定义明确的、封闭性的问题，它有两个基本特征。①问题的明确性：结构良好问题的目标很明确，问题解决者可以很确切地知道需要达到什么样的目标。结构良好问题的条件是明确给出的，而且问题的条件与目标之间具有对应性，所给的条件是解决问题所必需的，也是充分的。②解法的确定性：从条件通向目标的方法是确定的，有明确的算法规则，可以经过一定的推理转换得出，而且答案是唯一的，而不是模棱两可的。

在结构良好问题中，有一类问题被称为"谜题"（puzzle problems），这是较早的研究问题解决的认知心理学家所采用的问题，如著名的河内塔问题、野人书生过河问题等。这种问题解决需要通过一系列逻辑运算来达到问题的目标状态，不依赖个体的背景知识和具体经验。研究这种问题的学者并不关心问题解决的具体内容，他们只是为了揭示出个体在寻找解法时通常采用的认知过程和推理策略。这种问题明显不同于学校情境中与具体学科知识相联系的问题，与现实情境中的实际问题更是相去甚远，因而对教育的意义是很有限的。

学校情境中的结构良好问题一般都是与一定的知识领域相联系的。课本中的习题多为这类问题，比如，数学中的相遇问题：

张红和王亮从甲、乙两地同时出发，相向而行。张红每小时行 5km，王亮每小时比张红少走 1km，经过 3h 两人相遇。问：甲乙两地相距多少 km？

与"谜题"相似，这种问题也有明确的已知条件和目标，有明确的算法规则。不同的是，它是与一定的概念、规则或原理相联系的，这些领域知识决定了问题中各个要素之间的关系，限定了解决问题的规则。例如，在上述问题中，"速度 × 时间＝路程"决定了该问题中的关系和规则。为了解决问题，学习者要运用所学的知识，对问题情境加以分析，从而选择适当的操作，使问题的初始状态不断向目标状态转化，最终达到总目标。结构良好问题在学校情境中具有重要意义，但它常常与学校以外实际情境中的问题有一定的差距。

2. 结构不良问题

与结构良好问题不同，结构不良问题在结构上具有不明确性，在解法规则和答案上具有模糊性和开放性，它往往与某些概念原理密切地联系在一起。结构不良问题的一个或多个侧面是不明确的。例如，要在城市中新开通一条公交路线，这条路线是怎样的？再如，设计一堂好课，写一篇游记作文，等等。

另外，问题的初始条件也可能是不明确的，甚至是不充分的。相应地，这种问题的解法具有模糊性和开放性，常常没有可以预见的、唯一的标准答案，而是有多种解法和思路，从不同的角度来看，各种答案都有一定的合理性。结构不良问题一般也与一定的领域知识相联系，但又不限于某一个概念或原理，而是需要把一些知识综合起来。例如，如何治理空气污染，这就需要综合运用数学、物理、化学以及社会科学等知识。实际情境中的真实问题常常都是结构不良问题。结构不良问题常常与学生的生活密切相关，因而能激发他们的兴趣和探究欲。为了解决这种问题，学生要自己明确问题的目标，并确定解决问题所需要的信息和技能。

## 二、结构良好问题的解决过程

基于信息加工理论，研究者一般认为，结构良好问题的解决过程大致包括两个环节：理解问题和搜寻解法。综合有关模型，基克（M. L. Gick）提出了一个问题解决过程的模型（如图 8-1 所示）。根据这一模型，一般性的问题解决大致包括以下阶段：建立问题表征、搜寻解法、执行解法与评价。各阶段之间存在着动态的相互联系。下面以这一模型为基础，对结构良好问题的解决过程进行详细分析。

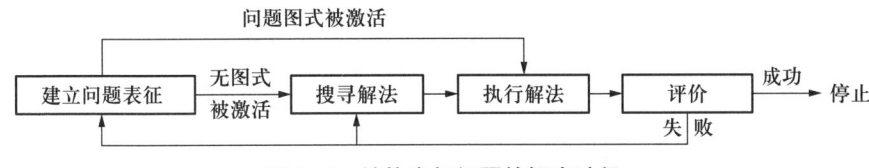

图 8-1　结构良好问题的解决过程

### （一）建立问题表征

解决问题首先要建立问题表征，也就是要理解问题的意思，澄清问题到底是什么。学生要分析问题的表述，明确把握问题的基本要点，包括问题的已知条件、所求的目标、各个条件与目标之间构成的基本关系以及可能的问题解决策略。值得注意的是，问题表征不是问题的客观的描述或存在形式，而是学生自己主动地建构起来的心理表征。在分析、理解问题的表述时，学生实际上需要激活、调动自己有关的背景知识，澄清问题中蕴含的基本要点和基本关系，明确问题的结构。

在以往解决问题的经验的基础上，学生会对各种问题的结构特征及其解法形成一定理解，这就在头脑中构成了各种各样的问题图式。例如，在学习数学应用题时，小学生要学习解决价格问题、路程问题、工作效率问题等，而这些问题中都存在"单一量 × 数量 ＝总量"的关系，因而又可以归为一类问题，即"三量关系"问题，它们在数量关系和解法上具有共通性，都涉及三个变量之间的相互转化，这就是关于这类问题的问题图式。再如，物理中的浮力问题，匀加速直线运动中有关加速度、时间、速度和位移的问题，等等，都是具有共同特征和基本关系的问题类型。在理解、分析某个问题时，学生会对照问题中的有关信息，在自己的记忆中寻找合适的问题图式，看当前问题是哪类问题。如果学生找到了完全匹配的问题图式，如课后的习题和刚学过的例题在结构上是完全相同的，那他就可以沿用该类问题的解法，直接进入执行解法阶段。

当然，学生在已有记忆中找不到与当前问题完全对应的问题图式时，就需要先搜寻解法。

**（二）搜寻解法**

基于上一环节所建立的问题表征，学生要通过一定的方法分析初始条件与目标之间的关系，从而找出达到目标、解决问题的方法、路线。而在寻找解法的过程中，学生可能需要重新理解问题的意思，调整对问题的表征。为了分析问题，找到解法。在此环节，学生可以采用以下策略。

1. 问题类比

面对一个问题，我们常常会想："我见没见过类似的问题。"回想起自己以前曾解决过的问题，把该问题的解决方法应用到当前的问题中，这是问题解决中经常采用的策略。例如，小学生先学习了运动双方共同走完一段路程的相遇问题，而后让他们解决两个人共同完成一项任务的工程问题，他们就可以采用这种类比的策略。在使用这种策略时，学生需要看到当前问题与以往解决过的问题之间的相似性，并能记起以前自己采用的方法。当然，学生也需要明确新旧问题之间的差别，从而适应当前问题，对已有的解决方法进行一定的转化和调整。研究表明，学生并不总能看到当前问题与以往问题之间的相似性，当给学生一些提示线索时，他们可以较容易地看到这种相似性，但如果不给他们提示线索，他们就难以联想起自己曾解决过的问题。所以，为了帮助学生解决问题，教学中可以给学生一些必要的提示。在采用类比策略寻找问题的解法时，尽管学生没有与当前这一问题直接相关的领域知识和直接对应的问题图式，但他可以通过相关问题的类比，将已有经验迁移过来，明显地体现了新旧知识经验之间的联系。因此，问题类比是搜寻解决方法的首选策略。在无法使用类比策略时，学生可以考虑采用下面的策略。

2. 手段–目的分析

手段–目的分析是指不断明确当前状态与目标状态之间的差距，并不断通过一定的运算操作来缩减这种差距，从而找到实现目标的方法。在采用这种策略时，学生首先明确目标的要点，找出目标状态与当前状态之间最主要的差距，而后选用一定的方法（手段）缩减这种差距，之后再找出遗留的主要差距，再设法缩减，直到完全解决问题。

例如，在学习文字处理软件时，教师给学生一页印好的广告宣传单，要他们使用相关软件进行模仿制作。这时，问题的当前状态是一些白纸，目标是一页广告宣传单，学生需要利用计算机、打印机来实现目标。目标与当前状态之间最主要的差距首先是文字内容，所以学生要选择一种输入法，先把相应的文字录入到计算机中。而后，当前状态与目标状态的最主要的差别是排版格式，学生要通过操作软件中各种命令选项来改变格式。之后，当前状态与目标状态的最主要的差别成了存在形式，即要从计算机屏幕转移到纸上，所以，学生还需要选择打印命令，进行打印。

手段－目的分析可以帮助学生把当前的运算、操作与问题的目标逻辑地、有意识地联系起来，从而形成合理有序的程序步骤，这对于需要多步操作的、较复杂的问题解决来说是很有意义的。但是，在使用这种策略搜寻解法时，学生需要不断地、有选择地把注意力集中在问题目标的某些侧面上，这会花费很大的心理能量，造成很大的认知负担。因此，这种策略常常会妨碍学生对问题的类型特征及其解法思路的意识和反思，不利于相应问题图式的建立[①]。

3. 问题分解

问题分解即把一个问题分解成若干小的子问题，再对各个子问题进行逐级分解，逐步简化，直到每个子问题都能解决，从而找到解决总问题的方法。例如，要解方程 $2x^4 - 4x^2 + 1 = 0$，它看起来是个很复杂的四次方程，但我们可以换元，令 $y = x^2$，从而把上面的方程化简成为 $2y^2 - 4y + 1 = 0$，这就是我们会解的一元二次方程了。与手段－目的分析策略类似，问题分解策略由于需要学生把注意力集中在问题的目标上，会造成额外的认知负担，干扰问题图式的获得。

4. 想法－检验

对于任何问题，我们都可以尽力想（"猜"）出各种各样的解决方案，然后逐一检验，看哪个方案是可行的。这是最通用但也最无力、最笨拙的方法，当对某个问题完全一无所知、一片茫然时，学生往往只能采用这种方法。

（三）执行解法与评价

在找到了解决问题的方法后，学生就要实际执行这种解法，看它能否解决问题，例如，列出应用题的算式，求出得数，并验证答案。这常常是一个反复尝试和检验的过程，如果一个解法不能奏效，学生就要调整该解法，或者寻找另外的解法。评价自己的解法和所得到的结果，找出其中所犯的错误，并由此对解法进行调整、修正，对于问题解决来说是很重要的，但对很多学生来说也是很困难的，教师在教学中应该鼓励学生反思自己的错误，从中找到改进的线索。

很重要的一点是，为了提高问题解决的水平，学生应该在解决问题之后对问题及其解法进行深入反思。学生应该对问题的特征有明确的意识，包括问题的情境、已知条件和所求目标，以及问题的表述方式，等等。学生也要反思问题的解法和解决过程，看什么样的解法是最好的，哪些解法是无效的，有哪些易犯的错误等。这样，通过有意识地把问题特征与问题的解法联系起来，学生就可以更好地建立相应的问题图式，从而提高解决相关问题的水平。

---

① SWELLER J. Cognitive load during problem solving: effects on learning [J]. Cognitive science, 1988, 12: 257-285.

### 三、结构不良问题的解决过程

早期的信息加工理论认为，结构不良问题的解决过程和结构良好问题的解决过程是基本相同的。但关于日常情境中实际问题解决的研究表明，结构不良问题的解决过程与结构良好问题的解决过程有明显的差别，前者的解决过程更是一种"设计"过程，而不是在一定的逻辑结构中进行的系统的"解法搜寻"。西诺特（J. D. Sinnot）对成人解决结构不良问题的过程进行了口语报告分析后发现，这种问题解决过程包含了大量的辩证思维活动，问题解决者需要自己来明确问题，创建问题表征，权衡问题的不同侧面，设计不同的解决方案，并对各种方案进行比较和衡量。[①] 在西诺特的基础上，乔纳森（D. Jonassen）把结构不良问题的解决过程总结为以下环节[②]。

#### （一）理清问题及其情境限制

在解决结构不良问题时，解决者常常首先要确定问题是否真的存在。有时，所寻找的信息实际上就隐含在情境中，只是我们一时没有察觉。其次，问题解决者要查明问题的实质。结构不良问题不是预先设置好的问题，它常常是在一定的情境或事件中自然而然地出现的，问题的条件和目标常常是不确定、不明朗的。为了解决问题，个体必须思考分析问题的背景信息，把握问题的实质。他要权衡各种可能的理解角度，建立有利于解决问题的问题表征。例如，在一个旅馆中，住在高层的房客常常抱怨电梯运行得太慢。对于这一问题，人们最直接的理解是"怎样提高电梯的运行速度"，而该旅馆的经理对这一问题的理解却是怎样减少房客在乘电梯时的"等待感"。所以，他让工人在电梯中装上了一面大镜子，把房客的注意力从"等待"上转移开。

在理清问题时，问题解决者需要反思自己已有的知识经验。针对当前的具体情境，他需要想：在这个问题中，我已经知道的事实有哪些？我有什么假定？我解决过与此相关的问题吗？我学过哪些有关的知识？我还应该查阅哪方面的资料？等等。结构不良问题不只是针对刚刚学过的知识点，它常常需要综合该领域的多个概念、原理，联系已有的各种具体经验。与结构良好问题不同，理解结构不良问题时需要的不只是对问题进行识别和归类，而且要对有关信息进行重新组织，对当前问题中的各种可能因素和制约条件进行具体分析。

#### （二）澄清、明确各种可能的角度、立场和利害关系

在解决结构不良问题时，只建立单一的问题表征是不够的。在初步理清了问题的性质之后，问题解决者还需要进一步考虑问题中的多种可能性，从多个角度、不同立场来看这一问题，在此基础上再把各个侧面、各个角度结合起来，看哪种理解方式最有意义，最有利于问题的解决。在选择理解方式和角度时，问题解决者需要分析问题中可能有的不同立场，权衡问题所牵涉的各方面的利害关系。这一问题情境都关系到哪些人？各方追求的目标分别是什么？他们都是怎样看待这一问题的？问题解决者需要全面考虑、协调各方之间的关系。例如，对于治理城市空气污染问题，其中涉及大量普通市民，他们希望能有最清新的空气；涉及交通车辆用户、车辆制造商以及造成空气污染的工厂等，他们也希望治理

---

[①] SINNOT J D. A model for solution of ill-structured problems: implication for everyday and abstract problem solving [M]// Everyday problem solving: theory and applications. New York: Praeger, 1989: 72-99.

[②] Jonassen D H. Instructional design models for well-structured and ill-structured problem solving learning outcomes [J]. Educational technology research and development, 1997, 45(1): 65-94.

污染，但又不希望有太多的额外开支；还涉及政府，既要保护环境，又要保证经济发展。不同的立场实际上反映了问题的不同侧面，这正体现了结构不良问题的基本特点，解决这种问题就需要对各个不同的侧面不断地进行反思判断。

### （三）提出可能的解决方法

在确定了各种不同的立场和理解方式之后，问题解决者就可以分别从这些立场和理解方式出发，看有哪些相应的解决方法。在解决结构良好问题时，我们可以更多地围绕着问题的目标来搜寻解决问题的方法，而在解决结构不良问题时，则更多需要从问题的条件和原因出发来推论问题的解决方法。对问题情境的不同理解会导致不同的解法和思路。

### （四）评价各种方法的有效性

结构不良问题通常没有唯一的标准答案，因此，解决这类问题实际上是要寻找一种在各种解法中最为可取的解决方案。问题解决者需要评价各种不同的解法思路的有效性，而这需要他们形成自己的判断，反思自己的基本假定和信念。对问题持不同的视角和观点，就会对解法有不同的判断和主张。问题解决者要澄清这些不同角度的主张，看自己同意什么，不同意什么，这实际上就是问题解决者形成自己的判断、得出最优解法的过程。问题解决者要为自己确定的解法提供证据，用有力的、充分的理由来支持自己的判断，为此，他常常需要预测某种方案可能导致的后果，事物、现象将会由此而发生怎样的变化，并说明做出预测所依据的证据和理由[①]。

### （五）对问题表征和解法的反思监控

所有的问题解决都需要元认知的监控，包括对解决过程的计划，对理解状况的监控，对解法的评价等。在结构不良问题的解决过程中，由于问题更为开放、更为复杂，监控过程就显得尤其重要，而且也更为复杂。首先，我们不仅要对自己的理解状态进行监控，而且会涉及我们的认识论信念，如人的认识、知识能不能解决所有问题？这些认识、知识是不是确定无疑的？这些认识论监控（epistemic monitoring）可以帮助我们澄清问题的实质，确定各种解法思路的局限性。这种监控活动在很大程度上依赖问题解决者已有的知识经验，包括各种具体的个人经验和概括的原理性知识。作为问题解决者，我们要反思自己学过的知识，并思考这些知识意味着什么，同时，又要从自己的思路中跳出来，看看其他人如何解决问题，从其他角度出发怎样理解这一问题。值得注意的是，对问题表征和解法的监控并不是一个独立的、在问题解决之后发生的活动环节，它贯穿在整个问题解决过程中。

到此为止，问题解决者已经形成了自己解决问题的方案。在教学中，很多问题不可能实际实施解决方案，如经营管理、建设规划等问题。所以，问题解决只能是形成解决方案而已。有些问题解决方案要想着手实施，还需要进行下面的环节。

### （六）实施方案并评价效果

在实际实施解决方案的过程中，问题解决者需要认真评价问题解决的效果，看它能否达到所期望的目标，能否满足不同方面的要求，能否在给定的条件（如时间、经费、人力等）下解决问题，以及是否还有更有效、更便捷的解决方案等。

---

① VOSS J F. Learning and transfer in subject matter learning: a problem solving model [J]. International journal of educational research, 1988, 11: 607–622.

### （七）调整解决方案

问题解决往往不是一次性完成的。问题解决者常常需要针对问题解决结果的反馈信息调整解决方案，或者改变理解问题的方式和思路。在通过实际检验找出自己认为最有效的方法后，问题解决者还需要反思解决问题的思路，看这种解决方法对其他问题的解决有什么启示，从这个问题中自己获得了什么新知识、新策略，这一点对于问题图式的获得以及问题解决水平的提高具有关键性意义。

## 第二节　问题解决能力的培养

灵活地运用已有的知识经验去有效地解决各种问题，是当今社会中每个人都应具备的重要能力。要想提高学生的问题解决能力，首先要让学生具备良好的知识基础，能够灵活地把知识运用到当前的问题中，同时还需要掌握一些分析和解决问题的基本策略，并培养强烈的好奇心和探究欲，乐于发现问题、解决问题。

### 一、知识的深化与问题解决能力的培养

如上一节的分析，问题的解决一般都需要一定的知识基础，学生需要以一定的知识经验为背景去理解问题的含义和结构，寻找解决问题的方法。解决问题的过程是对已有知识进行转化和运用的过程，知识是问题解决能力的基础。

大量关于专家与新手的对比研究表明，专家之所以能更成功、更迅速、更灵活地解决问题，正是因为他们的知识储备比新手更多[①]。综合有关研究，以下知识对于问题解决能力来说是很重要的。

#### （一）丰富的、组织完好的陈述性知识

专家一般拥有大量关于该领域的陈述性知识，如事实、概念和原理等。例如，象棋大师能很快回忆出 5 万个不同的棋局，专业医生有更丰富的关于各种疾病及其治疗方法的知识，等等。另外，专家的这些陈述性知识往往是经过精细的加工和组织的，在各种概念、原理、情境、事件等信息之间建立了丰富的联系，特别是与核心概念和原理密切地联系在一起，构成了合理的知识结构。所以，当面对某一个问题时，专家可以提取更多的知识，而且，他们倾向于围绕着核心原理来组织他们的知识，能很快找到所需要的知识模块，而新手则是围绕问题中的细节来组织他们少量的知识。

#### （二）活跃的、熟练的程序性知识

具备了知识并不见得就能用到问题解决的过程中。专家的知识得到了更大程度的"程序化"，形成了丰富的程序性知识。如第五章所说，程序性知识以产生式存在，这种形式的知识常常与各种问题情境有更密切的联系。一旦相关条件出现，这些程序性知识就会被激活和执行，几乎达到了自动化的水平，不需要太大的意志努力。而且，经过大量的问题解决的实际活动，相关的产生式会按照一定的顺序组合在一起，构成产生式组块，提高程序性知识的自动化水平。由于工作记忆的有限容量，在遇到新问题时，个体必须把有限的心理能量集中在问题的新侧面上。知识程序化并达到自动化水平，可以减轻工作记忆的负

---

① EYSENCK W M, KEANE M T. Cognitive psychology: a student's handbook[M]. 3rd ed. Hove: Psychology Press Ltd, 1995.

担，从而促进新的问题的解决。

此外，个体在问题解决过程中必须不断地进行元认知监控，因此，认知策略知识和元认知知识对问题的表征、解决计划的制订和执行以及结果评价等都具有重要的指引和调节作用。

可见，为了培养问题解决能力，教师要让学生获得丰富的知识，同时又要确保知识的质量，要对知识形成深层理解，形成良好的知识结构，而且要把知识与各种问题情境联系起来，促进陈述性知识向程序性知识的转化。在第五章"知识的建构"中，我们已经对这部分内容做了分析，此处不再赘述。

## 二、一般性问题解决策略训练

除了灵活、深层的知识技能之外，问题解决能力还取决于个体对问题解决策略的掌握。例如，如何理解问题，如何分析问题，应按照什么样的程序解决问题，等等。对于问题解决策略的训练，心理学家存在长期的争论。有些心理学家强调问题解决策略的共通性，重视一般性问题解决策略的培养。也有人认为，有效的问题解决策略只适用于特定的具体领域，例如，解决数学问题的策略只对数学领域有用，解决艺术问题的策略只能用于艺术领域，所以只能在具体的学科领域中培养具体类型的问题解决策略。下面我们先来学习一般性问题解决策略的训练。

### （一）基本思路

一般性问题解决策略训练的基本思路是：通过教会学生一些问题解决的一般原理、原则来提高他们解决问题的能力。这些原理、原则来自对问题解决过程的理论分析，以及对成功者与不成功者的对比观察。例如，在解决某问题前，对问题进行简要表述；明确问题的要求和条件；抛开某些没多大希望的先入为主的想法，另做其他的考虑和选择；弄清任何假设所依赖的前提；揣摩所提出的论据的可靠性和代表性；等等。这些原则的学习有助于培养解决问题的技能，但是，这些是对解决任何问题都可适用的一般原则，对特殊问题的解决来说往往并没有多大效果。

### （二）训练程序

一般说来，在那些培养解决问题的能力的训练程序中，短期的训练并不能取得理想的效果，但长期而精深的训练程序却能取得较好的效果。下面，我们来看两种有名的训练程序。

1. 有效思维教程

有效思维教程（productive thinking programs）是由科文顿（M. V. Covington）等人主持编创的[①]，由15册漫画组成，每册30页，讲述一个侦探故事。故事中主要有4个人物，2个儿童（吉姆和莱拉），2个成人（吉姆的叔叔约翰和大侦探塞奇）。故事先就某个神秘案件提供一些线索，要求学生回答问题，目的是让学生"用自己的话陈述问题""自己提出问题""产生能解释神秘案件的各种想法"。当学生产生了某些想法之后，小册子中的吉姆和莱拉通过对话提出他们的想法，实际上，这是思维方法的"示范"。就像真正的破案过

---

① COVINGTON M C, CRUTCHFIELD R S, DAVE L B, et al. The productive thinking program: a course in learning to think [M]. Ohio: Charles Merrill, 1974.

程一样，吉姆和莱拉最初会产生一些错误的想法，但后来在两个成人的评析和帮助下，最终揭示了要侦破的案件。每个故事中的成人评析都针对解决问题的一些策略，例如，产生不同寻常的新看法，改变自己的心理准备，从不同角度看问题，摸清问题的要点，注意与问题有密切关系的事实和条件等，而最重要的是在关键时刻决定最佳的行动思路。

许多研究检验了这一教程的有效性。例如，有人对 5 年级 25 名学生进行训练，6 个月后进行延缓测验。结果表明，这些学生的成绩超过了控制组。但值得注意的是，前后测验所用问题都与训练中的问题相似，而且，训练以外的因素也可能影响了实验结果，如训练提高了学生的自信心。有人在回顾了这些研究后指出，这一教程的效果在控制严格的实验检验中效果不明显，而且在学校课程中问题的解决上作用也是有限的。

2. 问题解决模式

【链接】
CoRT 课程

问题解决模式（pattern of problem solving）是鲁宾斯坦（M. F. Rubinstein）编制的一套供大学生使用的训练教程[①]。它向学生提供了许多解决问题的工具。例如，使用矩阵来表示逻辑前提，用等式表现故事中所包含的问题，用示意图澄清不熟悉的命题表述等。这一教程的教学大约需要 10 周时间，教程中包含了许多解答问题的样例，主要涉及工程学或数学领域。教程的前半段教一般技术，讲解如何使用一些思维工具，教程的后半部分探讨问题解决的数学基础，包括概率论、决策论，还包含许多问题解决过程的实例，学生能从中学到表征问题的抽象技术。这一教程十分流行，较受欢迎。但是，有人评论说，除了鲁宾斯坦本人的一个未发表的报告外，几乎所有的其他研究都证明这一教程所教的解决问题的思维策略只能产生特定的迁移，而不能促进一般性的问题解决活动。

一般性问题解决能力训练往往会遇到以下几个问题。①影响问题解决的因素很多，很难决定训练的内容和方法。②在实验室条件下的短期结果能否推演到学校和日常生活情境中，能否有长期、稳定的效果。③训练效果是否具有普遍性。

### 三、具体领域的问题解决策略训练

问题解决有一些共同的思路和策略，但各种具体领域中的问题解决也需要某些特定的策略和方法。所以，一些研究者主张结合各门学科来培养具体的问题解决策略和思路，让学生掌握解决该类问题的原理和原则。在不同学科领域中，问题解决的策略大致包括两方面内容：一是该领域中典型的问题解决的程序步骤及注意事项；二是解决问题时常用的思维方法，如数学中的换元、化简等。

在训练这些问题解决策略时，教师要给学生充分的解释和示范，同时又要有足够的练习机会。在结构 - 定向教学理论中，冯忠良强调对学生的解题技能进行定向培养，也就是说，针对不同的课题任务（问题），建构有效的分析和解决问题的程序模式，训练学生按照这样的程序来解题，从而逐渐把这套程序内化成自己的解题技能[②]。例如，在小学数学应用题的教学中，他分析了应用题解题的典型思路，即审题—解析数量关系—列式—计算—检验—作答（如图 8-2 所示）。

---

① RUBINSTEIN M. Patterns of problem solving [M]. New Jersey: Prentice-Hall, 1975.
② 冯忠良. 结构化与定向化教学心理学原理 [M]. 北京：北京师范大学出版社，1998.

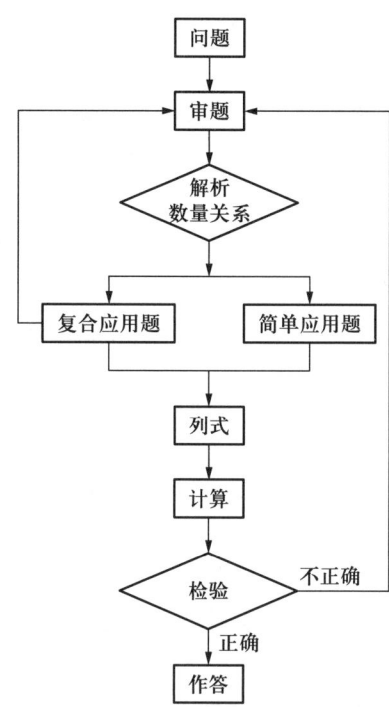

图 8-2 应用题解题模式

在定向训练的开始,教师先让学生了解图 8-2 所示的应用题解题模式,然后在有引导的条件下,按照这一模式练习解应用题,而后逐渐减少外在引导,逐步把上述程序内化为学生的解题技能。经过这样的定向训练,学生解应用题的技能有了显著的提高。在语文中的写作构思问题以及物理中的受力分析等问题中,冯忠良等人做了类似的研究。

教学不只是要让学生记忆更多的知识,更重要的是要形成灵活的、有效的知识,从而能应用这些知识去解决各种问题。因此,在各科教学中,教师要有意识地培养学生应用知识解决问题的能力。

### 四、教会学生解决问题

1. 为帮助学生真正理解题意,分析问题
- 看他们能否区分问题中的有关信息和无关信息。
- 问他们是否意识到了他们所做出的假设。
- 鼓励他们对问题进行图解,借助图示来分析问题。
- 要求学生向别人解释问题的意思。
- 鼓励学生从不同角度来看问题。
- 教师提供几种看问题的角度、方式,让学生再提供一些其他的理解角度。
- 引导学生思考平常物体的不平常的用途,打破理解中的定势和功能固着。

2. 在思考、解决问题的过程中
- 重要的是对问题的分析思考,而不只是所获得的最后答案。
- 让学生在思考问题时"自言自语",随时说出自己头脑中所出现的全部想法。

・让学生为他们所采取的每一步推理提供解释：自己的思路是什么？所依据的原理、规则是什么？为什么要这样做？等等。这样可以促进学生对解题思路的深层加工。

・常常问学生"如果……会发生什么？"促进学生的推理活动。

・在必要时向学生提供一些解决问题的建议，但不要因此"剥夺"了学生独立思考的机会。

・引导学生联想类似的问题是怎样解决的，运用类比去思考问题。

・引导学生运用反推法分析解决问题。

・如果学生对自己错误的解答"振振有词"（有充足的理由），可以让学生看到反面的证据，引导学生看到自己的错误所在。

・如果学生在解决问题时陷入了僵局，暂时没有任何思路，可以考虑暂时搁置一下。

3．在问题解决之后

・引导学生反思自己的解决过程，看从这个问题中受到了什么启发，对知识有什么新理解。

・思考这一问题的其他解法。

・组织学生讨论、交流解题的思路和方法，特别是让想法不同的学生相互"交锋"。

## 第三节　创造性思维及其培养

问题解决是最常见的思维形式，有些问题解决活动可能比较"常规"，只是沿用了常用的解法，而有些问题解决活动则可能具有很大的创造性。培养具有创造性的高素质人才，是当今各国教育改革所追求的共同目标，而创造性思维是创造性的核心。到底什么是创造性思维，它的过程是怎样的，应该怎样培养，这是本节将涉及的内容。

### 一、创造性思维的内涵

创造性思维是指用超常规的方法来解决问题，形成新颖的、有价值的方案或结论。在了解了创新性思维的定义后，我们有必要掌握创新性思维的性质与两个侧面。

#### （一）创造性思维的性质

创造性思维的结果具有新颖性，它通过富有新意的思维方式提出了新的观点见解，或者做出了新的产品。当然，这种新颖性在程度上可以有所不同。它可能发生在已有的概念框架之中，是对原来的概念、规则的重新组织；也可能是超越原来的框架，提出全新的观念。而这种新颖性可能是对人类文化来说的，是人类文化发展中的创新，也可能只是对学生本人来说具有新意，是对他自己的超越。另外，创造性思维的结果应该是有价值的，不是毫无意义的新奇。

创造性思维在思维过程上具有以下特点。①流畅性：即在给定的时间内能产生、联想起更多的观念，它反映了思维的敏捷性。②灵活性：是指能超越以往习惯的思维方式，在更广阔的视角下开创各种不同的思路，展示众多的思考方向，它体现了思维的广度。③独特性：指善于对信息加以重新组织，产生不同寻常、与众不同的见解。④精密性：指善于抓住事物的关键信息，进行精密细致的思考，对各种想法进行扩展和引申。

## （二）辐合思维与发散思维

辐合思维（convergent thinking）又称为聚合思维，是一种有条理、有方向、有范围的收敛性思维，追求问题的唯一正确答案。在本质上，它是按照形式逻辑，逐步进行分析推论，最终得到符合逻辑的结论的过程。辐合思维主要包括演绎思维和归纳思维两种。

发散思维（divergent thinking）则试图沿着不同的角度和思路来分析问题，提出各种不同的解决方案。与辐合思维不同，发散思维是一种无确定规则、无限制、无定向的思维，它不依赖确切的逻辑推理，而是主要凭借个人的直觉和洞察对事物和现象做出推断，因而与直觉思维有着密切的关系。

在创造性思维活动中，辐合思维和发散思维是相辅相成、不可缺少的两个侧面。辐合思维是把解决问题的各种可能性都考虑在内，而后再寻求一个最佳的答案；发散思维则围绕问题从多种角度来寻找解决思路。辐合思维强调在已有信息和知识的基础上进行逻辑的推理，从已有信息推演出结论；发散思维则强调对未知信息的想象和假设，关注于新信息的形成。

## 二、创造性思维的过程与方式

创造性思维的过程是怎样的？其中有哪些关键的认知活动？早期的研究者主要用现象描述的方式来回答这些问题。华莱士（G. Wallas）提出了创造性思维的四个阶段——准备期、酝酿期、豁朗期和验证期，这一分析得到了一些科学家的印证。有研究对创造性思维的过程和方式进行了更深入的探索和解释，对其中具有关键意义的认知活动进行了专门研究，这主要涉及以下两个方面。

### （一）类比思维

类比思维被认为是创造性思维中的核心内容。当面对一个问题时，如果一个人没有直接相关的知识，那他可能会通过类比的方法把不直接相关的知识经验运用到当前的问题中。例如，在研究原子结构时，卢瑟福德（E. Rutherford）用太阳系来类比原子结构，在原子结构中，电子绕着原子核转，就像行星绕着太阳转一样。类比思维涉及两种观念之间的对应映射，其中一个观念是"源领域"（如"太阳系"），另一个观念是"靶领域"（如"原子"），类比思维就是把源领域中的观念框架映射到靶领域中，从而形成对该领域的新理解、新洞察。

在这种类比映射过程中，我们首先意识到源领域和靶领域在某些特征上是匹配的，是相同的。而后，我们发现源领域中有某些特征或规律，而靶领域在这方面是什么样的我们还不清楚，于是我们就把源领域的这些特征或规律推论到靶领域中，做出一种推测。例如，在上面的例子中，卢瑟福德可能先注意到，在太阳系中的星体都是互相吸引、具有一定引力的，而在原子中，各种粒子之间也是相互吸引、具有引力的，在这方面两者具有相同的特征。太阳系的结构和运动方式他是知道的，而后他就想到，原子是不是也具有这样的结构呢？这就对原子结构形成了新的理解。值得注意的是，在类比映射过程中，我们所迁移、推论的是那些融会贯通的、整合性的知识，而不是那些只言片语式的"小零碎"。在上面的例子中，科学家首先所想到的不是太阳系中有几个星体，或者是不是有生命等信息，而是一条核心原理：由于星体间的相互吸引以及它们的大小差异，所以行星会围绕着太阳运转。很明显，这种对知识的映射迁移是与人的目标密切相关的[①]。把看似很不相同、毫不相干的事物联系起来，这种直觉性的、跳跃性的联想在创造性思维中具有十分重要的意义。

**（二）假设检验**

类比思维是生成新假设、进行科学发现的一种方式，除此之外，科学发现还需要其他活动的参与，尤其是假设检验活动。在科学发现活动中包含两种主要的成分：假设和实验。发现者首先要以有关知识为基础，通过记忆查寻、类比映射等方式生成一定的假设，对事物的性质、关系、功能等形成一定的猜测，而后，发现者要努力设计实验去检验这一假设，通过实验来获得事实资料，辨别假设的真伪。

研究表明，学生在完成科学发现任务时常常会犯各种典型的错误。例如，很多学生在设计实验时不是去"检验"自己的假设，而是总想"证实"自己的假设，他们只是用实验去获得那些符合自己的假设的资料[②]。另外，很多学生对科学实验的基本思路缺乏了解，常常在一次实验中改变太多的因素，因而实验的结果不能说明任何规律。科学实验是科学教学中的重要内容，而在传统教育中，实验教学片面强调操作程序的训练，强调对已经学过的结论的验证，学生没有真正形成自己的假设，也没有真正抓住科学实验的核心思路，他们只是按照课本上要求的操作步骤去做实验，好像根本不需要去"探索"、去"发现"，因为结论早已经定好了。这样的教学是不可能培养学生的创造性思维的。

### 三、影响创造性思维的主要因素

学生的创造性思维能否得到发挥和发展，会受到多种因素的影响，而这些因素与创造性思维之间的关系又很复杂。下面我们就对几种主要因素加以分析。

**（一）智力**

高智力是高创造性的有利条件，但它们之间不存在对应关系。对诺贝尔奖获得者的分析表明，这些人一般都具有超人的记忆力、敏锐的观察力、丰富的想象力、极强的综合思维能力、精湛的实验技巧和渊博的知识[③]。总体而言，智力水平与创造性思维的水平之间具有正相关的趋势，但智商越高，智力与创造性之间的相关越低。它们之间的关系可以归纳为：低智商不可能有高创造性；高智商可能有高创造性，但也可能有低创造性；低创造性者可能具有较低的智商，但也可能有较高的智商；高创造性必须有中等以上水平的智商[④]。创造性和智力具有一定相关，但它们是两种不同的品质，高智商并不必然带来高创造性；反之亦然。马斯洛提出，人的创造性可以分为作为特别才能的创造性和自我实现的创造性，前者是与科学发现和发明联系在一起的，是有个体差异的；后者是每个人都具有的潜能[⑤]。教育应该认识和珍惜每个学生的创造潜能，积极地加以开发和利用。

---

① EYSENCK W M, KEANE M T. Cognitive psychology: a student's handbook [M]. 3rd ed. New Jersey: Psychology Press Ltd, 1995.
② EYSENCK W M, KEANE M T. Cognitive psychology: a student's handbook [M]. 3rd ed. New Jersey: Psychology Press Ltd, 1995.
③ 朱克曼. 科学界的精英 [M]. 周叶谦，等译. 北京：商务印书馆，1982.
④ 邵瑞珍. 教育心理学 [M]. 上海：上海教育出版社，1988: 161–163.
⑤ 马斯洛 A H. 人性能达到的境界 [M]. 林方，译. 昆明：云南人民出版社，1987.

## （二）知识

如前文所述，已有知识的激活和运用在创造性思维过程中具有重要意义，不管是对问题的分析、推理，还是类比思维，都离不开学生的已有知识经验。丰富的、组织良好的知识经验是专家创造性地解决问题的重要基础。知识经验的量的多少并不足以决定创造性思维的水平，理解的深度以及知识经验的组织方式对创造性具有重要影响。只有对知识形成了深层的理解，而不只是表面的理解，只有在知识经验之间建立了丰富的联系，形成了良好的知识结构，学生获得的知识才是灵活的，才可以广泛地迁移应用。只有"活"知识才有助于学生以新颖的方式理解和解决问题，"死"知识反而会束缚学生的思维。因此，要想在教学中培养学生的创造性，知识学习的深度和灵活性以及良好知识结构的建立是一个重要环节。

## （三）个性

创造性思维不仅涉及能力开发，而且也涉及个性培养。首先，强烈的好奇心、浓厚的兴趣是创造性思维的驱动力。兴趣是人对事物积极探究的倾向。带着探究的渴望，个体会对新问题保持高度的敏感，也会对各种新观念保持高度的敏感，这是激发创造性思维的有利条件。

其次，较高的独立性和批判性对创造性思维来说也具有重要意义。有独立判断，有独立见解，自尊自信，不轻信、盲从他人，不盲目崇拜权威，不落俗套，不拘泥于规则，这些都是高创造性的人的特征。另外，积极的心理承受力，不怕错误和失败，善于在挫折面前进行自我调整，有决心，敢于前进，好表现，等等，这些也是有利于创造性发挥的个性特征。

## （四）环境

家庭、学校和社会环境对人的创造性思维的发展具有重要影响。从大量研究中，我们可以归纳出以下几点影响因素。①创造性思维比智力受环境的影响更大。②过于严格、过于要求服从的家庭教养方式不利于儿童创造性思维的发展。③过于强调纪律和规范、过于强调唯一标准答案、缺乏自由和开放气氛的学校环境会阻碍学生创造性思维的发展。④某些社会文化特征对创造性思维的发展具有重要影响。如果一个社会过于强调社会规范，因循守旧，不敢尝试、探索那些失败可能性比较大的未知事物，个体的创造性思维就会被限制。如果团体压力过大，不能容纳那些标新立异的人，那个体就会有更多的从众行为。另外，在一个社会中，工作和休闲常常被截然分开，使工作现场气氛过于严肃，过分紧张，也不利于创造性思维的发挥。因此，创设具有一定开放性和自由空间的成长环境，尊重学生的独立性，尊重他们的差异，是创造性思维培养中的另一个重要环节。

## 四、创造性思维的培养方法

为了培养学生的创造性思维，首要问题是教师对创造性思维的积极态度，教师要让学生知道他在鼓励学生的创造性，希望他们能有越来越多的创造性表现，在这个课堂中，学生的任何有创造性的想法都会得到认可和鼓励。教师一定不要对学生新奇的想象嗤之以鼻。一个教师如果对创造性有积极的态度，那他就可以基于对创造性思维及其影响因素的了解，设计培养创造性思维的思路和方法。下面介绍几种培养创造性思维的思路和方法，以供参照。

【微课】
创造性的训练

## （一）头脑风暴法

头脑风暴法（brain storming）的基本做法是：教师先提出问题，然后鼓励学生进行发散思维，提出尽可能多的解决方法，不必考虑方案的正确与否，教师也不对所提出的想法做评论，一直到所有可能想到的方案都被提出来为止；然后，学生和教师开始对这些想法进行讨论、评价、修改、合并某些想法，形成一个创造性的解决方案。

可以看出，这种方法的基本思路是把想法的产生和对想法的评价分开，在产生想法的阶段，不管一个想法起初看起来是如何片面和荒谬，教师都不妄加评论，以防止学生因为怕受批评而缩回了可能的创造性的想法。在这种开放的、相互支持的讨论中，一种想法可以启迪、引发另一种想法，从而不断地扩展思路，激发灵感。通过这种切磋和相互启迪，学生可以形成更有创造性的解决问题的思路和方法。

## （二）吉尔福特的创造性培养方法

吉尔福特在总结有关文献的基础上，提出了一套前后有序的培养创造性思维的策略。他强调，创造性思维中有两个关键的智力活动：发散思维和转化（即对信息的重新组织）[①]。所以他的培养方案着重对学生的发散加工能力和转化能力进行训练。

吉尔福特提出了一些具体的培养创造性思维的策略，这包括以下几个方面。

【链接】
创造性思维
训练样例

### 1. 拓宽问题

例如，我们不应该问："我们如何改进灭蚊器？"而应该问："我们怎样才能消灭蚊子？"这样就为寻找更多更好的解决方法打开了大门。

### 2. 分解问题

问题越具体、越明确，就越有可能为学生提供提取信息的线索，从而增加解决问题的机会。

### 3. 常打问号

在整个问题解决过程中，创造性思维的一个特征是不断发问，通过训练，学生可以形成提问的习惯，在问题解决过程的不同阶段，提出不同特征的问题。

### 4. 快速联想而暂不评价

像头脑风暴法那样，在面对一个问题时，学生可以自由地联想，提出各种各样的想法，先不做好坏评价。

### 5. 持续地努力思考

一般说来，在一开始，学生产生观念的速度要快些，而后速度会逐渐减慢，甚至好像已经想完了。值得注意的是，一定要延长努力思考的时间，因为有研究表明，后面产生的观念要比前面产生的观念质量更高些。

### 6. 列举属性

通过列举事物的各种属性，学生可以对事物重新分类，从而明确它们适用的场合。

### 7. 形成联系

迫使学生把两种完全不同的事物联系起来，建立一种以前从未听到或想到过的联系，这是产生新奇观念的一种有效途径。

---

① 吉尔福特. 创造性才能[M]. 施良方，等译. 北京：人民教育出版社，1990: 129.

8. 捕捉灵感

为了捕捉灵感，常常需要暂时停下实际的工作，但仍然保持解决问题的愿望，这时，常常会有意想不到的、奇妙的想法。

**（三）在教学中培养创造性思维的建议**

为在日常教学中培养学生的创造性思维，这里提供几条具体的建议。

1. 接受并鼓励发散思维
- 在班级讨论中，经常问："谁能对这个问题提出不同的方法？"
- 鼓励学生用不平常的方法解决问题，哪怕其结果并不完美。

2. 容纳异议
- 要求学生尊重、容忍不同的见解。
- 确保"唱反调"的学生能得到尊重、得到鼓励。

3. 鼓励学生相信自己的判断
- 学生问教师一个问题，实际上有可能他自己可以回答上来，这时，教师要重复或明确该问题，把问题推给学生，鼓励他形成自己的分析判断。
- 布置一些不进行对错评价的作业。

4. 强调每个人都能以某种形式进行创造
- 避免过分夸大艺术家或发明家的才能，仿佛他们都是超人。
- 承认每个学生在作业中的创造性的努力，有时可以对作业的新奇性、创新性进行等级评价。

5. 为创造性思维提供丰富的刺激
- 一有可能，就在班级或小组中采用头脑风暴法进行讨论。
- 给全部学生提示不平常的解答方法，演示如何创造性地解决问题。
- 鼓励学生推迟对某一个具体建议的评价判断，直到所有的可能想法都被提出来为止。

6. 为创造性思维提供自由开放的气氛
- 放宽对思考活动的时间限制。
- 适当放宽创造活动中的纪律约束。
- 为学生提供沉思的机会和场合。

## 本章概要

1. 问题是指这样一种情境：人在做某件事、实现某种目标的过程中遇到一定的阻碍，暂时不知道通向目标的方法。问题可以分为结构良好问题和结构不良问题。

2. 问题的解决一般涉及初始条件、目标、障碍和解决方法四种要素。一般性的问题解决大致包括建立问题表征、搜寻解法、执行解法与评价等阶段。

3. 具体领域的问题解决策略训练要结合各门学科知识而进行，要让学生掌握解决该类问题的原理和原则、解决问题的策略以及常用的思维方法等。

4. 创造性思维是指用超常规的方法来解决问题，形成新颖的、有价值的方案或结论。创造性思维在思维过程上具有流畅性、灵活性、独特性和精密性特点。

5．辐合思维是一种有条理、有方向、有范围的收敛性思维，追求问题的唯一正确答案。发散思维则试图沿着不同的角度和思路来分析问题，提出各种不同的解决方案。在创造性思维活动中，辐合思维和发散思维是相辅相成、不可缺少的两个侧面。

6．创造性思维的主要影响因素有智力、知识、个性以及环境等。

7．吉尔福特提出了培养创造性思维的方法，如拓宽问题、分解问题、常打问号、快速联想而暂不评价、持续地努力思考、列举属性、形成联系以及捕捉灵感等。

### 思考题

1．什么是问题解决？它一般包括哪些要素？
2．简要描述结构良好问题的解决过程。
3．结构不良问题的解决过程包括哪些主要环节？
4．试论知识的深化对问题解决能力培养的意义。
5．哪些因素会影响创造性思维的培养？

### 推荐阅读

1．陈琦，刘儒德．教育心理学[M]．2版．北京：高等教育出版社，2011：第十章．
2．安德森．认知心理学及其启示：第7版[M]．秦裕林，等译．北京：人民邮电出版社，2012：第八章．

# 第九章　学习策略

随着信息社会的发展，知识增长的速度越来越快，学生不可能在学校中获得所有在未来生活和工作中所需要的知识。这就要求学生在学校中除了掌握一定的知识，还需要掌握一定的学习策略，自己学会学习。本章将讨论一些典型的学习策略以及学习策略的训练方法。

## 本章结构

- 学习策略概述
  - 学习策略的含义
  - 学习策略的结构
- 认知策略
  - 复述策略
  - 精细加工策略
  - 组织策略
- 元认知策略与资源管理策略
  - 元认知及其结构
  - 元认知计划策略
  - 元认知监控策略
  - 元认知调节策略
  - 资源管理策略
- 学习策略的训练
  - 学习策略训练的原则
  - 学习策略训练的教学模式
  - 常见的学习策略训练的方法

## 第一节 学习策略概述

### 一、学习策略的含义

学习策略（learning strategy）是指学生为了提高学习的效果和效率，有目的、有意识地制定的有关学习过程的复杂方案。这一界定明确了学习策略的四个特征。①学习策略是学生为了完成学习目标而积极主动地使用的。一般来说，学生采用学习策略都是有意识的心理过程。学习时，学生先要分析学习任务和自己的特点，然后根据这些条件，制订适当的学习计划。②学习策略是有效学习所必需的。所谓策略，实际上是从效果和效率的角度而言的。例如，记忆一列英语单词表，如果一遍又一遍地朗读，只要有足够的时间，最终也能记住，但是，保持时间不会太长，记忆也不会很牢固；相反，如果采用分散复习或尝试背诵的方法，记忆的效果和效率就会得到很大提高。③学习策略是有关学习过程的。它规定了学习时做什么不做什么、先做什么后做什么、用什么方式做、做到什么程度等诸方面的问题。④学习策略是学生制订的学习计划，由规则和技能构成。严格来说，所有学习活动的计划都是不相同的，每一次学习都有相应的计划。但相对而言，同一种类型的学习存在着基本相同的计划，这些基本相同的计划就是我们常见的一些学习策略，如阅读策略等。学习策略是一种程序性知识，由规则系统或技能构成，是学习技巧或学习技能的组合。

### 二、学习策略的结构

许多学者对学习策略的成分和层次进行了理论上的探讨。有人认为，学习策略是由两种相互作用的成分组成的：一种是基本策略，被用来直接操作学习材料；另一种是辅助性策略，被用来维持合适的学习心理状态。也有人认为，学习策略有三种成分（如图9-1所示）。

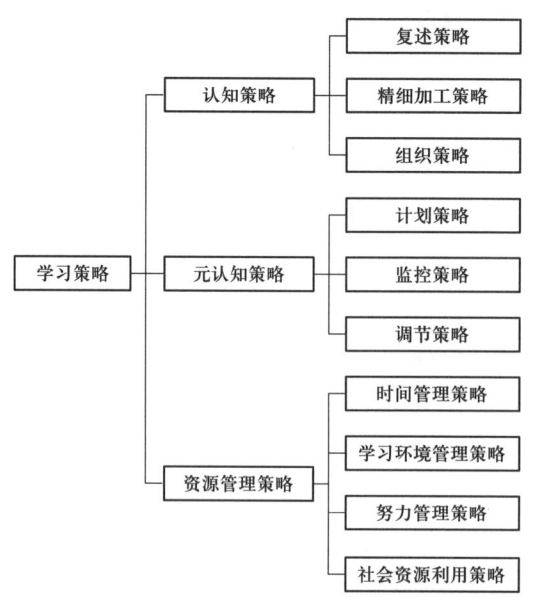

图9-1 学习策略的分类

认知策略（cognitive strategy）是加工信息的一些方法和技术，有助于有效地从记忆中提取信息。元认知策略（metacognition strategy）是学生对自己认知过程的认知策略，有助于学生有效地安排和调节学习过程。资源管理策略（resource management strategy）是辅助学生管理可用环境和资源的策略，有助于学生适应环境并调节环境以适应自己的需要，对学生的动机具有重要的作用。本章将重点介绍这三种策略。

## 第二节 认知策略

认知策略包括复述策略、精细加工策略和组织策略。

**一、复述策略**

复述策略（rehearsal strategy）是帮助个体在工作记忆中保持信息，运用内部语言在大脑中重现学习材料或刺激，以便将注意力维持在学习材料上的认知策略。在学习中，复述是一种主要的记忆手段，许多新信息，如人名、地名或外语单词等只有经过多次复述后才能被记住。下面就是一些在识记过程和保持过程中常用的复述策略。

**（一）识记过程中的复述策略**

1. 利用无意识记和有意识记

无意识记是指没有预定目的、不需经过努力的识记。这种识记也是有条件的，凡是对人有重大意义的、与人的需要和兴趣密切相关的、给人以强烈情绪反应的或形象生动鲜明的人或事，就容易无意识记。在学习中，教师要尽量运用这些条件，培养学生对某门学科的兴趣来加强无意识记。

有意识记是指有目的、有意识的识记。除非我们留意，否则即使重复许多次，可能也记不住。例如，当我们读完一部小说或看完一部电视剧后，有人问我们小说或电视中的几个人名、地名等信息，我们可能一时回答不上来。这些人、事、物我们重复看过好多次，为什么仍然回答不上来呢？就是因为我们只是关注故事情节，没有想到过要记住它们。因此，要想记住某一信息，就需要有意识地、用心地去记它，尝试着自己复述一遍，看看自己能否重复出来。

2. 排除相互干扰

我们有时之所以没记住某一则信息，是因为这一则信息受到了干扰。在生活中，常常有这样的现象：当有人刚一告诉我们他的电话号码时，另外一个人就马上找我们谈别的事，等谈完事，我们会发现自己并没记住那个电话号码。因此，在进行其他活动之前，一定要花时间在头脑中复述刚刚获得的新信息。

一般来说，前后所学的信息之间存在相互干扰。先前所学的信息对后面所学信息的干扰叫作前摄抑制；后面所学的信息对前面所学信息的干扰叫作倒摄抑制。倒摄抑制可能是遗忘的一个重要原因，这就是为什么我们很难记住频繁重复的影像。在安排复习时，要尽量考虑预防这两种抑制的影响。在早上起床后或学习开始时，学习重要内容可以克服前摄抑制的影响；相反，在晚上睡觉前或学习结束前，学习重要内容可以克服倒摄抑制的影响。另外，要尽量错开学习两种容易混淆的内容，如英语和拼音，避免相互干扰。

心理学家还发现，当个体学完一系列词汇后，马上进行测验，那么，开始和结尾位置的单词一般要比中间位置的单词记得牢。有研究者[①]给被试呈现一系列无关联的词,如"肥皂、氧气、枫树、蜘蛛、雏菊、啤酒、舞蹈、雪茄、火星"等,请被试按照一定顺序学习这些词,然后让他们自由回忆,想到哪个单词就说出哪个单词。结果发现,最先学习的单词和最后学习的单词的回忆成绩最好,而中间部分的单词的回忆成绩最差(如图 9-2 所示)。人为什么倾向记住最开始的事情呢?可能是因为,人对首先呈现的单词倾注了更多的注意和心理努力,造成了首因效应。另一方面,最后的单词和测验之间几乎不存在其他信息的干扰,造成了近因效应。

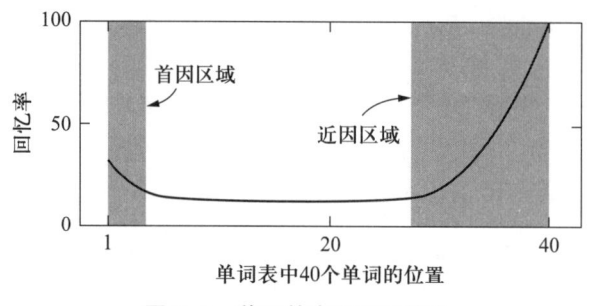

图 9-2 首因效应和近因效应

根据首因效应和近因效应可知,开始阶段和最后阶段所学的信息比其他信息更易记住。有研究者[②]进一步提出,在大于 20 分钟以上的学习时间中,大脑对信息的保持率可以分为三个阶段:开始阶段是高效期 –1,中间是低沉期,结尾是高效期 –2。教师可以根据这一规律安排教学(如图 9-3 所示),把最重要的新概念放在课的开头,在最后对它们进行总结,而不要把一堂课的首尾时间花在处理课堂纪律问题、整理材料、削铅笔之类的琐碎小事上。

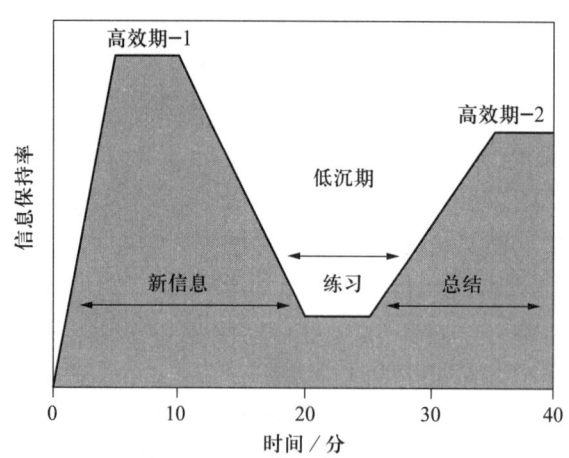

图 9-3 根据系列位置效应合理安排教学时间示意

---

① MURDOCK B B. The serial position effect of free recall[J]. Journal of educational psychology, 1962, 64(5): 482–486
② SOUSA D A. 脑与学习 [M]. "认知神经科学与学习"国家重点实验室,脑与教育应用研究中心,译. 北京:中国轻工业出版社,2005.

3. 多种感官参与

在进行识记时，要学会同时运用多种感官，如用眼睛看、用耳朵听、用嘴巴说以及用手写等。心理学研究证明，人的学习83%通过视觉，11%通过听觉，3.5%通过嗅觉，1.5%通过触觉，1%通过味觉。而且，人一般可记住自己阅读的10%，自己听到的20%，自己看到的30%，交谈时自己所说的70%。这一结果说明，多种感官的参与能有效地增强记忆。

4. 整体识记和分段识记

对于篇幅短小或者内在联系密切的材料，适于采用整体识记，即整篇阅读，直到记牢为止。对于篇幅较长，或者较难，或者内在联系不强的材料，适于采用分段识记，即将整篇材料分成若干段，先一段一段地记牢，然后整篇识记。至于段的长短，要根据自己对材料的熟悉程度而定。

5. 尝试背诵

尝试背诵是记忆研究中的一个热点问题。传统的认知心理学和教育心理学只是将测试作为考查学生学习或记忆效果的手段，认为就像尺子只能测量而不能改变物体的长度一样，测试只能检核记忆效果，它本身并不能改变学习和记忆的效果。然而，有研究者发现，与单纯的重复学习相比，在学习过程中有目的地加入测试能更加有效地帮助学生巩固已学知识并提高其长时记忆的效果，研究者将这种现象称为测试效应（testing effect）[1]。

在识记时，采用尝试背诵，我们就能根据回答或背诵的情况，检查自己的错误和薄弱环节，以便重新分配努力，避开不必要的重复，减轻识记的负担，从而提高识记的效率。这样，才能印象深刻、记忆牢固、学习效率高。如果只是反复地读了一遍又一遍，那就犹如小和尚念经有口无心一样，学习效率低。

6. 过度学习

假如读一篇文章，从头到尾读10遍就能记住，那么，再多背5次，这就是所谓的过度学习。一般来说，过度学习越多，保持效果越好，而且保持的时间也越长。某些基础知识和技能，如乘法口诀、汉字书写、英语发音以及英语单词的拼写等，都需要进行过度的操练和练习，达到自动化水平，以便腾出大脑去完成更复杂的任务。当然，过度学习要讲究效率。有研究表明，150%左右的过度学习其记忆效率最高，超过150%的过度学习虽然也有助于知识巩固，但效率相对要低一些。

（二）保持过程中的复述策略

1. 及时复习

心理学家艾宾浩斯（H. Ebbinghaus）等人发现，遗忘的进程先快后慢（如图9-4所示）。在识记后的20分钟，就遗忘了40%左右，在识记9个小时后，已经遗忘了60%左右。此后，遗忘的进程不会有太大改变。

如果过了很长时间，一直等到考试前才复习，就几乎等于重新学习了。所以，新学习的材料一定要注意及时复习，至少要在当天加以复习，以减缓遗忘的进程。正如一位教育家所说的，要及时"巩固建筑物"，而不要"在建筑物崩溃之后才去修补。"

---

[1] ROEDIGER H L, KARPICKE J D. The power of testing memory: basic research and implications for educational practice[J]. Perspectives on psychological science, 2006, 1: 181–210.

## 2. 分散复习和集中复习

集中复习就是集中一段时间一下子重复学习许多次，分散复习就是每隔一段时间重复学习一次或几次。对于大多数学习，分散复习更有益于长期保持。这就是家庭作业的最主要用意：让学生在持续的时间里复习刚学的知识和技能，加强对这些知识和技能的保持。因此，要注意利用分散复习，经常进行复习，按时完成家庭作业。千万不要等到考试的前夜，才临时抱佛脚地突击复习。

## 3. 复习形式多样化

采用多种形式进行复习，如将所学的知识再用实验证明、写成报告、做出总结、与人讨论以及向别人讲解等。某一领域的专家之所以能记得住许多专业知识，是因为他们在反复地应用这些知识。因此，要善于在不同的情境下反复应用所学的知识，以便加深对知识的理解和保持。

在实践中应用所学知识是对知识的最好复习。如果许多学了的知识，只能适用于限定的、人为的环境之中，不能应用于生活实践中，那就成了人们常说的"书呆子""死啃书本"。

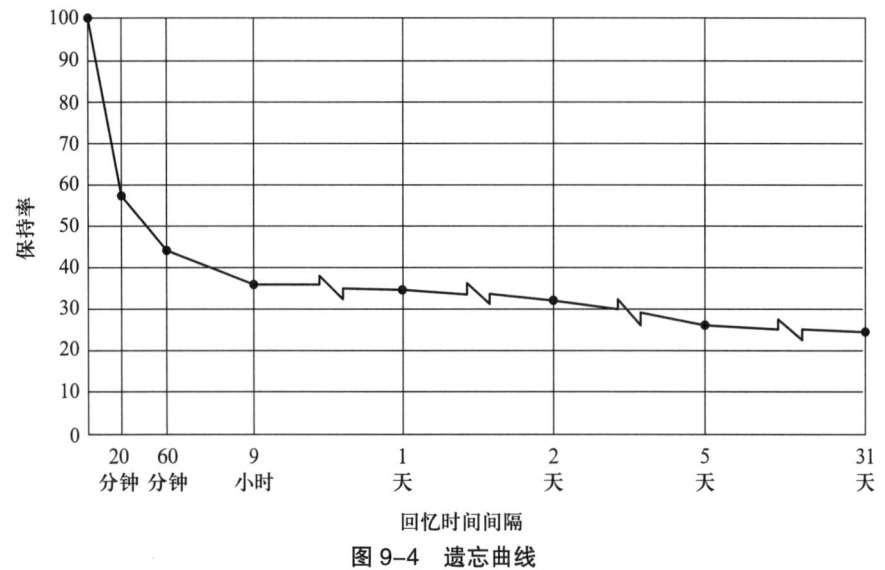

图 9-4 遗忘曲线

## 二、精细加工策略

精细加工策略（elaboration strategy）是一种将新学材料与头脑中已有知识联系起来，从而增加新信息意义的深层加工策略。如果一则新信息与其他信息联系得越多，能回忆出该信息的原貌的途径就越多，也就是提取的线索越多，回忆就越容易。因此，精细加工策略是一种理解性的记忆策略，和复述策略结合使用可以显著提高记忆效果。下面就是一些常用的精细加工策略。

### （一）记忆术

#### 1. 位置记忆法

位置记忆法是一种传统的记忆术。这种技术在古代不用讲稿的讲演中曾被广泛使用，并沿用至今。使用位置记忆法，就是学生在头脑中创建一幅熟悉的场景，在这个场景中确定一条明确的路线，在这条路线上确定一些特定的点，然后将所要记的项目全都视觉化，并按顺序与这条路线上的各个点联系起来。回忆时，按这条路线上的各个点提取所记的项目。位置记忆法对于记忆有顺序的系列项目特别有用。

2. 缩简和编歌诀

缩简就是将识记材料的每条内容简化成一个关键性的字，然后变成自己所熟悉的事物，从而将材料与过去经验联系起来。

例如，《辛丑条约》内容为：①要清政府赔款；②要清政府保证禁止人民反抗；③允许外国在中国驻兵；④划分租界，建领事馆。可用"钱禁兵馆"（谐音"前进宾馆"来帮助记忆）。

有时，可以将材料缩简成歌诀。歌诀韵律和谐，抑扬顿挫，非常有助于记忆。

例如，《二十四节气歌》：春雨惊春清谷天，夏满芒夏暑相连，秋处露秋寒霜降，冬雪雪冬小大寒。第一句指：立春、雨水、惊蛰、春分、清明、谷雨；第二句指：立夏、小满、芒种、夏至、小暑、大暑；第三句指：立秋、处暑、白露、秋分、寒露、霜降；第四句指：立冬、小雪、大雪、冬至、小寒、大寒。

在缩简材料编成歌诀时，最好靠自己动脑筋，自己创造的东西印象深刻。歌诀力求精练准确，富有韵律。当然，也可以利用现成的歌诀，但也要仔细分析，弄清歌诀的真实含义，把它变成自己的东西。

3. 谐音联想法

学习一种新材料时运用联想，假借意义，对记忆亦很有帮助，这种方法被称为谐音联想法。有这样一个有趣的故事可以说明这一点。

据说有一个私塾先生，每天让学生背诵圆周率（$\pi = 3.14159265358979323 84626\cdots\cdots$），自己却到山上寺庙里与一和尚饮酒。学生们总背不会，一天，有一学生编了顺口溜，学生们很快就背会了，让先生大吃一惊。这个顺口溜是："山巅一寺一壶酒，尔乐苦煞吾，把酒吃，酒杀尔，杀不死，乐尔乐。"

在这里，学生将无意义的数字系列赋以意义，并且化作视觉表象，把有意义的信息或视觉表象当作"衣钩"来"挂住"所要记住的数字。在记忆历史年代和常数时，这种方法行之有效。例如，有人在记忆巴黎公社起义的日期"1818年5月5日"时，联想为"马克思一巴掌一巴掌打得资产阶级呜呜地哭"。

4. 关键词法

关键词法就是将新词或概念与相似的声音线索词，通过视觉表象联系起来。例如，英文单词 tiger 可以联想成"泰山上一只虎"。这种方法曾一度在教外语词汇时非常有用。

这种记忆术也同样适用于其他信息的学习，如数学、物理公式、阅读理解、地理信息等。

一次绝对值不等式的解集：

$|x| > a$ 的解集为：$x > a$ 或 $x < -a$；$|x| < a$ 的解集为：$-a < x < a$。

可用谐音法记作"大鱼取两边，小鱼取中间"，同时联想到吃大鱼只吃两边的肉，吃小鱼掐头去尾只吃中间。

5. 视觉想象

许多有效的记忆术的基础都是通过形成心理想象来帮助人们对联系的记忆，如位置记忆法实际上就是一种视觉联想法，正是利用了心理表象。联想时，想象越奇特，记忆就越牢，因此可以使用夸张、动态、奇异的手段进行联想。例如，可以将"飞机—箱子"想象为"飞机穿过箱子"，"橘子—狗"可以想象为"一个比狗还大的橘子砸中了一条狗"。想象越奇特，加工就越深入越细致。

6. 语义联想

语义联想就是通过联想，将新材料与头脑中的已有知识联系在一起，赋予新材料以更多的意义。实际上，就是要在理解的基础上，把已有知识当作"衣钩"来"挂住"所要记住的新材料。下面的故事很好地说明了这一点。

有一次，欧洲有一个旅行团来到美国纽约，住在大中心区的一家宾馆里。出外游览之后回来，大家都忘了门牌号码。正在着急时，其中有一位科学家说出他的号码是2449号。因为，他当时看见这个数时，心中忽然想了一下，这不就是6的平方根值吗，只少一个小数点。

语义联想不仅有助于识记无意义的材料，而且更有助于识记有意义的材料。对于有意义的材料，要设法找出新旧材料之间的内在逻辑联系。例如，在记一个公式或原理时，要想一想，新公式或原理是如何从以前的公式或原理推导出来的。

### （二）充分利用背景知识

精细加工策略强调在新学信息和已有知识之间建立联系，可见背景知识的多少在学习中是非常重要的。对于某一事物，我们到底能学会多少，最重要的一个决定因素就是我们对这一方面的事物已经知道多少。有研究者曾让大学生学习棒球和音乐方面的信息，结果发现，那些熟悉棒球但不熟悉音乐的学生，棒球方面的信息学得多一些；相反，那些熟悉音乐而不熟悉棒球的学生，音乐方面的信息学得多一些。事实上，背景知识比一般学习能力更能帮助教师预测学生能学会多少。一个学生如果非常了解某一课题，那他就有更完美的图式融合新的知识。但是，学生往往不会使用他们已有的知识来学习新的材料。教师一定要引导学生把新的学习和他们已有的背景知识联系起来。

### （三）联系实际生活

我们学习的很多信息，往往只能适用于限定的、常常是人为的环境之中，也就是所谓的惰性知识。例如，我们在数学课上学了容量问题，但在生活中却不知如何用几个杯子量出一定量的水。生活中产生的许多问题，不是因为我们缺乏相应的知识，而是因为我们不能运用这些知识。我们记住某个信息，并不能完全保证我们能适时地运用它。我们不仅要记住某个信息，而且要知道如何以及何时使用所拥有的信息。教师不仅要帮助学生理解所学信息的意义，而且要帮助他们学会使用这些信息。有效的教学要求教师要教学生如何利用信息，如何把这些信息和其他信息联系起来，并在课堂以外的环境中应用它们。

## 三、组织策略

组织策略（organizational strategy）是一种整合所学新知识之间、新旧知识之间的内在联系，形成新的知识结构的认知策略。当然，组织策略和精细加工策略是密不可分的，如记笔记和写提要等实际上是组织策略和精细加工策略的结合。下面是一些常用的组织策略。

### （一）列提纲

列提纲时，先对材料进行系统的分析、归纳和总结，然后，用简要的语词，按材料中的逻辑关系，写下主要和次要观点。

例如,秦国巩固统一的措施。

政治措施:①称"始皇帝",掌官吏任免权;②设丞相、御史大夫、太尉;③实行郡县制,全国分三十六郡。

经济措施:①统一货币;②统一度量衡。

思想措施:①焚书;②统一文字;③坑儒。

军事措施:①南攻百越;②北击匈奴;③修筑长城。

所列出的提纲要具有概括性和条理性,但其效果取决于学生如何使用它。一种有效的方法是让学生每读完一段后用一句话概括;另外一种方法是让学生准备一个提要来帮助别人学习这些材料。这种活动可以促使学生认真考虑什么重要、什么不重要。

### (二)利用图示

#### 1. 系统结构图

学完知识后,教师要引导学生对学习材料进行归类整理,将主要信息归成不同水平或不同部分,然后形成一个系统结构图。复杂的信息一旦被整理成一个金字塔式的层次结构,就容易理解和记忆。在金字塔结构里,较具体的概念要放在较抽象概念之下。图9-5就是一例。

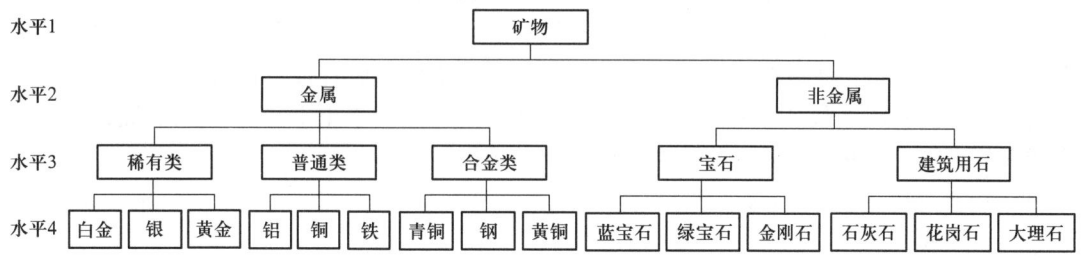

图 9-5　矿物分类的系统结构图示意

#### 2. 流程图

流程图可用来表现步骤、事件和阶段的顺序。流程图一般是从左到右或从上到下展开,用箭头连接各步。流程图可以与层次结构图相结合,例如,带分数相加的计算过程,如图9-6所示。

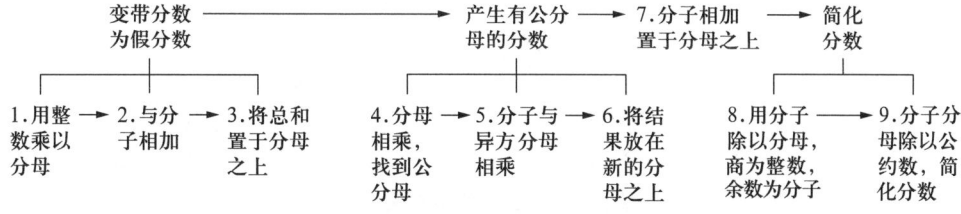

图 9-6　带分数相加计算的流程图示意

#### 3. 模式图或模型图

模式图就是利用图解的方式来说明在某个过程中各要素之间是如何相互联系的。例如,在政治经济学中,可以把生产力和生产关系、生产关系和经济基础、经济基础和上层建筑之间的关系,制成如图9-7所示的模式图。

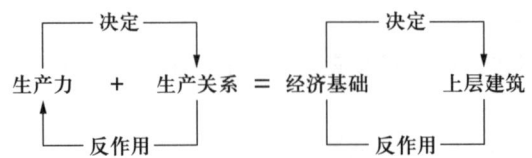

图 9-7 政治经济学中的模式图示意

模型图是用简图表示事物的形态结构和空间位置（静态关系），以及各部分的操作过程（动态关系）。图 9-8 模拟了 $H_2$ 分子的形成过程。

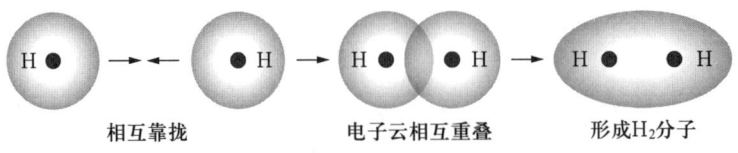

图 9-8 $H_2$ 分子的形成过程模型图示意

4. 网络关系图

网络关系图越来越受重视，利用关系图可以图解各种观点是如何相互联系的。人们将它称为概念图（concept map），在学习、教学和测评中加以广泛利用。制作关系图时，首先要找出主要观点；然后找出次要观点或支持主要观点的部分；接着标出这些部分，并将次要观点和主要观点联系起来。在关系图中，主要观点图位于正中，支持性的观点位于主要观点的周围。图 9-9 就是一张有关水的网络关系图[①]。

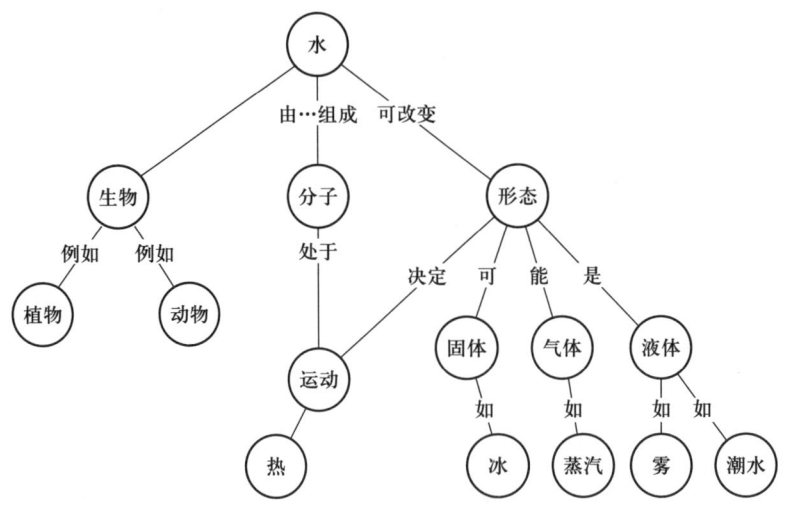

图 9-9 水的网络关系图示意

（三）利用表格

1. 一览表

首先对材料进行全面的综合分析，然后抽取主要信息，从某一角度出发，将这些信息

---

① 董奇，周勇，陈红兵. 自我监控与智力 [M]. 杭州：浙江人民出版社，1996: 247.

全部陈列出来，力求反映材料的整体面貌。例如，学习中国历史时，可以以时间为轴，将朝代、主要历史人物、历史事件全部展现出来，制成中国历史发展一览表。一览表还可以表示人物之间的关系。例如，《红楼梦》一书，人物众多，关系复杂，散见于各章，鲁迅先生综合各章信息后，制作了一张主要人物关系表（如图9-10所示）。

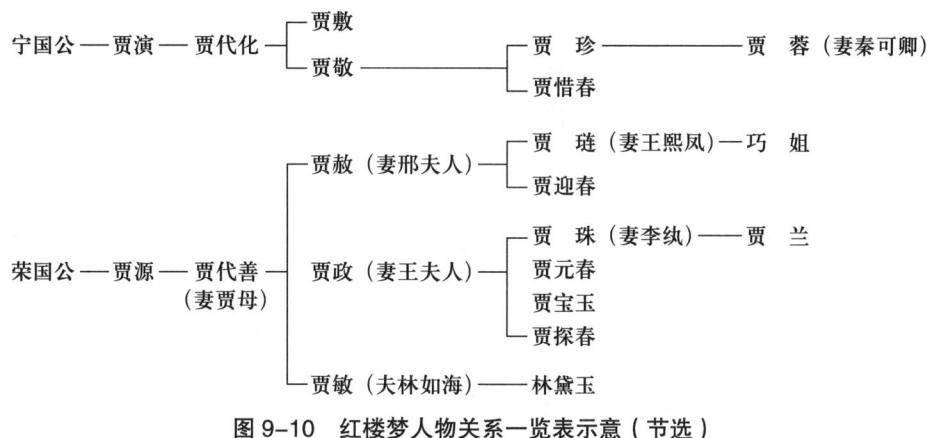

图 9-10　红楼梦人物关系一览表示意（节选）

一览表还可以表示概念之间的关系。

2. 双向表

双向表是从纵横两个维度罗列材料中的主要信息。层次结构图和流程图都可以衍变成双向表。表 9-1 就是一例。

表 9-1　双向表举例

| 维度 | 原子 | | |
| --- | --- | --- | --- |
| | 原子核 | | 电子 |
| | 中子 | 质子 | |
| 大小 | | | |
| 原子价 | | | |
| 位置 | | | |
| 数量 | | | |

## 第三节　元认知策略与资源管理策略

### 一、元认知及其结构

在学习的信息加工系统中，存在着一个对信息流动的执行控制过程，它监控和指导认知活动的进行，负责评估学习中的问题，确定用什么学习策略来解决问题，评价所选策略的效果，并且改变策略以提高学习效果。这个执行控制功能的基础是元认知（metacognition）。

元认知是对认知的认知，具体地说，是个体关于自己认知过程的知识和调节这些过程的能力，它包括两个独立但又相互联系的成分。①元认知知识：对认知过程的知识、观念。②元认知控制：对认知行为的调控。

元认知知识是对有效完成任务所需的技能、策略及其来源的意识——知道做什么，是在完成任务之前的一种认识。元认知知识主要包括以下三个方面。[①] ①对个人作为学习者的认识。在完成某一任务时，学习者首先要有对自己或他人作为学习者或思维者等认知加工者的一切特征的认识。具体来说，可分为三个方面。第一，关于个体内差异的认识。例如，正确地认识自己的兴趣、爱好、学习习惯、能力及其限度，知道如何克服自己在认知方面存在的不足，并且认识自己的学习观和知识观等。第二，关于个体间差异的认识，例如，知道人与人之间在认知方面以及其他方面存在种种差异。第三，关于主体认知水平和影响认知活动的各种主体因素的认识，例如，知道记忆、理解有不同的水平；知道注意在认知活动中的重要性；知道人的认知能力是可以改变的。②对任务的认识。在有关认知材料方面，个体应当认识到，材料的性质（如图形材料与文字材料）、材料的长度、对材料的熟悉度、材料的结构特点（如论说文与叙述文）、材料的呈现方式（如听觉呈现与书面呈现）、材料的逻辑性（如有组织的材料与无组织的材料）等因素都会影响我们的认知活动的进行和结果。在有关认知目标和任务方面，个体应当知道，不同认知活动的目标和任务可能是不同的，有的认知活动可能有更多、更高、更难的要求。例如，回忆一篇文章的大意要比逐字逐句准确回忆该文章要简单得多。③对有关学习策略及其使用方面的认识。这方面涉及内容很多，例如，进行认知活动有哪些策略？各种认知策略的优点和不足是什么？它们应用的条件和情境如何？对于不同的认知活动和不同的认知任务，什么样的策略可能是有效的？等等。

元认知控制就是运用自我监控机制确保任务能成功地完成——知道何时、如何做什么，它是对认知行为的管理和控制，是主体在进行认知活动的全过程中，将自己正在进行的认知活动作为意识对象，不断地对其进行积极、自觉的监控、控制和调节。因此，元认知控制过程包括制订认知计划、监控计划的执行以及对认知过程的调整和修改。

## 二、元认知计划策略

元认知计划是根据认知活动的特定目标，在一项认知活动之前计划各种活动、预计结果、选择策略、想出各种解决问题的方法，并预估其有效性。

元认知计划策略包括设置学习目标、浏览阅读材料、提出待回答的问题以及分析如何完成学习任务。给学习做计划就好比足球教练在比赛前针对对方球队的特点与出场情况提出对策。不论是为了完成作业，还是为了应付测验，学生在每一节课都应当有一个一般的"对策"。成功的学生并不只是听课、记笔记和等待教师布置测查的材料。他们会预测完成作业需要多长时间。在写作前获取相关信息，在考试前复习笔记，在必要时组织学习小组，以及使用其他各种方法。换句话说，成功的学生是一个积极的而不是被动的学习者。

---

① 董奇. 论元认知[J]. 北京师范大学学报，1989(1): 68-74.

## 三、元认知监控策略

元认知监控是在认知活动的实际过程中,根据认知目标及时评价、反馈自己认知活动的结果与不足,正确估计自己达到认知目标的程度、水平,并且根据有效性标准评价各种认知行动、策略的效果。

元认知监控策略包括阅读时对注意加以跟踪,对材料进行自我提问,考试时监控自己的速度和时间,等等。这些策略使学生警觉自己在注意和理解方面可能出现的问题,以便加以修改。例如,当为了应考而学习时,学生会向自己提出问题,并且会意识到某些章节自己并不懂、自己的阅读和记笔记方法对这些章节行不通,需要尝试其他的学习策略。

领会监控就是一种具体的监控策略。熟练的学生在阅读时自始至终都持续着这一过程。熟练的学生在头脑里会有一个领会的目标,如发现某个细节,找出要点等,于是,为了该目标而浏览课文。随着这一策略的执行,如果找出了这个重要细节,或抓住了课文的要点,熟练的学生会因达到目标而体验到一种满意感。但是,如果没有找到这个细节,或者读不懂课文,则会产生一种挫折感。如果领会监控最终表明目标没有达到,学生就会采取补救措施,如重新浏览材料,或者更仔细地阅读课文。

跟踪注意也是一种监控策略。有效地选择课本或讲演中的重要信息并加以注意是某些学生常常使用的一种策略。跟踪注意快的学生常常使用一些比较好的方法来选择恰当的信息加以注意。

## 四、元认知调节策略

元认知调节是根据对认知活动的结果的检查,根据对认知策略的效果的检查,及时修正、调整认知策略。

元认知调节策略与监控策略有关。例如,当学生意识到他不理解课文的某一部分内容时,他们就会退回去再次阅读不理解的段落;在阅读困难或不熟悉的材料时放慢速度;复习他们不懂的课程材料;测验时跳过某个难题先做简单的题目。调节策略能帮助学生矫正他们的学习行为,补救理解能力上的不足。

元认知计划策略、监控策略和调节策略总是相互联系在一起而协同工作的。在学习过程中,学生一般先认识自己的当前任务,然后使用一些标准来评价自己的理解、预计学习时间、选择有效的计划,然后执行学习计划,同时监控进展情况,并根据监控的结果采取补救措施。假如我们正在学习清政府将香港割让给英国的历史,开始时,我们可能会想,在未来的测验中,有关这些知识的考题可能会以简答题和论述题的形式出现,因此,决定用自己的话叙述要点和重要历史事件。在学习的过程中,发现自己经常搞混一些战争和条约,于是决定慢慢而细致地再读一遍;或者寻找其他线索,如图、表、索引等来帮助理解;或者退回到这一章更前面的部分。这意味着我们要能预测可能会发生什么,要学会知道哪些事件不太懂,以及如何去改正自己,用行得通的策略替代行不通的策略,随时变化或修改自己行为。所有这些都属于元认知策略。

元认知策略总是和认知策略一道起作用的。如果一个人没有使用认知策略的能力和愿望,他就不可能成功地认识、计划、监控和自我调节。认知策略是学习内容材料必不可少的工具，有助于将新信息与已知信息整合在一起，并且储存在长时记忆中。元认知策略则监控和指导认知策略的运用，有助于估计学习的程度和决定学习的过程。我们可以教学生使用许多不同的策略，但如果没有必要的元认知策略来帮助他们决定在某种情况下使用哪种策略或如何改变策略，那么他们就不是成功的学习者。

### 五、资源管理策略

成功的学生常常使用资源管理策略帮助他们适应环境或调节环境以适应自己的需要。资源管理策略是辅助学生管理可用环境和资源的策略，包括时间管理策略、学习环境管理策略、努力管理策略、学业求助策略。其中，学习环境管理策略主要是善于选择安静、干扰较小的地点学习，充分利用学习情境的相似性等。努力管理策略主要通过掌握一些方法来排除学习干扰，使自己的精力有效地集中在学习任务上。努力管理策略在学习动机一章中做过介绍了，这里重点介绍时间管理策略和学业求助策略。

#### （一）时间管理策略

【微课】
时间管理策略

时间是极其重要的学习资源，时间管理策略（time management strategies）是通过一定的方法合理安排时间、有效利用学习资源的策略。有研究者认为，时间管理行为应该包括分辨需求，根据其重要性来排序以及据此分配相应的时间和资源。训练学生掌握时间管理策略，需要帮助他们意识到时间计划的重要性，并优先考虑时间的运用。

#### （二）学业求助策略

学业求助策略（help-seeking strategies）是指当学生在学习中遇到困难时向他人请求帮助的策略，是一种重要的社会支持管理策略。加尔（N. L. Gall）按照求助者的目的将学业求助划分为执行性求助和工具性求助两类，如表9-2所示：执行性求助（executive help-seeking）是指请求他人"替"自己解决困难的行为；工具性求助（instrumental help-seeking），亦称适应性求助，是指借助他人的力量解决困难或者实现目标的行为。

表 9-2　学业求助策略

| 求助形式 | 特点 | 目的 |
| --- | --- | --- |
| 执行性求助 | 他人"替"自己解决困难 | 只想要答案或者希望尽快完成任务，自己不做任何尝试就放弃了获得成就的能力，选择了依赖而非独立掌握 |
| 工具性求助 | 他人提供思路或工具 | 为了独立地学习，借助他人的力量以达到自己解决问题或者实现目标的目的 |

采用工具性求助策略的学生在自己能够解决问题的时候会拒绝他人的帮助，能够自觉选择和控制别人对他帮助。除此之外，也有一些学生在遇到无法独立解决的困难时选择回避求助，因为他们担心会被别人认为笨。此时，教师要引导学生认识到，他人的帮助如同课本一样，是一种重要的学习资源。

## 第四节　学习策略的训练

　　教育的目标之一就是要帮助学生学会使用有效的学习策略。但是，常常有许多学生把学习中的困难归因于缺少能力，而实际上，他们的问题在于，很少有人教过他们如何学习。学生常常用没有必要的策略来学习复杂的材料。例如，当教师所提的问题需要学生对材料进行分析后才能回答时，学生逐字逐句地记录教师的授课内容就没有多大用处。学生只是了解各种不同的学习策略还不够，他们必须学会如何适当地使用这些策略，以及愿意（受激励）使用它们。例如，有些学生在参加考试前，只把书本阅读两三遍，结果成绩不理想。这些学生不会核查他们的理解。他们自以为都懂了，却不知用什么方法来测查自己是否真懂了，只有等到考完了，才知道自己并不懂这些材料。因此，教师的任务不仅是结合教学内容教学生具体的学习策略，而且要教会学生积极地适时地选用有效的学习策略。

### 一、学习策略训练的原则

　　人们在学习、阅读时常常使用各种不同的策略，但很少有什么学习策略总是有效，也很少有什么策略总是无效。学习策略的使用价值视具体情况而定。在进行学习训练时，不管教什么策略、怎么教这些策略，教师都要遵循主体性原则、内化性原则、特定性原则、生成性原则和效能性原则。

#### （一）主体性原则

　　主体性原则既是学习策略训练的目的，又是必要的方法和途径，任何学习策略的使用都有赖学生主动性和能动性的充分发挥。如果学生处于一种被动状态，学习目标、过程、方法都由他人包办代替，学习的效果也由他人评价，那么也就无从谈起学会了学习。因此，在训练中，教师要向学生阐明策略教学的目的和原理，使其领会，同时，教他们何时、何地及如何使用策略，而且要给学生充分运用学习策略的机会，并指导他们分析和反思策略使用的过程与效果，帮助他们进行有效的监控。

#### （二）内化性原则

　　内化性原则是指训练学生不断实践各种学习策略，逐步将其内化成自己的学习能力，并能在新的情境中加以灵活应用。内化过程需要学生将所学的新策略与头脑中已有的有关策略的知识整合在一起，并能熟练地应用，形成新的认识和能力。

#### （三）特定性原则

　　学习策略一定要适合学习目标和学生的类型。同样一种策略，年长与年幼的，成绩好的与成绩差的，用起来的效果就不一样。给别人写阅读提要可能是一种有效的学习方法，但对幼儿则可能相当困难。一年级的学生知道某些学习任务比其他学习任务难，三年级的学生知道不能理解某些事物的标志是什么。尽管如此，这些年幼的学生在这些方面毕竟能力有限。直到青少年时期，学生才有能力评价某个学习问题、选择一种策略去解决这一问题并且评价学习结果。当然，这并不意味着学习策略对这些年幼的儿童并不重要，而仅仅意味着教师要针对学习者的发展水平，确定哪些策略是最有用的。同时，教师还要考虑学习策略的层次，必须给学生各种各样的策略，不仅有一般性的策略，还要有非常具体的策略。

### （四）生成性原则

学习策略是否有效，其最重要的原则之一就是学生要利用学习策略对学习材料进行重新加工，生成某种新的东西，这需要高度的心理加工过程。生成性程度高的策略有给别人写内容提要、向别人提问、将笔记列成提纲、图解要点之间的关系、向同伴讲授课的内容要求。生成性程度低的策略有不加区分的画线、不抓要点的记录、不抓重要信息的肤浅的提要等，这些做法对学习都是无益的。

### （五）效能性原则

即使学生可能知道何时、如何使用策略，但是，如果他们不愿意使用这些策略，那么他们的学习能力是不会得到提高的。那些能有效使用策略的学生相信使用策略会影响他们的成绩。教师一定要给学生一些机会使他们感觉到学习策略的效力。学习策略训练课程必须包括动机训练，学生应当清楚地意识到一分努力一分收获。教师要树立这样一种意识：学习某材料时，要不断向学生提问和测查，并且根据这些评价给学生反馈成绩，以此促进学生主动使用学习策略，并认识到使用学习策略的重要性。

## 二、学习策略训练的教学模式

学习策略既是促进学习的条件，又是学校教育的重要目标。目前，虽然对学习策略的性质、结构和测量等问题还有待进一步研究，但是，人们都认识到，学习策略是可教的而且是可以迁移的。许多教育心理学家研发了各种学习策略训练教程，并进行了实验性的训练研究。下面，我们来看几种有代表性的学习策略训练的教学模式。

### （一）指导教学模式

指导教学（direct instruction）模式与传统的讲授法十分类似，由激发、讲演、练习、反馈和迁移等环节构成。在教学中，教师先向学生解释所选定学习策略的具体步骤和条件，在具体应用中不断给以提示，让学生口头叙述和明确解释所操作的每一个步骤，并报告自己应用学习策略时的思维，通过不断重复这种内部定向思维，加强学生对学习策略的感知、理解与保持。同时，教师依据每种策略选择许多恰当的事例来说明其应用的多种可能性，使学生形成对策略的概括化认识。提供的事例应从学生的认识水平出发，由简到繁，使学生从单一策略的应用发展到多种策略的综合应用，从而形成一种综合应用能力。

以阅读策略为例，指导教学的内容应包括以下几个方面。①策略是什么：涉及策略的含义、关键点和特征。②为什么进行策略的学习：涉及策略的目的和作用。③如何进行策略的学习：涉及学习策略的分解步骤或分解成分以及成分之间的关系。④何时、何地运用策略：涉及策略的适用条件。⑤如何评价策略的运用情况：涉及评价策略运用的效果和要采取的补救措施。等等。

有研究者[①]对阅读策略的指导教学进行了研究，他们指出，阅读策略指导教学模式的实施可分为三步：第一步，教师有意识地明确教学内容和方法，即在具体课程中明确策略知识中的陈述性知识、程序性知识，以及指导运用这些知识学习的方法；第二步，监控学科课程或阅读指导课程，根据学生水平和具体情境，采取明确、直接的指导，使学生掌握所教的策略知识；第三步，使学生运用阅读策略进行积极的监控，提高其阅读水平。

---

① 转引自：董奇，周勇，陈红兵.自我监控与智力[M].杭州：浙江人民出版社，1996：234–238.

其中，第二步是模式的核心部分，可以进一步划分为三步。①直接讲解。教师向学生明确讲解某种策略的相关知识，具体包括策略的含义与特征、作用，如何使用阅读策略，何时、何地运用阅读策略以及如何评价策略的效果。②示范。教师用语言向学生呈现阅读中的策略运用过程，将运用策略过程中不外显的心理活动过程明确地呈现给学生，这样可减少学生的模糊认识与猜测，使其能准确、恰当地掌握阅读策略。具体示范的内容分为两个方面：一是阅读的思维推理过程；二是自我监控过程，即如何有意识地控制策略的运用。在示范中，教师要明确告知学生，他们应当有意识地控制所学的策略，明确运用策略所需的条件，寻找策略中所包含的全部心理技能。③辅导学生正确运用阅读策略。在讲解和示范之后，教师还必须提供一定的练习机会，根据学生的具体进展给予适当形式的辅导，如解释或类比等，逐渐使学生熟练掌握所教策略。

在学习策略训练中，指导教学模式日益受到重视，尤其是对幼龄学生而言，这一模式比较有效。因为低龄儿童很难自己发现策略知识，有时即使自己发现了也不能自动运用这些知识。

有人分析了几种训练方法，从非常间接的方法（如发现法）到直接而明确的方法，从单一方法（如行为示范）到复合方法（如在示范的同时给以直接的讲解），结果表明，直接的复合方法比其他训练方法更可能促成有关策略的准确知识。因此，教师应当明确解释策略知识和示范策略运用过程，而且在学生尝试运用策略时给以指导和反馈。

当然，指导教学模式也有一定的局限性。例如，一些学习过程很难进行讲解，还有一些学习活动的具体过程还未确定下来，而且，有时难以确定将一个策略分解到什么程度最为有效。

### （二）程序化训练

程序化训练就是将活动的基本技能，如解题技能、阅读技能、记忆技能等，分解成若干有条理的小步骤，在其适宜的范围内，作为固定程序，要求活动主体按此进行活动，并经过反复练习使之达到自动化程度。

程序化训练的基本步骤包括以下几个方面。①将某一活动技能，按有关原理分解成可执行、易操作的小步骤，而且使用简练的词语来标志每个步骤的含义。例如，PQ4R阅读策略，包括预览（preview）、提问（question）、阅读（read）、反思（reflect）、背诵（recite）、复习（review）六个步骤。②通过活动实例示范各个步骤，并要求学生按步骤活动。③要求学生记忆各步骤并坚持练习，直至达到自动化程度。

### （三）完形训练

完形训练就是在直接讲解策略之后，提供不同程度的完整性材料，促使学生练习策略的某一个成分或步骤，然后，逐步降低完整性程度，直至完全由学生自己完成所有成分或步骤。例如，在教学生列提纲时，教师可先提供一个比较好的提纲，然后解释这些提纲是如何统领材料的，接着给学生提供一个不完整的提纲，对学生进行分步训练。具体步骤为：提供一个几乎完整的提纲，它需要学生在听课或阅读时填写一些支持性的细节；提供一个只有主题的提纲，要求填写所有的支持性细节；只提供支持性细节，而要求填写主要的观点。完形训练的优点在于能够使学生有意注意每一个成分或步骤，而且，每一步训练所需的心理努力都是学生能够胜任的，更为重要的是，每一步训练都给学生以策略应用的整体印象。

### （四）交互式教学模式

交互式教学（reciprocal teaching）主要用来帮助学困生进行阅读理解训练，它是由教师和一小组学生（大约6人）一起进行的①。交互式教学旨在教学生这样四种策略：总结，总结段落内容；提问，提与要点有关的问题；析疑，明确材料中的难点；预测，预测下文会出现什么。

一开始，教师示范这四种策略。例如，朗读一段课文，并就其核心内容进行提问，直到最后概括出本段课文的中心大意。提问是为了引起讨论，概述大意则有助于小组成员为阅读下一段课文做准备。然后，教师指定一个学生扮演"教师"，效仿教师的步骤，带领大家分析下一段内容。学生轮流担当"教师"。在这里，教师先树立一些榜样性行为，示范四种主要策略，然后改变自己的角色，在学生尝试使用策略时给予必要的帮助，起一个促进者和组织者的作用。研究表明，这种策略能改善学困生的学业成绩。

### （五）合作学习模式

许多学生可能已经发现，当自己和同学讨论所读到的和所听到的材料时，获益匪浅。有研究者通过实验研究，将这样一种学习形式规范化，并称之为"合作性讲解"②。在这种学习活动中，两个学生为一组，一节一节地彼此轮流向对方总结材料，当一个学生主讲时，另一个学生听着，纠正错误和遗漏。然后，两个学生彼此变换角色，直到学完所学材料为止。关于这种学习形式的一系列研究证明，合作学习比独自总结或单纯地阅读材料有效得多。有意思的是，合作性讲解的两个参与者都能从这种学习活动中受益，而主讲者比听者获益更大。

在实际教学中，教师不管采用什么方法进行学习策略的教学，都要结合学科知识。研究认为，学习策略知识不是孤立的，不能脱离专门知识。专门领域的基础知识是有效利用策略的前提条件，脱离知识内容的单纯训练容易导致形式化倾向，难以保证学生提高学习策略水平。教师要善于不断探索优化自己的教学步骤，为学生提供可以仿效的活动程序；同时，要根据学生已有学习方式和基础来拓宽学生的思路，让他们有意识地内化有效的学习策略。

## 三、常见的学习策略训练的方法

学习策略的训练必须结合到实际教学过程之中，策略的应用往往离不开具体的学科内容。例如，结合语文课教学生阅读和写作策略；结合数学课教学生解决问题的策略；结合历史和地理等课教学生理解和记忆的策略。下面将介绍在实际教学中如何对学生进行学习策略训练。

### （一）画线

在阅读中，画线是最常用的一种学习策略，它有助于学生快速查找和复习课文中重要信息。如果学生能够画出课文中重要的和相关的信息，他就能从课文中学到更多的东西。但问题在于大多数学生不能决定什么材料是最关键的，只是一味地画，这将降低对重要材

---

① PALINCSAR A S, BROWN A L. Reciprocal teaching of comprehension-fostering and comprehension-monitoring activities [J]. Cognition and instruction, 1984, 1(2): 117-115.
② SLAVIN R E. Educational psychology: theory and practice [M]. 4th ed. Boston: Allyn and Bacon, 1994: 243-244.

料的回忆。因此，教师必须教学生学会画线。

在教的过程中，教师应当首先解释在一个段落中什么是重要的，如主题句等；其次，教学生谨慎地画线，如只画一两个句子；最后，教学生复习和用自己的话解释这些画线部分。此外，还可教学生一些圈点批注的方法，与画线策略一起使用：①圈出不知道的词；②标明定义；③标明例子；④列出观点原因或事件序号；⑤在重要的段落前面加上星号；⑥在混乱的章节前画上问号；⑦做批注，如检查上文中的定义是否一致；⑧标出可能的测验项目；⑨画箭头表明关系；⑩注上评论，记下不同点和相似点；⑪标出总结性的陈述。

### （二）做笔记

在阅读和听讲中，做笔记是一种十分普遍的学习策略。表面上看来，笔记仅仅是信息的一种外部储存，其实，做笔记的意义远不止于此，它要求学生对材料的中心思想进行心理加工，并决定记什么，因而能促进对新信息的精细加工和整合。

做笔记的方式将影响整合和组织信息的方法。逐字逐句地做笔记是对材料的一字一句地编码；做总结性笔记是对材料的再组织和整合。有些笔记要求学生进行高度的心理加工，因而比纯粹笔录阅读材料要有效得多，例如，用自己的话组织和总结讲演中的要点，为了准备教别人而做笔记，以及为了找出复杂理论性材料的思想大意而做笔记，等等。

教师要有意识地教学生做笔记的具体方法。例如，教学生做笔记时不要在笔记本上写得密密麻麻的，不妨在笔记本的右边留出1—2厘米的空地，除了笔记正文外，随时记下老师讲的关键词、例子、证据以及自己的疑问和感想。这种方法不仅有利于在课外查阅参考书后做进一步充实完善，更重要的是利于复习和创造。复习时，看着笔记上老师讲过的某个生动的例子、实验、术语，都有助于加深对正文的理解和回忆，看着当时的疑问和联想，有助于引导思考和创造性地解决问题。

而且，教师还要教学生复习笔记。做笔记虽然有助于编码加工，但是做笔记的效果还取决于对笔记的复习，复习笔记的益处在于它能允许对材料的进一步精细加工和整合。有些学生并未意识到这一点，因此，教师要提醒学生不仅要反复地看笔记，而且还要积极地思考笔记中的观点，并与其他所学的信息进行联系。

为了促进学生做笔记和复习笔记，在课堂教学中，教师要注意：①讲得慢一点；②重复复杂的主题材料；③呈现做笔记的线索；④在黑板上写出重要的信息；⑤给学生提供一套完整的笔记，以做示范；⑥给学生提供结构式的辅助手段，如提纲或双向表等①。

值得注意的是，并非所有的学生都能从做笔记中受益，对能力较低的学生和处理听觉信息有困难的学生，做笔记效果较差。这样的学生也许先认真听老师讲授然后看老师的讲义更好些。

### （三）提问

提问有助于学生深入学习课文、教师的讲授以及其他信息。教师要教学生不时地停下来评估自己对课文或教师讲授内容的理解。例如，在获得某种信息后，要对这一信息进行这样一番思考：这一新信息意味着什么？与课文中的其他信息以及以前所学的信息有什么联系？是否可以用例子来说明这种新知识？例如，在理解"瑞士在国际关系中是一个政治

---

① SLAVIN R E. Educational psychology: theory and practice[M]. 4th ed. Boston: Allyn and Bacon, 1994: 242-243.

中立的国家"这一信息时，要善于把这一信息和瑞士与战争的历史联系起来，并且可能由中立关系推论出瑞士作为世界银行的角色。

许多研究者曾通过提问训练学生寻找故事中的角色、情景、问题和问题解答。如果教师在阅读时教学生提一些"谁""什么""在哪儿"和"如何"的问题，他们能领会得很好。有研究者给学生一张清单帮助他们构思创作，这张清单教学生向自己问以下一些问题：我写给谁看的？要解释什么？有什么步骤？……以此训练学生在活动中自己和自己对话，自己问自己或彼此之间相互提问。结果表明，学生能在解数学题、拼写、创作和许多其他课题中成功地学会自我谈话。

在介绍教学材料之前提问，有助于学生学习与问题有关的信息，但不利于学习与问题无关的信息。解决这一问题的方法就是提出与所有重要信息有关的问题。

### 本章概要

1. 学习策略是指学生为了提高学习的效果和效率，有目的、有意识地制定的有关学习过程的复杂方案。它包括认知策略、元认知策略和资源管理策略。

2. 复述策略是帮助个体在工作记忆中保持信息，运用内部语言在大脑中重现学习材料或刺激，以便将注意力维持在学习材料上的认知策略。常见的复述策略包括：利用无意识记和有意识记、排除相互干扰、多种感官参与、整体识记和分段识记、尝试背诵、过度学习、及时复习、分散复习和集中复习、复习形式多样化以及反复实践等。

3. 精细加工策略是一种将新学材料与头脑中已有知识联系起来，从而增加新信息的意义的一种深层加工策略。常见的精细加工策略包括：记忆术、充分利用背景知识以及联系实际生活等。

4. 组织策略是一种整合所学新知识之间、新旧知识之间的内在联系，形成新的知识结构的认知策略。常见的组织策略包括：列提纲、利用图示、利用表格等。

5. 元认知是对认知的认知，是关于个人自己认知过程的知识和调节这些过程的能力。它具有两个独立但又相互联系的成分：元认知知识与元认知控制。元认知策略包括元认知计划策略、元认知监控策略和元认知调节策略。

6. 资源管理策略是辅助学生管理可用环境和资源的策略，包括时间管理策略、学习环境管理策略、努力管理策略、学业求助策略。

7. 学习策略的训练要遵循主体性、内化性、特定性、生成性、效能性原则。学习策略训练的教学模式有指导教学模式、程序化训练、完形训练、交互式教学模式以及合作学习模式等。

### 思考题

1. 复述策略、精细加工策略和组织策略有什么区别？
2. 请设计一份针对学困生阅读理解能力训练的教学方案。

## 推荐阅读

1. 陈琦，刘儒德．教育心理学[M]．2版．北京：高等教育出版社，2011：第十一章．
2. 刘儒德．高效实用的记忆策略：来自心理学的建议[M]．上海：华东师范大学出版社，2013．

# 第十章 教学设计原理

教育心理学越来越注重为教学实践服务，使教学心理学的发展日趋完善。所谓教学心理学，是以学习和发展心理学原理为基础建立起来的一门应用心理学，其目的在于将教育心理学的原理与方法应用于学校情境中，通过各项有关教学问题的研究促进教学效果。如果将学习心理学视作基础科学的话，那么，教学心理学就是一门工程学。学习和发展心理原理着眼于对学生学习和发展过程的描述和解释，属于操作性理论，而教学设计原理则着眼于按照预定的标准来诊断和解决教学问题，属于操作性理论，最终都要落实在有计划的教学设计之中，转变为对教学情境的合理安排。教学设计主要包括设置教学目标，分析教学任务，确定评价程序，设计教学活动、材料和选择教学媒体，选择教学策略，设置教学环境等方面。本章将对其中的一些主要环节进行介绍。

## 本章结构

- 设置教学目标
  - 教学目标概述
  - 教学目标的分类
  - 教学目标的表述
  - 任务分析
- 设计教学过程
  - 教学事件
  - 教学方法
  - 教学媒体
  - 课堂教学环境
- 选择教学策略
  - 直接教学
  - 发现教学
  - 情境教学
  - 合作学习
  - 个别化教学

# 第一节　设置教学目标

## 一、教学目标概述

### （一）教学目标的含义

教学目标（instructional goal）是预期学生通过教学活动获得的学习结果。在实际教学中往往存在不同层次的教学目标。例如，教学目标可以针对一门课程或一门学科，如发展学生思维能力等，这样的目标一般比较抽象；也可以针对一节课或由几节课组成的一个知识点，如理解某一概念等，这样的目标一般比较具体，它明确表述了学生在经过这一节或一组课的教学活动之后所获得的各种学习结果。这里所说的教学目标是在相对具体水平上而言的。

【微课】
教学设计的过程

### （二）教学目标的作用

在教学中，明确教学目标有助于指导教师进行学习结果的测量和评价、指导教学策略的选用，并可以指引学生学习。

1. 指导学习结果的测量和评价

教学目标是评价教学结果的最客观和可靠的标准，教学结果的测量必须针对教学目标进行。如果教师在教学结束后的自编测验没有针对目标，那么，就没有测量到所想要测量的教学结果。如果某节语文课教学的目标是阅读理解，而测量的重点是词汇和知识的记忆，就会造成目标和测量的不一致，那么这种测量就是无效的。

2. 指导教学策略的选用

一旦确定教学目标后，教师就可以根据教学目标选用适当的教学策略。如果教学目标侧重知识或结果，则适于选择接受学习，与之相应的教学策略是讲授教学；如果教学目标侧重于过程或探索知识的经验，则适于选择发现学习，与之相应的教学策略是有指导的发现教学。

3. 指引学生学习

上课开始时，教师明确告诉学生学习目标，将有助于引导学生集中注意课中的重要信息，对所教内容产生预期。

## 二、教学目标的分类

布卢姆等人将教学目标分为认知、情感和动作技能三大领域。

### （一）认知目标

认知领域的教学目标分为知道、领会、应用、分析、综合和评价等六个层次，形成由低到高的阶梯。2001年，一些教育研究者出版了布卢姆分类法的首次修订版[①]。新版本继续保持了认知目标的六个维度（水平），只是顺序上稍有不同。这六个认知过程分别为知道（回忆）、领会（理解）、应用、分析、综合（创造）和评价。下面以原版本为例具体介绍各级水平的目标。

---

① ANDERSON L W, KRATHWOHL D R, AIRASIAN P W, et al. A taxonomy for learning, teaching and assessing: a revision of Bloom's taxonomy of education objectives[M]. New York: Longman, 2001.

1. 知道

知道是指对所学材料的记忆，包括对具体事实、方法、过程、概念和原理的回忆。它所要求的心理过程是记忆，这是最低水平的认知学习结果。例如，回忆范仲淹的《岳阳楼记》。

2. 领会

领会是指把握所学材料的意义。可以借助三种形式来表明对材料的领会：一是转换，即用自己的话或用不同于原文的方式表达自己的思想；二是解释，即对一项信息加以说明或概述；三是推断，即对事物之间的逻辑关系进行推理。领会超越了单纯的记忆，代表最低水平的理解。例如，用自己的话表述"先天下之忧而忧，后天下之乐而乐。"

3. 应用

应用是指将所学材料应用于新的情境之中，包括概念、规则、方法、规律和理论的应用。应用代表较高水平的理解。例如，学习了小数加减法之后，应用这些算法计算自己购物清单的总价格以及付款后的找零。

4. 分析

分析是指将整体材料分解成其构成成分并理解其组织结构，包括对要素的分析（如一篇论文由几个部分构成）、关系的分析（如因果关系分析）和组织原理的分析（如语法结构分析）。分析代表了比应用更高的智力水平，因为它既要理解材料的内容，又要理解其结构。例如，区分一篇报道中的新闻事实与作者观点。

5. 综合

综合是指将所学的零碎知识整合为知识系统，包括三个水平：用语言表达自己意见时表现的综合（如发表一篇内容独特的演说或文章）；处理事物时表现的综合（如拟订一项操作计划）；推演抽象关系时表现出的综合（如概括出一套抽象关系）。综合所强调的是创造能力，需要产生新的模式或结构。例如，根据给定的关键词和写作要求，撰写一篇文章。

6. 评价

评价是指对所学材料（论点的陈述、小说、诗歌以及研究报告等）做出价值判断的能力，包括按材料的内在标准（如材料内在组织的逻辑性）或外在标准（如材料对目标的适用性）进行评价。评价是最高水平的认知学习结果，因为它要求超越原先的学习内容，并需要基于明确标准的价值判断。例如，评价两篇文章中哪篇文章更有价值。

（二）情感目标

布卢姆等人根据价值观内化的程度将情感领域的教学目标分为接受、反应、形成价值观念、组织价值观念系统、价值体系个性化五个等级。

1. 接受

接受是指学生愿意注意特殊的现象或刺激（如课堂活动、教科书、文体活动等），包括三个水平：知觉有关刺激的存在；有主动接受的意愿；有选择地注意。接受是低级的价值内化水平。例如，跟着父母去京剧院看《群英会》时能够坐下来专心观看。

2. 反应

反应是指学生主动参与学习活动并从中得到满足。处于这一水平的学生，不仅会注意某种现象，而且会以某种方式对它做出反应（如自愿阅读规定范围外的材料），并在反应中获得满足（如以愉快的心情阅读）。这类目标与教师通常所说的"兴趣"类似，强调对特殊活动的选择与满足。例如，看演出时，看到演员演到精彩处，跟着观众一起喝彩。

3. 形成价值观念

形成价值观念是指学生将特殊对象、现象或行为与一定的价值标准相联系，对所学内容在信念和态度上表示正面肯定，包括三个水平：接受某种价值标准（如愿意改进社交的技能）；偏爱某种价值标准（如喜爱所学内容）；为某种价值标准做奉献（如为发挥集体的有效作用而承担义务）。这一水平的学习结果是将对所学内容的价值肯定变成为一种稳定的追求。相当于通常所说的"态度"和"欣赏"。例如，看完京剧以后，对京剧的价值有了新的认识。

4. 组织价值观念系统

组织价值观念系统是指将许多不同的价值标准组合在一起，消除它们之间的矛盾和冲突，并开始建立内在一致的价值体系。它包括两个水平：价值概念化，即对所学内容的价值的含义上予以抽象化，形成个人对同类内容的一致看法；组成价值系统，即将所学的价值观汇集整合，加以系统化。与人生哲学有关的教学目标属于这一级水平。例如，将京剧与电影进行比较后，认为京剧更重要；当同时有京剧和电影两个选择时，更愿意选择观看京剧。

5. 价值体系个性化

价值体系个性化是指个体通过学习，经由前四个阶段的内化之后，所学得的知识观念已成为自己统一的价值观，并融入性格结构之中。个体的行为具有普遍性、一致性，并且是可以预期的。其学习结果包括广泛的活动范围，但重在那些有代表性的行为或行为特征。例如，喜欢京剧的人最后成为一名京剧票友，在生活中经常冒出一两句京剧台词或唱腔，参与票友们的活动。

（三）动作技能目标

动作技能目标是指教师预期教学后在学生动作技能方面所应达到的目标。布卢姆等人将动作技能目标分为知觉、模仿、操作、准确、连贯、习惯化六个等级。

1. 知觉

知觉是指学生通过感官，对动作、物体、性质或关系等的意识能力，以及进行心理、躯体和情绪等的预先调节的能力（如表现出外部的感觉动作）。例如，观看乒乓球示范动作之后，能够感知正确的抽球方法和步骤。

2. 模仿

模仿是指学生按提示要求做出动作或再现示范动作的能力，但学生的模仿性行为经常是缺乏控制的（如表演动作是冲动的、不完善的）。例如，在观看乒乓球抽球的录像之后，能以一定的精确度来演示这一动作。

3. 操作

操作是指学生按提示要求做出动作的能力，但不是模仿性的观察（如按照指示表演或练习动作等）。也就是说，学生要能进行独立的操作。例如，在进行一段练习之后，能在10级操作成绩表上达到7级水平。

4. 准确

准确是指学生的练习能力或全面完成复杂作业的能力。学生通过练习，可以把错误减少到最低限度（如有控制地、正确地、准确地再现某些动作）。例如，能表演一个可以接受的抽球动作，至少成功75%。

5. 连贯

连贯是指学生按规定顺序和协调要求，调整行为、动作等的能力（如准确而有节奏地演奏）。

6. 习惯化

习惯化是指学生自动或自觉地做出动作的能力。经常性的、自然而稳定的动作就是习惯化动作，学生能够下意识地、有效率地协调一致地完成各部分的操作。例如，在乒乓球比赛中，能有效地抽球，准确率达到90%。

在实际生活中，认知、情感和动作技能这三方面的行为几乎是同时发生的。例如，学生写字时（动作技能），也正在进行记忆和推理（认知），同时，他们对这个任务会产生某种情绪反应（情感）。因此，在教学中，教师往往需要同时设置这三个方面的目标。

### 三、教学目标的表述

在表述教学目标时，教师要考虑教学目标的具体性问题。如果目标过于模糊，则对教学几乎没什么指导意义。例如，对于一节课来说，"教育学生做良好的社会公民"这一目标就显得太笼统了，没有人知道它具体指什么，学生要做一个良好的公民必须做什么。但是，如果目标过于具体，会让学生集中注意于具体的事实。下面，我们先来介绍如何设置行为目标，然后介绍如何设置心理与行为相结合的目标。

#### （一）行为目标

行为目标是指用可观察和可测量的行为陈述的教学目标。行为目标的陈述包括三个要求。①具体行为，即用行为动词描述学生通过教学而形成的可观察、可测量的具体行为，如"写出""列出""解答"等，旨在说明"做什么"。②产生条件，即规定学生行为产生的条件，如"根据参考书""按课文内容""不用笔算"等，旨在说明"在什么条件下做"。③行为标准，即提出符合行为要求的行为标准，如"没有语法或拼写错误""90%正确""30分钟内完成"等，旨在说明"做得好"。

例如，在语文课上，"通过教学培养学生的分析能力"就是一个含糊的教学目标，缺乏指导和评价意义，应改为：提供报上一篇文章（产生的条件），学生能将文章中的陈述事实的句子与发表议论的句子区分开来，做到全部正确（行为标准）。

#### （二）心理与行为相结合的目标

根据认知主义学习理论，在教学活动中，学生学习的实质是内在的心理变化，但内在的心理变化无法直接观察到，因此，有人提出了内部心理与外部行为相结合的目标陈述方法。用这种方法陈述的教学目标由两部分构成：第一部分为一般教学目标，用一个动词描述学生通过教学所产生的内部变化，如记忆、知觉、理解、创造、欣赏等；第二部分为具体教学目标，列出具体行为样例，即学生通过教学所产生的能反映内在心理变化的外显行为。

例如，在语文课上，可以这样陈述教学目标：

A. 理解议论文写作中的类比法（反映心理变化）。

　　a. 用自己的话解释运用类比的条件（行为样例）。

b. 在课文中找出运用类比法阐明论点的句子（行为样例）。

c. 对提供的含有类比法和喻证法的课文，能指出包含了类比法的句子（行为样例）。

这里，教学目标中的要义是"理解"，而不是"理解"的具体行为，a、b、c 所代表的仅仅是"理解"的许多可能的行为中的样例。这样，既强调了学生学习结果的内在心理变化，又克服了目标陈述上含糊不清的弊端，实现了内外结合。

### 四、任务分析

任务分析（task analysis）是指将教学目标逐级细分成彼此相联系的各种子目标的过程。在进行任务分析时，教师要从最终目标出发，一级一级子目标地揭示其先决条件，反复提出这样的问题——学生要完成这一目标，预先必须具备哪些能力——一直追问到学生的起始状态为止，然后把学生需要掌握的学习目标逐级排列出来。通过任务分析，教师能够确定出学生的起始状态；能够分析出从起始状态到最终目标之间必须掌握的知识、技能或行为倾向；能够确定为实现最终目标而逐级实现各级子目标的逻辑顺序。

例如，在某一节几何课中，最终教学目标是：在给出任意弦切角的条件下，学生能证明"弦切角等于它两边夹的弧所对的圆周角"。学生要完成这一任务，必须先知道什么是弦切角（概念学习），并知道弦切角包括直角、钝角和锐角（下位概念学习），还必须知道什么是弦切角两边所夹的弧（概念学习）。为了证明"弦切角等于它两边夹的弧所对的圆周角"，学生又必须知道圆弧所对圆周角和它所对圆心角的关系，即"圆弧所对圆周角等于它所对圆心角的一半"（规则学习）。要学习这一规则，学生又要知道圆弧（概念学习）、圆周角（概念学习）和"圆心角度数与其所对弧的度数的关系"（规则学习）。要知道后一规则，学生又需知道什么是圆心角（概念学习）。这一分析过程可以用图 10-1 表示[①]。

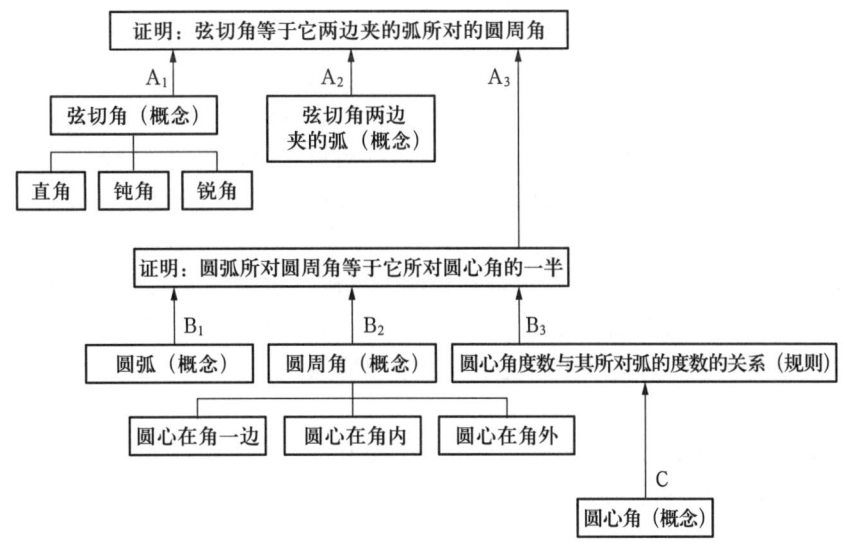

图 10-1　任务分析举例

---

[①] 皮连生. 学与教的心理学 [M]. 2 版. 上海：华东师范大学出版社，1997.

在图 10-1 中，$A_1$、$A_2$ 和 $A_3$ 是完成最终教学目标的先决条件，$B_1$、$B_2$ 和 $B_3$ 是实现 $A_3$ 的先决条件，C 又是实现 $B_3$ 的先决条件。通过这种分析，教师能确定学生的起点状态，以及从起点状态到最终目标之间所需完成的各级子目标，从而安排教学活动及其顺序，逐级获得所需的前提知识和技能，最终达成教学目标。

## 第二节 设计教学过程

在确定教学目标并分析任务之后，教师要组织教学过程中的几个基本要素，如教学事件、教学方法、教学媒体和材料以及课堂教学环境等。

### 一、教学事件

教学是有一定程序结构的。在教学程序中，学生按照事先设计的教学情境进行学习，这种按一定顺序进行的教学活动就是教学事件。加涅指出，学习的条件有内外之分。内部条件是学生具有必要的前提性智慧技能、学习动机与预期。外部条件就是教学事件，与学习的内部过程相对应。加涅提出，在教学中，要依次完成以下九大教学事件。

#### （一）引起学生注意

引起学生注意是教学过程中的首要事件。教师可以通过三种方式来引导学生的注意。①激发求知欲，即由教师提出问题，学生为了知道问题的答案，就会集中注意教师的讲解以及其他教学活动。②变化教学情境，即通过教学媒体，提高教学的直观形象性，促进学生的感知和思维活动。③配合学生的生活经验，即从学生最关心的问题入手，结合日常生活经验，然后转到所教主题之上。

#### （二）提示教学目标

在引起学生注意之后，教师要向学生说明教学目标，使学生在心理上做好准备，明确学习的结果和方法，以免学生在学习中迷失方向。在向学生陈述教学目标时，要注意用学生能够理解的语言，确保学生理解目标和结果，形成心理定势。这等于是让学生在已有知识基础上产生对新知识的期望。如果将未曾学习的新概念包含在教学目标之中，就会使学生感到困惑或不理解，从而无法达到教师说明教学目标时想要达到的定向效果。

#### （三）唤起已有经验

任何新知识的学习必须以已有知识和技能为基础。教师要激活学生头脑中与新知识有关的知识技能，以此为基础推导和发展出新知识。如果发现学生缺乏必需的基础知识技能，就要给予及时辅导，以免学生出现学习困难的情况。

#### （四）呈现教学内容

在整个教学过程中，以教学材料为中介的师生互动过程是特别重要的。教师在呈现教学内容时要根据教学材料的性质、学生学习特点与预期学习结果等有关问题，采用不同的教学方法和策略。

#### （五）提供学习指导

在呈现教学内容之后，教师要指导学生完成课堂作业。进行指导时要注意以下几点。①当学生对人名、地名等事实性的问题不理解时，可以给予直接指导，将正确答案直接告诉学生，因为事实性的问题是不能靠知识经验和思维加以推理的。②对于与学生经验有关的逻辑性问题，可以提供间接指导，即给学生一定的暗示或提示，鼓励学生自己进一步推理而求得答案。③在进行间接指导时，要根据学生个体差异而采用不同的方法，对于能力强、个性独立的学生，应给予较少指导，鼓励他们自行解决问题；对于能力差、个性依赖的学生，应给予较多的指导，直到得到正确答案为止。在学习指导中，教师要教学生如何将新旧知识联系在一起，并教学生一些记忆和理解的方法，促进学生对新知识的保持。

### （六）展现学习行为

学习是内在的心理活动，如果要想知道教学之后学生是否完成了学习，那就要让学生展现其外显行为。教师可以根据学生行为上的三种线索来判定学生是否产生了学习。①眼神和表情，当求知活动由困惑转为理解时，学生的眼神和表情会流露出一种满意的状态。②随时点名提问，让学生复述或解释所学知识，回答有关问题。③根据学生的课堂作业来检查全班学生的理解状况。

### （七）适时给予反馈

当学生表现出一次正确行为时，未必就表示他已确实习得了这种行为，因为靠短时记忆学到的东西如果不加以复习，就难以储存在长时记忆中。因此，教师要给学生提供反馈，使其整合新旧知识，加强对正确反应的记忆。学生反应的反馈线索可以来自他自己，如在技能的学习中，正确的行为导致正确的结果，根据行为的结果，自己能够找到体态活动与正确行为之间的关系。反馈线索也可来自教师，尤其是知识的学习，学生可以通过作业和谈话而获得反馈。

### （八）评定学习结果

通过学生的作业情况，或者课堂小测验，或者其他课堂问答，教师能够了解学生对本节课内容的掌握情况，根据学生中普遍存在的问题，给予一定辅导。

### （九）加强记忆与学习迁移

当确知学生获得了所教知识、技能之后，教师就要教学生学会如何记住知识，给学生复习的机会，以便巩固所学知识。并且，教师要提供一些问题和情境，使学生在情境中应用所学知识和技能，促进学习迁移。

## 二、教学方法

教学方法是指在教学过程中师生双方为实现一定的教学目标，完成一定的教学任务而采取的教与学相互作用的活动方式，它是整个教学过程中的一个重要组成部分，是教学的基本要素之一。在学校教育中，教师常常要用到以下一些基本的教学方法。

### （一）讲解法

讲解法是指教师向学生讲述事实、概念、原理，或描绘事物的现象及其发展过程和规律，或推导公式的由来。教师要讲清概念、规律，一般都是在一定的事实、现象的基础上，经过逻辑推理，上升到概念和理论。各科教学多数都要讲述一些事实和现象，因而讲解法是一种常用的教学活动形式。

### （二）演示法

演示法是指教师展示各种直观教具、实物或进行示范实验，使学生获得关于事物现象及其规律的感性认识的方法。在各科教学中经常使用这种方法，尤其是在物理、化学和生物课上使用比较频繁。在实际教学中，讲解和演示常常结合起来使用，激发学生兴趣，加深学生对概念原理的理解，讲解法和演示法一般被合称为讲演法。

演示法可以使学生获得丰富的感性材料，加深对事物的印象。教学中把理论与所展示的教具或实验演示结合起来，能使学生形成深刻、正确的概念，确信所学的各种原理原则的正确性。同时，演示法还可以激发学生的学习兴趣，集中注意力，并使学生学到的知识易于巩固。

### （三）课堂问答法

课堂问答法是指教师根据学生的已有知识或经验，提问学生，引导学生经过思考，对所提问题自己得出结论，从而获得知识、发展智力的教学方法。课堂问答的特点是师生之间不像讲解和演示时那样，教师讲、学生听，或信息单向交流，而是信息双向交流，教师可以提问，激发学生思考，学生可以回答问题，从而获得一定的教学反馈信息。教师对学生的回答要做出一定的总结、评价或指导，学生对自己的认识也可获得一定的反馈信息。师生在交互过程中根据反馈信息调整和改善教与学的活动。在问答过程中，教师要求学生回答自己所提出的问题，这常常会激发学生积极思考，并在回答问题的过程中，运用已有知识经验，通过判断推理，弄清新问题，获得新知识。这一过程既是学生融会贯通地掌握知识的过程，又是发展智力的过程，在经常回答问题的过程中锻炼了学生的表达能力。

### （四）练习法

练习法是指学生在教师指导下巩固和运用知识，掌握技能和技巧，这是各科教学普遍采用的一种教学方法。这种活动一般在学过新课之后或者进行阶段性知识整合复习时进行。学生在这种活动中，将已学的知识和技能运用到实际活动中，从而巩固知识、掌握技能。练习有助于培养学生分析问题和解决问题的能力，发展其创造性以及认真负责、克服困难的品质。

### （五）课堂自习法

课堂自习法是以学生自身的独立活动为主的学习活动。在课堂自习时，教师有时也让学生预习或复习课程材料，甚至让学生自学某些不难的课程材料或课外读物。课堂自习法不仅可以让学生通过阅读或其他学习活动（如探索等）而获得知识，而且有助于培养学生的自学能力。因此，必须以学生的阅读与操作活动为主要方面，教师起辅导者、咨询者和帮助者的作用。

### （六）讨论法

讨论法是指学生根据教师所提出的问题，在集体中相互交流个人的看法，相互启发，相互学习。在讨论中，教师可以提出问题，听学生回答、反应，并且试探更多的信息。但是，在一个真正的小组讨论中，教师要扮演比较次要的角色。学生彼此提问和回答问题，并且对彼此的回答做出反应。教师变为一个调节者，尽可能和许多学生一样参与讨论，保证讨论不离题，并且帮助学生做总结。

### （七）实验法

实验法是指学生在教师的指导下，利用一定的仪器设备进行独立操作，通过观察事物的变化而获取知识的方法。通过实验，学生能够亲自参加科学实践活动，获得感性经验，加深和巩固对知识的理解；能获得正确使用实验设备的操作技能；养成严谨的科学态度和求实精神；发展观察能力、思维能力和创造性，从而有利于发挥学生的主动性。在使用实验法时，教师要注意如何将实验整合到知识的理解和问题解决的过程中来，不能只是为操作而操作，而是要促进学生灵活运用知识来分析问题、提出假设、验证假设、处理数据结果以及表达思想观点等科学思维活动。

### （八）游戏法

游戏法是一种有吸引力的可以产生一定教学效果的学习活动，它是参与者遵循所描述的规则努力达到具有挑战性目标的活动。在教学中使用游戏主要存在这样几个原因。①玩是小学低年级学生学习的一个必不可少的成分，应当与学业目标融为一体。②强调以学习者为中心的学习理论认为，在游戏中，学生是一个积极主动的学习者，能控制自己的学习，因而发展了独立性和责任感。③应该让学生从整体上看问题，提倡真实性任务学习。④游戏是一种低廉而有效的培养学生动作技能和交际能力的手段。

在课堂教学中，教师可以将游戏应用于这样一些方面。①完成某些认知目标，尤其是那些含有再认或辨别的操练和练习，如语法、拼音、拼写、计算、公式、地名、基本概念以及术语等。②增强对某些主题的动机，如语法规则、拼写和乘法口诀等，这些主题一般难以吸引学生的注意力。③获得某些基本技能，如排序、方向感、数概念以及遵守规则等；④增强词汇技能。

### （九）参观法

参观法是指根据教学目的，组织学生对实际事物进行实地观察、研究，从而获得新知识或巩固、验证已有知识。参观法的作用是能有效地使教学与社会实际以及实际生活密切联系起来，丰富学生的感性经验，帮助学生更好地领会所学知识，激发学生的求知欲望等。

### （十）实习作业法

实习作业法是教师在课内外组织学生进行实际操作活动，将书本知识应用于实际，解决真实问题的方法。这有助于培养学生分析问题、解决问题以及实际操作的能力。实习作业不仅包括在校外的实地操作，如测量、生产、栽培等，也包括项目制作以及社会调查等研究活动，而且包括在课内进行的操作、探索类活动。所有实习作业活动必须与一定的知识技能联系起来。

## 三、教学媒体

教学媒体是教学信息的载体。一般来说，学校中的教学媒体包括以下几个方面。①非投影视觉辅助，如黑板、实物、模型、图形、表格、图片以及提纲等。②投影视觉辅助，如投影器和幻灯机等。③听觉辅助，如录音机等。④视听觉辅助，如电影、电视、录像以及远距离传播系统等。⑤综合操作媒体，如多媒体计算机等。各种媒体都有其独特的特点和作用。

选择教学媒体时，教师要综合权衡教学情境（如全班、小组和自学）、学生学习特点（如是否喜欢阅读、视听偏好）、教学目标的性质（认知、情感和动作技能），以及教学媒体的特性（如静止图像、动画、文字、口语）等方面的因素。戴尔（E. Dale）从直接具体经验到抽象经验排列了 9 种媒体，构成一个经验锥形图（如图 10-2 所示）。这 9 种媒体的排列方式与学习者的年龄有一定的关系。

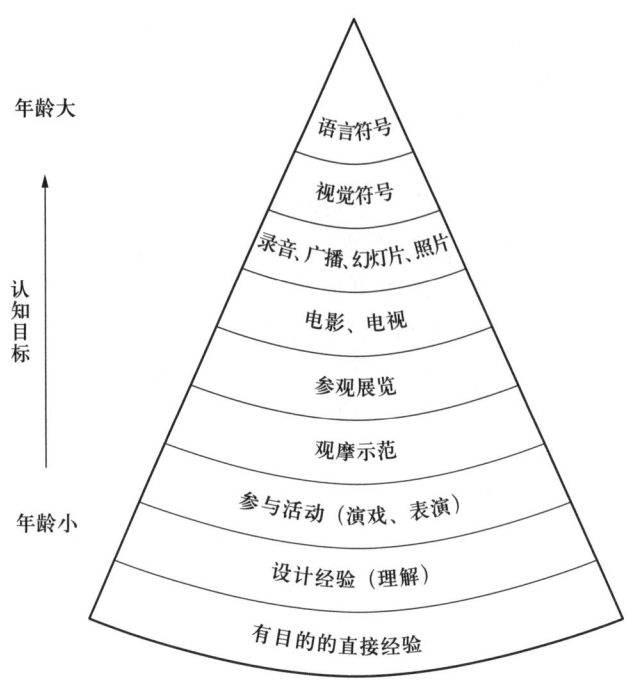

图 10-2　戴尔的经验锥形图示意

在这个经验锥形图中，学生开始被看作一名实际经验的参与者，然后是一名实际事件或中介事件（即通过某种媒体呈现的事件）的观察者，最后是一名（表征某一事件的）语言符号的观察者。这种排列有助于教师根据学生的学习能力和已有经验水平选择适当的媒体。例如，在"有直接目的的经验"的水平上，学生通过与实物、动物和人接触，"从做中学"。随着年龄的增加，图片或其他模拟的替代物能被用来获得某些经验。对于成熟的学生，通过锥形的顶端的"语言符号"进行阅读学习是十分有效的方法。

使用教学媒体是为了使教学遵循这样一个顺序而进行：从经验的直观动作表征、图像表征直到符号表征。因此，教师要确定学生当前的经验水平，利用教学媒体融入一定程度的具体经验，帮助学生整合新旧经验，促进学生对抽象概念的理解。例如，许多学生可能见过蚕在不同发育阶段的形态，也看见过茧，但是，他们需要将所有这些经验整合成一个抽象的概念：蚕的发育生长过程。当然，教师要注意在学习经验的具体性水平与学习时间的限制之间取得平衡。

值得一提的是，戴尔的经验锥形图中没有列入多媒体计算机，这是受时代所限。在当今，多媒体计算机和网络对人们头脑中传统教学媒体观念产生了冲击。多媒体计算机能集成文字、图形、图像、声音以及动画等多种媒体，并且具有很强的交互作用、储存巨量信息的能力以及虚拟现实的能力，而网络则提供了信息结构非线性与远程通信能力，这些潜力是前述各种媒体所无法比拟的，极有助于营造出一个理想的学习环境，促进现有教学模式从教学目标、内容、方法到组织形式发生根本性的变革，因此成为教育改革的基本背景之一。

### 四、课堂教学环境

课堂教学环境包括课堂物理环境和课堂社会环境两个方面。课堂社会环境涉及课堂规范和人际关系等,将在第十一章"课堂管理"中做专门介绍,此处主要介绍课堂物理环境。课堂物理环境除了自然条件(如光线、温度、空气以及色彩等)外,课堂空间的安排是心理学家们比较感兴趣的影响变量,因为教师如果能根据教学目标和活动而配以相应的空间安排,将有助于教学目标的实现。一般说来,教师组织课堂空间的方法有两种:第一种是按区域原则来安排课堂空间,即将课堂空间划分成一个个区域,某些区域只属于某个人,直到教师重新改变他的位置为止,这种安排特别适合面向全班的课;第二种是按功能安排课堂空间,即将空间划分为各种兴趣范围或工作中心,每个人都能达到各种区域,这种安排最适合于小组同时进行各种不同的活动。当然,这两种方法并不相互排斥,可以组合使用。

课堂座位排列方式要根据教学目标和方法而定。课堂讲授适宜采用传统的纵横排列方式。在这种排列方式中,学生的座位影响课堂教学和学习的效果。有研究表明,坐在教室前面几排以及中间几列的学生似乎是最积极的学习者,这一区域被称为"中心区域"(如图10-3所示)。教师大多时间都站在这一区域的前面,师生之间的言语交流大多集中在教室的这一区域,其他位置尤其是后面座位的学生则难以参与,并且更容易走神。因此,教师要经常变换学生在课堂中的座位。

讲台

图 10-3　课堂中的"中心区域"

如果教学方法是讨论,则适宜采用其他排列方式,如马蹄形和环形等。这些排列方式有助于教师与学生之间以及学生与学生之间进行多向交流。

## 第三节 选择教学策略

教学策略是指教师采取的有效达到教学目标的一切活动计划，包括教学事件的顺序安排、教学方法的选用、教学媒体的选择、教学环境的设置以及师生相互作用设计等。在教学中，由于教学目标、课题特点以及所持学习理论取向不同，教师会以不同方式来组织教学事件的程序结构，并采取相应的教学方法、媒体以及环境来实现这一程序。从师生的角色地位上看，有些课题主要包含高度有结构的知识和技能（如化学、数学、计算、语法等），如果教学目标是要求学生尽快地掌握这种知识和技能，则宜采用以教师为中心的讲授教学策略；但有些课（如创作课等）则是比较灵活开放的，需要学生积极参与和实践，如果教学目标重在提高学生的创造性、抽象思维能力和解决问题的能力，则宜采用开放的、以学生为中心的方法，如发现教学和探究教学策略。从教学的组织形式上看，如果是为了快速而高效地传递某一信息，则宜采用全班教学的策略；如果教学是为了增进学生的学习态度、刺激学生的好奇心、加强学生之间的合作，则宜采用小组合作学习的策略；如果为了适应个别学习的知识技能基础、学习能力以及独特需要，则宜采用个别化教学。

### 一、直接教学

#### （一）直接教学的含义

直接教学（direct instruction）是以学习成绩为中心、在教师指导下使用结构化的有序材料的课堂教学。在直接教学中，教师向学生清楚地说明教学目标；在充足而连续的教学时间里给学生呈现教学内容；监控学生的表现；及时向学生提供学习方面的反馈。由于在直接教学中，由教师设置教学目标，选择教学材料，控制教学进度，设计师生之间的交互作用，所以直接教学是一种以教师为主导的教学策略。

#### （二）直接教学的过程

直接教学包括以下六个阶段。

1. 复习和检查过去的学习

在开始上课时，教师要改正学生的家庭作业，复习近来教的内容，以此来开始新课。如果发现学生存在错误理解，就需要采取一定的补救措施。

2. 呈现新材料

教师要告诉学生新课的意图。然后一点一点地呈现新信息，示范某个程序，给出许多正例和反例，一定要确保学生理解了这些内容。

3. 提供有指导的练习

让学生在老师的指导下使用新信息进行练习。教师向学生提许多问题，给学生大量的机会来正确重复和解释刚教的程序和概念。教师要倾听学生的想法，发现其中的欠缺或误解。如果有必要，重教一遍，直到所有学生都能正确回答 80% 的问题。在这个阶段，学生的参与应当是积极的。

4. 提供反馈和纠正

在有指导的练习中，教师要给学生足够的反馈，当学生回答不正确时，如果有必要，要重教一遍；当学生回答正确时，要解释为什么这个回答是正确的。在这个阶段，即时反馈自始至终都是很重要的。

5. 提供独立的练习

让学生使用新学的信息自己进行练习，或者做课堂练习，或者做家庭作业。教师应当对学生的疑问提供简短的答案，应当容许学生彼此相互帮助。独立练习的成功率应达到95%，这意味着，学生在前面的讲解和有指导的练习中，为这些作业做好了准备，作业不能太难。对于学生来说，关键是要做练习，直到所学的技能已被学生进行过度的学习并且达到自动化程度。教师要让学生充分理解他们所做的作业中涉及的知识点。

6. 每周或每月的复习

每周或每月复习可以巩固学生的学习效果。每一周开始时，教师都应当复习上一周的课程内容，在每一月末，都应当复习这四周所学的东西，学生不能学了新课就忘了旧课。每周或每月的复习包括做家庭作业、经常性的测验、补习在测验中未通过的知识等。

（三）直接教学的适用条件

上面的这些过程并不是必须严格遵循某种顺序的一系列步骤，而是有效教学的因素，例如，反馈、复习、补习但凡有必要就要进行，并且要与学生的能力倾向相匹配。这些活动可以被看作教授结构良好的基本知识和技能的框架，与我国传统课堂中的授课方式相一致。

二、发现教学

（一）发现教学的含义

发现教学（discovery learning）是由布鲁纳提出的。它是指学生通过自身的学习活动而发现有关概念或抽象原理的一种教学策略。发现教学的一个基本标准是新信息的学习主要是学生自身努力的结果，学生组织所学材料的形式。布鲁纳认为，学习一般的原理固然重要，但尤其重要的是发展一种态度，即通过探索新情境、做出假设、推测关系以及应用自己的能力来解决新问题或发现新事物的态度。所谓发现，当然并非一定要发现人类尚未知晓的事物，它包括学生用自己头脑亲自获得知识的一切形式。

（二）发现教学的过程

一般来说，发现教学要经过四个阶段：首先，创设问题情境，使学生在这种情境中发现其中的矛盾，提出问题；其次，促使学生利用教室所提供的某些材料，针对所提出的问题，提出解答的假设；再次，从理论上或实践上检验自己的假设；最后，根据实验获得的一些材料或结果，在仔细评价的基础上引出结论。

布鲁纳和数学家迪因斯（Z. P. Dienes）合作设计了一个发现教学法的经典例子。教学任务是引导儿童发现二次方程式的因式分解规律。实验教学中首先让儿童熟悉表示数量的积木，即迪因斯积木（如图10-4所示），儿童可以玩弄这些积木块以获得知觉经验。

在儿童熟悉这些积木以后，布鲁纳向儿童呈现一个由积木拼成的正方形（图10-5（a）），并告诉儿童，这个图叫边长为$x$的正方形（即由$x \cdot x$个积木）。然后问儿童：你们能拼成比这个正方形更大的正方形吗？儿童拼出了另一个正方形（图10-5（b））。接着要求儿童描述他们拼成的图形。他们说："我们拼成的这个正方形是一个边长为$x$的正方形加上两个$x$长度，再加上一个单元。"

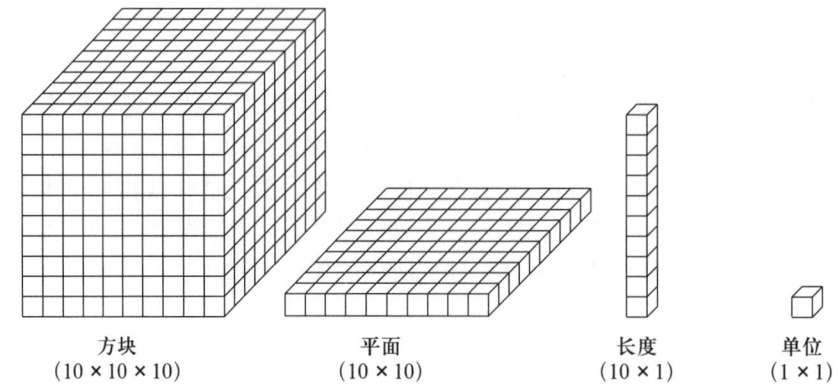

图 10-4　表示数量的迪因斯积木

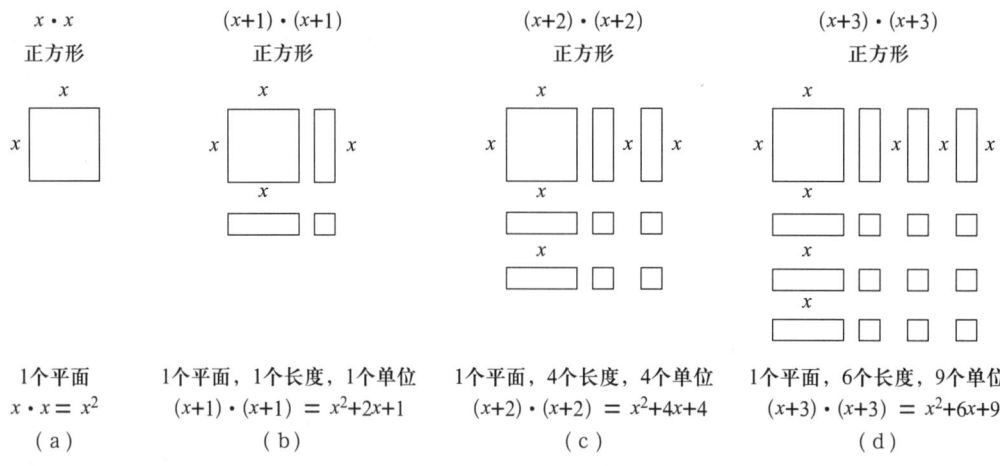

图 10-5　布鲁纳用于发现教学的积木组合

在此基础上，布鲁纳告诉儿童："我们还有另一种方式来说明你们所拼成的正方形的方法，即 $(x+1)\cdot(x+1)$。由于这是表示同一个正方形的两种基本方法，所以可以写成 $x^2+2x+1=(x+1)\cdot(x+1)$。依此类推，图 10-5（c）和图 10-5（d）可以分别写成 $(x+2)\cdot(x+2)=x^2+4x+4$ 和 $(x+3)\cdot(x+3)=x^2+6x+9$。

### （三）发现教学的原则

布鲁纳对发现教学的教学设计提出了四项原则。①教师要将学习情境和教材性质向学生解释清楚。②要配合学生的经验适当组织教材。教师要在研究教材和学生实际的基础上，根据教材内容设计一个一个的发现过程，要仔细设计要问的问题，选好案例，确保参考材料充足、设备完好，促进学生进行自我发现。③要根据学生的心理发展水平，适当安排教材的难度与逻辑顺序。例如，根据学生踩跷跷板的经验，设计了一个天平，让学生调节砝码的数量和砝码离支点的距离，以此让学生发现学习乘法的交换律。④确保材料的难度适中，维持学生的内部学习动机。材料太容易，学生缺乏成就感；材料太难，学生容易产生失败感。发现教学要进行得顺利，关键在于恰当地确定学生可进行独立探究的力所能及的最近发展区。只有教师给学生创设的问题情境最符合学生实际水平，只要"跳一跳"

就能达到任务要求时，学生的知识和能力才能得到最佳发展。这时学生就会经过独立思考亲自去发现教材中那些隐含的东西，概括出结论，使这些新东西很快纳入自己的认知结构里去，把知识变成自己智慧的财富。

**（四）发现教学的适用条件**

当学生具有成功所需的技能和动机时，发现学习最为有用。但发现教学在教授基本技能时并不如直接教学效率高。因此，发现教学可以不作为常规基础课的首选教学策略，但是在教授解决问题的技能、激发好奇心、鼓励自我指导的学习时它能用作一种补充的方法。

### 三、情境教学

情境教学（situated instruction）是指在应用知识的具体情境中进行知识教学的一种教学策略。在情境教学中，教学的环境是与现实情境相类似的问题情境；教学的目标是解决现实生活中遇到的问题；学习材料是真实性任务，这些任务未被人为地简化处理，隐含于现实问题情境之中，并且，由于现实问题往往同时涉及多方面的原理和概念，因此，这些任务最好能体现学科交叉性；教学的过程要与实际的解决问题的过程相似，教师不是直接将事先备好的概念和原理告诉学生，而是提出现实问题，引导学生进行与现实中专家解决问题的过程相类似的探索过程。学生解决问题所需要的原理和概念往往隐含在问题情境之中，学生为了解决当前问题而学习它们，通过解决问题而深刻理解它们，并把这些知识的意义与应用它们的具体问题情境联系在一起。对学习结果的测验将融入学生解决问题的过程之中，学生在解决实际问题过程中的表现本身就反映了其学习结果。教师也可在与学习情境相类似的问题情境中对学习结果进行评估。

阅读教学的全语言（whole language）方法就是情境教学的一个例子，这种教学强调，要使用真正的文学替代基础课文，将阅读、写作和语言艺术整合在一起，强调学生的责任和选择以及其他能促进阅读教学的因素。写作教学的过程与真正的创作出版过程相类似，让学生计划、打草稿、修改、编辑和最后"出版"给真正的读者看，每一次都会从老师和同学那里得到帮助和反馈。

### 四、合作学习

**（一）合作学习的含义**

合作学习（cooperate learning）是这样一种教学策略：在其中，2—6名能力各异的学生组成一个小组，以合作和互助方式进行学习活动，共同完成小组的学习目标，在促进各自学习水平的前提下，提高整体成绩，获取小组奖励。合作学习的目的不仅是为培养学生主动求知的能力，而且是为发展学生合作过程中的人际交流能力。

**（二）合作学习的特征**

合作学习在设计与实施上必须具备五个特征[①]。①积极相互依赖，是指以责任分担的方式达成合作追求的共同目的。真正有效的分工合作必须符合两个条件：一是每个学生都必须认识到工作是大家的责任，成败是大家的荣辱；二是工作分配要适当，必须考虑每个学

---

① 张春兴. 教育心理学 [M]. 杭州：浙江教育出版社，1998: 278–280.

生的能力与经验，做合理安排。②面对面相互促进，是指将工作中应在不同时间完成的各种项目分配给各个人，以便发挥分工合作的效能。③个体责任，合作学习的基本理念是取代为了获得承认和评级而进行的竞争，转而同心协力追求学业成就，因为合作学习的成就评价是以团体为单位的。若此，大家都是成功者，没有失败者。要想成功，团体成员必须各尽其力，完成自己分担的工作，并且要互相帮助。④社交技能，合作学习的成效取决于团体成员之间的互动，即大家在态度上相互尊重，在认知上能集思广益，在情感上彼此支持。为此，学生们必须具备两项基本技能，一是语言表达能力，二是待人处事的基本社交技巧。⑤团体历程，是指由团体活动构成的达成预定目标的历程。这些团体活动包括如何分工、如何监督、如果处理困难以及如何维持团体中成员间的关系等。

### （三）合作学习的组织形式

合作学习的组织形式非常多，这里只介绍最基本的几种，其他方式可被看作这些形式的变式。

1. 共同练习小组

教师先用常规方法向全班呈现教学内容，然后分组来掌握，小组由4名能力不同的学生组成，已掌握了的学生要帮助较慢的同伴。小组一起进行操练和练习，学生也可参与讨论和提问。最后，学生以个人形式参加小测验，小组分数根据组内成员们的进步程度而计算，以小组总分为准。这样，小组对每个成员的学习负有责任，能确保小组内的合作和辅导，反应慢的小组就有机会获得承认和提高。小组每隔5—6周改编一次，给每个学生提供一个与其他学生合作学习的机会，并给成绩低的小组成员提供一个获得更高成绩的机会。

2. 小组–游戏–锦标赛

这种方式不是使用测验，而是每周一次的"锦标赛"。每个小组由三人组成，每一个成员都给小组挣积分，成绩低的学生与其他小组成绩低的学生相比，成绩好的与成绩好的比，比分都是相等的，这样成绩低和成绩高的作用是相等的。成绩高的小组将获得证书或其他形式的小组奖励。为了平衡，根据个人的表现，每周重新分一次小组。

3. 纵横交叉式合作

学生以4—5人为一组，完成某一项具体的任务、作业或计划。小组成员在资源、信息和学习任务上彼此相依。每一个小组成员在某一领域成为一名"专家"，和其他小组的类似专家一起学习和讨论，然后回到原来的组教其他成员。

4. 集体完成项目

4—5个能力不同的学生组成一组，一起完成某个学习任务，整个小组只上交一个作品，评分时以组为单位记分。这种模式强调小组要进行某种活动和讨论。小组成员被指定扮演特定的角色并完成任务，促进小组得奖。

### 五、个别化教学

个别化教学（individualized instruction）是指让学生以自己的水平和速度进行学习的一种教学策略。个别化教学大致包括以下几个环节。①诊断每个学生的初始学业水平或学习不足。②在教师与学生或机器与学生之间构成一一对应关系。③引入有序的、结构化的教学材料，随之进行操作和练习。④允许学生以自己的速度学习。下面简单介绍几种经典的个别化教学模式。

### （一）程序教学

程序教学（programmed instrution）是一种能让学生以自己的速度和水平自学，以特定顺序和小步子安排材料的个别化教学方法。其始创者通常被认为是教学机器的发明人普莱西（S. Pressey），但对程序教学贡献最大的却是斯金纳。程序教学以精心设计的顺序呈现主题，要求学习者通过填空、选择答案或解决问题，对问题或表述做出反应，在每一个反应之后及时予以反馈，使学生能以自己的速度学习。

### （二）计算机辅助教学

计算机辅助教学（computer assisted instruction，简称CAI）是指将计算机作为一个辅导者，呈现信息，给学生提供练习机会，评价学生的成绩以及提供额外的教学。与传统的教学相比，CAI具有这样几个优越性。①交互性，即人机对话，学生可以根据自己的学习情况选择学习路径、学习内容等。②即时反馈，即可以对学生的某一学习行为予以及时反馈。③以生动形象的手段呈现信息。④自定步调等。

### （三）掌握学习

掌握学习（mastery learning）是由布卢姆等人提出来的，其基本理念是：只要给了足够的时间和适当的教学，几乎所有的学生对几乎所有的学习内容都可以达到掌握的程度（通常要求达到完成80%—90%的测验题目）。学生在学习能力上的差异并不能决定他能否学会教学内容，而只能决定他将要花多少时间才能达到对该项内容的掌握程度。换句话说，学习能力强的学习者，可以在较短的时间内达到对某项学习任务的掌握水平，而学习能力差的学习者，则要花较长的时间才能达到同样的掌握程度，但他们都能获得通常意义上的A等或B等。

基于这一理念，布卢姆等人主张，要将学习任务分成一系列小的学习单元，后一个单元中的学习材料直接建立在前一个单元的基础上。每个学习单元中都包含一系列课程，它们通常需要1—10小时的学习时间。然后，教师编制一些形成性测验（即在学习之前或之中进行的测验）。学完一个单元之后，教师对学生进行总结性测验（这些测验提供了学生对单元中的目标掌握情况的详细信息）来评价学生的最后能力。达到了所要求的掌握水平的学生，可以进行下一个单元的学习。如果学生的成绩低于规定的掌握水平，就应当重新学习这个单元的部分或全部，然后再测验，直到掌握。采用掌握学习这种方法，学生的成绩是以成功完成单元内容所需的时间为依据的，而不是看学生在团体测验中的名次。学生的成绩仍然有差异，这种差异表现在他们所掌握的单元数或成功学完这些单元所花的时间上。

## 🍃 本章概要

1. 教学目标是预期学生通过教学活动获得的学习结果。在教学中，明确教学目标有助于指导教师进行学习结果的测量和评价、指导教学策略的选用、指引学生学习。

2. 布卢姆等人将教学目标分为认知、情感和动作技能三大领域。认知领域的教学目标分为知道、领会、应用、分析、综合和评价六个层次；情感领域的教学目标根据价值内化的程度而分为接受、反应、形成价值观念、组织价值观念系统以及价值体系个性化五个层次；动作技能领域的教学目标包括知觉、模仿、操作、准确、连贯与习惯化六个层次。

在教学中，教师往往需要同时设置这三个方面的目标。

3. 在表述教学目标时，要考虑两个方面：一是设置行为目标，包括具体行为、产生条件与行为标准；二是设置心理与行为相结合的目标，包括一般教学目标和具体教学目标。

4. 任务分析是指将教学目标逐级细分成彼此相联系的各种子目标的过程。在进行任务分析时，教师要从最终目标出发，一级一级子目标地揭示其先决条件，一直追溯到学生的起始状态，然后把学生需要掌握的学习目标逐级排列出来。

5. 在教学中，要依次完成九大教学事件：引起学生注意、提示教学目标、唤起已有经验、呈现教学内容、提供学习指导、展现学习行为、适时给予反馈、评定学习结果、加强记忆与学习迁移。

6. 教学方法是指在教学过程中师生双方为实现一定的教学目标，完成一定的教学任务而采取的教与学相互作用的活动方式。在学校教育中，教师常常要用到讲解法、演示法、课堂问答法、练习法、课堂自习法、讨论法、实验法、游戏法、参观法以及实习作业法。

7. 学校中的教学媒体包括非投影视觉辅助、投影视觉辅助、听觉辅助、视听觉辅助以及综合操作媒体等。选择教学媒体时，要综合权衡教学情境、学生学习特点、教学目标的性质以及教学媒体的特性等方面的因素。

8. 课堂空间的安排要根据教学方法而定，课堂讲授适宜采用传统的纵横排列式。合作学习和课堂讨论等教学方法适宜采用马蹄形、环形等座位排列方式。

9. 教学策略指教师采取的有效达到教学目标的一切活动计划，包括教学事件的顺序安排、教学方法的选用、教学媒体的选择、教学环境的设置以及师生相互作用设计等。在教学中，由于教学目标、课题特点以及所持学习理论取向不同，教师将采用不同的教学策略。

10. 直接教学是以学习成绩为中心、在教师指导下使用结构化的有序材料的课堂教学，是一种以教师为主导的教学策略，包括六个阶段：复习和检查过去的学习、呈现新材料、提供有指导的练习、提供反馈和纠正、提供独立的练习以及每周或每月的复习。它适用于教授结构良好的基本知识和技能。

11. 发现教学是指学生通过自身的学习活动而发现有关概念或抽象原理的一种教学策略。它要经过四个阶段：创设问题情境、提出解答的假设、检验假设以及引出结论。当学生具有成功所需的技能和动机时，发现学习最为有用，可在教授解决问题的技能、激发好奇心、鼓励自我指导的学习时用作一种补充的方法。

12. 情境教学是指在应用知识的具体情境中进行知识教学的一种教学策略。在情境教学中，教学的环境、教学的目标、学习材料、教学的过程以及学习测评都要与真实情境的问题解决保持一致。

13. 合作学习是这样一种教学策略：在其中，2—6名能力各异的学生组成一个小组，以合作和互助方式进行学习活动，共同完成小组的学习目标，在促进各自学习水平的前提下，提高整体成绩，获取小组奖励。真正意义上的合作学习必须具备五个特征：积极相互依赖、面对面相互促进、个体责任、社交技能、团体历程等。合作学习的组织形式有共同练习小组、小组－游戏－锦标赛、纵横交叉式合作以及集体完成项目等。

14. 个别化教学是指让学生以自己的水平和速度进行学习的一种教学策略。典型的个别化教学模式有程序教学、计算机辅助教学和掌握学习。

## 思考题

1. 结合实例，说明如何陈述认知教学目标并进行任务分析。
2. 设计一则教案，说明如何根据加涅的九大教学事件进行指导教学设计。
3. 设计一则教案说明如何利用发现教学、情境教学或合作学习来促进学生主动学习。

## 推荐阅读

1. 陈琦，刘儒德. 教育心理学[M]. 2版. 北京：高等教育出版社，2011：第十三章.
2. 刘儒德. 学习心理学[M]. 北京：高等教育出版社，2010.

# 第十一章　课堂管理

教师要顺利完成教学的各个环节，必须自始至终对课堂进行有效的管理。首先必须明确什么是所期望的学生行为，什么是不适当行为，并让学生懂得自己在不同的场合应该怎样做。然后，教师要把教学目标中提出的对学生的期望转变为课堂活动的程序和常规，并将一部分程序和常规制定为课堂守则，以便指导学生的行为，促使学生积极主动地学习。此外，教师还需要妥善处理好课堂里的各种人际关系，实现与学生、课堂情境的协调，最终达成教学目标。

## 本章结构

- 课堂规范的建立与维持
  - 课堂管理的目标
  - 课堂规范的设计与维持
  - 课堂管理策略
- 课堂问题行为
  - 问题行为的原因分析
  - 课堂一般问题行为
  - 课堂严重问题行为
  - 行为矫正
- 师生互动与人际沟通
  - 教师的领导风格
  - 教师对学生的影响
  - 课堂人际交往
  - 课堂人际沟通

## 第一节　课堂规范的建立与维持

### 一、课堂管理的目标

我们常常以为课堂管理是为了建立课堂秩序，为了使学生保持安静，这些想当然的认识存在一定误区。课堂管理之所以重要，至少存在以下三个目标。

#### （一）争取更多的时间用于学习

课堂管理的一个重要目标是尽量争取时间用于学习。学生所花的学习时间越多，学习成绩越好。学生的学习时间资源并不是无限的。一学年有多长，一学期有多少周，一周有多少天，一天有多少时间，有多少课堂时间用于教学，多少时间用于自习，多少时间用于午休、课间操、打扫卫生等，学校都事先做了明文规定和安排，教师不得随意改动。在这个大前提下，我们来探讨课堂在所规定的教学时间里如何为学生争取更多的学习时间。

教学时间可以分为四个层次。①分配时间，是教师为某一特定的学科课程设计的时间，这是由课表决定的。②教学时间，是在完成常规管理以及管理任务（如考勤、处理课堂行为问题等）之后所剩的用于教学的时间。③投入时间，也称为专注于功课的时间，属于教学时间。它是学生实际上积极投入学习或专注于学习的时间。④学业学习时间，是学生以高成功率完成学业所花的时间。

对于某些学生来说，学业学习时间大大少于分配时间。许多研究表明，学生课堂学习时间的质量，如投入时间和学业学习时间，与他们的成绩呈明显的正相关。因此，教师为学生争取更多的学习时间的真正含义，就是使学生投入有价值的学习活动，从而提高所用时间的质量。

争取更多的时间用于学习，可以通过直接的方法，也可以通过间接的方法来实现。既然争取时间是课堂管理的第一个目标，那么课堂管理的所有措施（包括处理学生的不良行为），都可以看作争取学习时间的间接方法。

#### （二）争取更多的学生投入学习

每一个课堂活动都有一定的参与规则。教师对有些规则做了明确表述，但对有些规则则没有做表述。教师和学生都没意识到他们在不同的活动中遵守着不同的规则，这种差异往往是极其细微的。例如，在有些课上，学生要想回答问题先要举手，而在有些课上则不必举手，只要看看教师示范就行。这种规定了在不同的活动中如何参与教学活动的规则通常被称为参与结构。学生要成功地参与某一个活动，就必须理解参与结构。但是，理解并非易事，因为有些参与结构常常是不做表述的。在学校中，有些学生比其他学生的参与性要高。学生在家里与家人之间的交往也有一个参与结构，但有些学生的家庭内部的参与结构和学校的参与结构可能不一致。例如，在有些家庭，家人在谈话时每个家庭成员都可以随时插话，但在学校的交流中，这会被看作打断别人的谈话。

为了使所有的学生都顺利投入学习活动，教师一定要确保每个人都知道如何参与每一个具体的活动，使他们知道教师的规则和期望是什么。同时，教师需要考虑这些规则是否适合学生，给学生提供的参与信号是否明确一致，等等。有时，教师需要使课堂参与结构与学生的家庭经验相一致。

### （三）帮助学生进行自我管理

任何管理系统的目标之一都应当是帮助学生很好地管理自己。当然，鼓励学生自我管理可能需要额外的时间，但是，这种努力投资是值得的。如何让学生对自己的课堂行为进行自我管理呢？首先，让学生更多地投入课堂规则的制定；其次，用较多的时间要求学生反思需要某些规则的原因以及他们产生不良行为的原因；再次，应当给学生机会考虑他自己怎样计划、监控和调节自己的行为；最后，教师应要求学生回顾课堂规则，提一些必要的修改建议。

### 二、课堂规范的设计与维持

建立一个有效的课堂管理系统要经历三个时期：设计（学年开始之前）、管理（学年开始几周）、维持和完善（学年之中）①。

#### （一）设计

在小学，教师每天都要带着 30—50 个能力各异的学生进行各种教学活动。如果没有有效的规则程序，大量的时间就会浪费在反复回答这样一些相同的问题上：我的铅笔断了，我怎么做作业？我的作业做完了，我现在做什么？老师，某某打我！等等。在中学，学生一天内要学习更多课程，有时还要换教室、实验室，而且，中学生不像小学生，他们更容易向老师的权威挑战。若不制定规则和程序，课堂管理就无从谈起。

一开学，教师首先要遇到课堂的物理环境问题，安排课堂的物理环境是课堂管理的良好开端，教师和学生要在这个课堂环境下学习很长一段时间。每个学生的座次如何安排？周围的墙壁如何布置？这些问题都需要教师认真考虑，目的是提供一个最好的环境以容许学生有序流动，减少分心并且最佳地利用空间。

一旦安排好了课堂环境，教师就能把学生的注意力转向课堂程序和规则的设计方面。课堂程序和规则的设计由这样三步构成：确定所期望的学生行为；把期望转换成程序和规则；确定后果。

1. 确定所期望的学生行为

进入课堂之前，教师一定要想清楚自己的期望是什么。做决策时，教师也可利用在其他课堂上观察到的有效的课堂程序和教学经验。注意设立规则时要针对课堂活动的多样性（课堂自习、小组学习、全班教学等），不同情境下有不同的所期望的学生行为。例如，在全班教学中，当教师呈现信息时，教师期望学生静静地倾听。学生虽然懂得这一条，但并不能保证他们在实际课堂中可以做出适当的行为。同时，教师还要充分考虑如何最优利用空间、设备以及一些常规程序。

2. 将期望转化成程序和规则

当教师弄清楚自己的期望之后，一定要将它们转化成具体的程序和规则。课堂程序和规则是有区别的。程序是一个活动的步骤，它描述如何参与课堂活动，在什么条件下学生能离开教室，上课铃和下课铃响时学生应当如何反应，以及一些与设备安全有关的特殊程序，它们只是班级中完成事件的方法而已，很少被写成书面的东西。

规则是一些条文，这些条文确定所期望和禁止的行为，哪些能做，哪些不能做，要

---

① 陈琦，刘儒德. 当代教育心理学 [M]. 北京：北京师范大学出版社，1997: 304–308.

写成书面的东西并且要传达给学生。在设立规则时，教师要想一想要形成一个什么样的气氛；为了有效地教，需要学生具有什么行为，对学生需要什么限制。最好有一些一般性的规则来覆盖具体规则，而不是列出所有能做的和不能做的指令。但是，如果有些具体的动作是被禁止的，如在课堂里吃手指或咬笔尖，那么就要做出明确禁止的规定。

3. 确定后果

教师要和学生讨论遵守或者无视课堂程序和规则的后果。如果等到规则被破坏之后才做决定，就为时已晚。如果有言在先，学生就能事先知道，违反程序、破坏规则对他们来说意味着什么。

（二）管理

一学年开始的几周是非常重要的。在这一段时期，教师要通过一些活动来形成本班程序系统和规则。教师可参照以下做法。

·在开学第一天或第一次班会，专门用一些时间讨论规则。
·和其他学习目标一样，系统地教授课堂程序。
·教学生所需的程序，帮助他们处理具体的课堂常规。
·让学生做一些简单的工作，促使学生在开学的头几天就获得高度的成功。
·至少在开始几天，使用那些只需要全班注意或只需要简单程序的活动。
·不要认为学生经过一次尝试后就知道如何执行某一程序。换句话说，对某些事只做一次解释，并不意味着学生已经理解教师想让他们做什么。

较为有效的教师会为学生做好准备，备有姓名簿，解释某些基本的规则，他们不会散漫地开始第一天。同时会有明确的规则，给学生提供姓名标签，不会让学生浪费大量的时间等待指示。较为有效的管理者并不会想当然地认为学生过去知道的知识已充足，他们会在学年一开始就建立规则和程序，并且确实教学生这些规则和常规。他们解释、传达和讨论每个规则的合理性（如"如果我试图帮助别人，而你又打断我，我就要花更长时间来帮助他"或"如果每个人都同时说话，谁的话我也听不见"）。较为有效的管理者还会让学生反复操作这些规则和程序，监督他们予以遵守。在某些情况下，他们还会示范合适的行为，要求学生做一遍（如离开教室之前保持书桌整洁或者把设备放在适当的位置）。较为无效的管理者可能也有规则，但是，他们的规则通常是模糊不清的，并且不加讨论地偶尔做一些介绍。

较为有效的教师一般能及时处理课堂问题，不忽视任何对课堂规则和程序的偏离。较为无效的管理者则不会监控自己的班级，允许发生不当行为，不能处理不遵守程序和规则的学生。

较为有效的管理者会给出一个较明确的指示，并且使用较好的教学程序来组织他的时间，处理从一个活动向另一个活动的过渡，给学生提供反馈。而较为无效的管理者则课堂组织性差，学生不会长时间地学习学业材料，经常被他的指示弄混，并且做完作业之后不知道做什么。

最后，较为有效的管理者和较为无效的管理者相比，前者似乎更能理解学生的需要和所关心的事情，更容易知道什么时候修改教学活动，能把课设计得更好，能使用更恰当的材料。

中学和小学的情况差不多，较为有效的管理者在开学第一天会集中精力建立程序、规则和期望。在开始的几周里,教师会明确传达学业和行为的标准,并且始终如一地予以强化,学生的行为受到严密的监控,破坏规则的行为能得到及时处理。在能力低的班级里,他们不要求学生连续花很长的时间进行某一种活动。相反,他们会要求学生在每一时间间隔内顺利地进行多种学习任务。

### (三) 维持和完善

教师一旦建立了课堂程序和规则,就要设法维持课堂管理系统。课堂管理的维持和完善,需要教师始终让学生投入富有建设性的学习任务中,并且预防问题的发生。此外,还要妥善处理不良课堂行为。在此阶段,教师需要做到以下几个方面。

1. 鼓励学生投入有建设性的学习

(1) 注意课程的组织

课程的组织影响学生的投入。一般而言,教师的监督力度大,学生投入的时间也会增加。当学习任务能给学生不断地提供下一步要做什么的线索时,学生将会更好地投入学习。步骤明了的活动往往更受学生欢迎,因为一个步骤会自然地引出下一个步骤。当完成任务所需的材料都齐全时,学生一般能够不停地投入学习,抵制干扰和分心。

(2) 鼓励学生管理自己的学习

当然,教师并不能监督每一个学生,也不能一直依靠学生的好奇心来保持他们的学习。教师必须想别的方法来帮助学生保持学习效率,实现学习目标。有效的课堂管理者都设有一个鼓励学生进行自我管理的完善体系。

2. 预防是最好的良药

维持课堂管理体系的最佳方法当然是防患于未然。课堂程序和规则一旦建立,教师就要仔细监督学生的行为。监督的目的,一是防微杜渐,免得一些不适当行为逐渐演变成主要的问题;二是要澄清学生对教师的期望所做出的任何误解。为了使自己的监督技巧有效,许多教师必须进行反复的实践练习。如当教师在某一个小组时,不忘经常地扫视整个课堂,或者在教室里来回走动检查学生的学习。在一学年的开始时期,为了确定自习作业的数量和难度是否符合学生的能力水平,监督就显得尤其重要。

### 三、课堂管理策略

库宁(J. Kounin)等人在一个课堂管理研究中观察比较了有效管理者和无效管理者的行为。他发现,一旦问题出现以后,两者对问题的处理没什么不同,不同的是,有效的课堂管理者能较好地预防问题。[①] 库宁指出,有效的课堂管理者善于引导小组不断地变换活动,他们确保学生总是有建设性的事可做,不会让学生有等待的空闲,也不会让学生看别人学习。活动总是有良好组织的并以适度的步调变换着。此外,有效的课堂管理者不仅擅长于管理一个团体,而且能注意个别学生。这样,就没有一个人能够"躲"在团体之中。

库宁总结出,有效的课堂管理者尤其擅长以下四个方面:明察秋毫、一心多用、整体关注和变换管理。

1. 明察秋毫

根据库宁的看法,明察秋毫就是指教师能让学生知道:老师已经注意到了课堂里发生

---

① 陈琦,刘儒德. 当代教育心理学 [M]. 北京: 北京师范大学出版社, 1997: 308.

的每一件事。这类教师尽量避免被少数几个学生吸引或只与他们交流,因为这相当于变相鼓励班上其他人心不在焉。他们总是扫视教室,与个别学生保持眼光交流,这样,学生就会知道自己一直在受教师监督。有些教师在这方面表现得特别出色,甚至在黑板上板书时都知道谁在搞小动作,仿佛长有一双后眼睛似的。这些教师能预防小面积的捣乱慢慢演变成多数学生捣乱的情况,他们知道是谁在捣乱,并且也能准确处理当事者。如果同时发生两个问题,有效的管理者总是首先处理更严重的问题。

2. 一心多用

一心多用是指同时跟踪和监督几个活动。要想做到一心多用,同样也需要教师不断地监控全班。例如,教师可能不得不检查个别学生的作业,与此同时,还要对小组学生说"好,继续!",从而使他们学习。

3. 整体关注

整体关注是指使尽量多的学生投入适当的班级的活动,而避免把注意力集中在一两个学生身上。在课堂上,所有的学生都应当有事可做。例如,教师可能要求每个学生写出某个问题的答案,然后让某个学生回答,并让其他学生比较他们的答案。当教师在班上走动时,要求学生做出各自的反应。一些教师让他的学生在团体里使用小黑板或彩卡做出反应,这也能使教师检查学生是否已经理解。

4. 变换管理

变换管理是指使课程以顺利的过渡、适当灵活的进度进行活动变换。教师要避免突然过渡,如在获得学生的注意之前就宣布一个新的活动,或者在另一个活动中间开始一个新的活动。在这些情景下,全班三分之一的学生将会做新的活动,许多人将会停留在旧的活动上,有些学生将会问其他学生做什么,有些学生将会借机捣乱,有些人则感到乱糟糟的。

库宁所提出的另一个过渡问题是慢悠悠,即在开始一个新的活动过程中花去很长时间。有些教师给出的指导语太多:"大家注意,都拿出一张纸,……好,现在拿一支铅笔,……在左上角写上你的名字,……现在在右上角写上日期,今天是……"等教师说完,学生早已对这一计划失去兴趣而去各自取乐了。

当教师让学生一个人做一件事,而让全班其他人等待观望时,课堂管理问题就会产生。例如,在有的课上,让学生示范某个动作,学生一列一列地做,或者一个一个地做,就很难保证班上其他人不出问题。

一个教师如果能成功地表现出明察秋毫、一心多用、整体关注和变换管理这四个方面的能力,那么,他班上的学生就都会积极参与学习,都逃不出他那无所不在的目光。学生在这里都积极地学习,获得胜任感和自我价值感,而不是做出不良行为以赢得别人的注意或取得某种地位。

【微课】
课堂管理的案例分析

## 第二节 课堂问题行为

行为主义学习理论指出,不受强化或受到惩罚的行为将会减少行为发生的频率。日常课堂中的问题行为的处理策略是直接以行为主义学习理论为基础的:适当的行为通过表扬可以得到加强,不当的行为通过忽视或者及时而又必要的惩罚而消失。下面,我们将会应用行为主义学习原则来分析课堂行为，提供具体的行为矫正策略来预防和处理问题行为。

## 一、问题行为的原因分析

学生的问题行为一定是受到了某些强化的维持，要想减少课堂问题行为，教师就一定要理解一开始是什么强化物在维持不良行为。课堂问题行为最常见的原因就是吸引他人注意——来自教师或同伴；另一个原因则是学生想从腻味、挫折、烦躁和不愉快的活动中解脱出来。

1. 吸引他人注意

有时候，学生表现出问题行为是为了赢得教师的注意，哪怕是消极的注意。这一原因比许多教师想象得要更普遍。

学生表现不良除了赢得教师的注意外，另一个普遍的原因就是为了获得同伴的注意和赞赏。例如，一个学生将书放在头上晃来晃去，惹得全班哄堂大笑。忽视他吧，这一行为就会继续下去，并且还可能鼓励其他人做出类似的行为。斥责他吧，又只会吸引全班更多的注意，甚至更糟的是，增强了他在同伴中的地位。同样，如果两个学生正在说悄悄话，他们正在彼此强化对方的问题行为，忽视他们的行为只会鼓励他们继续谈下去。

2. 逃避不愉快的状态或活动

产生问题行为的另一个原因是逃避烦闷、挫折、乏味和不愉快的活动。根据行为主义学习理论，逃避或避开不愉快的刺激就是一种强化。有些学生把学校里发生的许多事都看作不愉快的、烦闷的、挫折的和疲惫的，那些在学校里反复遭受失败的学生尤其如此。最有能力的或动机最强的学生，有时也会感到烦闷和挫折。很多学生经常表现不良，只是为了逃避不愉快的活动。这从学生频繁请求上厕所、削铅笔等行为中可以清楚地看出来。这些学生在自习或做作业时比听讲时更容易提出这些请求，因为对于那些自我效能感较低的学生而言，课堂作业更会让其感到挫折和焦虑。

## 二、课堂一般问题行为

没有一个课堂不会发生问题，在高年级尤其如此。面对问题，教师切不可视而不见、不理不睬。一个有效的管理者不会有意公开纠正每一个小的犯规，这种公开的注意实际上反而会强化不良行为。经常纠正学生犯规的教师，其班级并不一定就规规矩矩的。关键在于教师要知道发生了什么，为什么会发生，什么才是重要的。这样就能防止问题。

教师必须处理的大多数不良行为问题都是一些小乱子，如做小动作、交头接耳、不遵守课堂程序和规则、注意力不集中、四处张望、擅自起立，等等。这些事并非真正严重，但为了保证学习的正常进行，这些行为必须被消除。教师在考虑对策时，最好想想自己的意图，要做到并不只是为了保证纪律而处理纪律问题。学生在学校不只是学会知识、掌握技能，他最好还能成为一名胜任的学习者，使学习快乐而满意。一个温暖、支持和接纳性的课堂环境对培养这样的态度至关重要。如果学生不尊重教师，教师也不尊重学生，就不可能建立一个良好的课堂环境。教师要对全班学生的利益负责。例如，教师可能不得不在检查个别学生作业的同时，还要兼顾对其所在小组其他学生的鼓励。

在处理日常课堂行为问题时，最重要的就是要以最少干预为原则，要用最简短的干预纠正学生的行为。许多研究发现，花在保证学生纪律上的时间量与学生的成绩呈现出负相关。处理一般问题行为时，教师要尽量做到既有效又无须打断上课。如果有可能，在处理一般问题行为时，课还应照常进行。下面我们来讨论处理典型纪律问题的策略。这些策略是根据中断上课的程度由小到大排列的。

### （一）预防

预防是最好的良药，教师要尽量做到以预防为主，以处理为辅。把课组织好、密切监控、纪律严明等都有助于预防问题行为的发生。

### （二）非言语线索

许多课堂不良行为发生后，教师不必中断上课的进度去处理，只用非言语线索就能消除。这些非言语线索包括目光接触、手势、身体靠近和触摸等。与表现不良的学生保持目光的接触就能制止其不良行为。例如，有两个学生正交头接耳，教师只需看看这两个学生或其中的一个就行。

### （三）表扬与不良行为相反的行为

对许多学生来说，表扬是强有力的激励。教师要想减少学生的不良行为，不妨表扬他们所做出的与不良行为相反的行为。这就是说要从这些学生的正确的活动入手。如果学生常擅自离开座位，教师就要在他们坐在座位上认真学习的时候表扬他们。

### （四）表扬其他学生

表扬别的学生的行为，常会使一个学生做出这一行为。例如，如果张某某正在做小动作，这时教师说："我很高兴看到这么多学生都在认真学习，李某某做得不错，王某某很专心致志……"当张某某最后也开始投入学习后，教师也应当表扬他，不计较他曾走神过："我看见赵某某、孙某某和张某某都在全神贯注地做功课"。

### （五）言语提示

如果没法使用非言语线索，或者非言语线索不能奏效时，那么简单的言语提示将有助于把学生拉回到学习上来。教师在学生犯规之后要马上给以提示，延缓的提示通常是无效的。如有可能，教师应当提示学生遵守规则，做你想要他做的事，而不是纠缠他正在做的错事。这就是说，如果学生违反了课堂程序，就应向学生提醒这一程序并让他跟上。例如，说"张某某，请注意，你应自己做作业"就要比"张某某，别抄李某某的作业"要好一些。与给反面提示相比，给正面提示表达了对未来行为的更积极的期望。

### （六）反复提示

在大多数情况下，非言语暗示或提示一般足以抵消小的问题行为。但是，有时，学生会有意无视老师的要求或者故意向教师请求，想以此试一试教师的意志。如果学生认识到教师立场坚定，并且要采取适当的措施加强有序的和有建设性的课堂环境时，这种试探将会慢慢消失。当一个学生拒绝听从简单的提示，教师就要反复地给以提示，无视任何无关的请求和争吵。教师应确定他们想要学生做的行为，并且清楚地告诉学生，可以反复重申，直到学生听从为止。

### （七）应用后果

当所有前面的步骤都不能使学生听从明确而合理的要求时，最后的一招就是让学生做出一个选择：要么听从，要么后果自负。教师在应用后果时要注意，不听从教师的要求的后果应当是轻微的不快，这种不快的持续时间短，并且尽可能在行为发生之后马上实施，而且，要使学生明白老师会说话算数。尽量不要使用长时间的严厉惩罚，长时间的严厉惩罚会带来很多不利，甚至造成学生对教师的仇视和敌对态度。教师在向学生说后果时，必须绝对肯定自己能贯彻实施。

### 三、课堂严重问题行为

前面所谈的问题行为都是比较轻的，只是违反了课堂纪律。在学校里常常有一些问题行为，比常见的课堂问题行为要严重得多，如辱骂老师等，不管课堂内外，这些行为都是不当的。对于这些严重的不良行为，必须给以及时而必要的惩罚，任何延迟的和不定的惩罚都会使后果无效。对大多数学生来说，对其严重问题行为所采用的最有效的办法就是教师或校方领导请家长到校。如果这一行为屡教屡犯，就应当与其父母商量，一道实施一个计划来解决这一问题。此外，教师也可运用行为矫正来减少严重的问题行为。

### 四、行为矫正

在大多数课堂中，前面所讲的方法足以创造一个良好的学习环境，但在有些课堂中，则需要用较为系统的行为矫正方法。在课堂中，大多数学生表现良好，但总有少数几个学生有顽固的行为问题，此时对他们采用个别行为矫正将会奏效。此外，根据前面的原因分析，班上有些学生的行为问题，尤其是受到同伴支持的行为问题，可能需要进行全班行为矫正策略。当一个班上有许多成绩差或学习动机低的学生时，最需要这样的策略了。建立和使用任何行为矫正程序，都需要遵循由行为观察、程序完成到程序评定等一系列步骤。这里所讲的只是行为矫正程序的一部分。

1. 识别目标行为和强化物

完成一个行为矫正程序，第一步就是观察有问题行为的学生，以识别一个或少数几个行为作为目标行为，第一个被定作目标的行为应当是最严重、最容易看出、最重要、发生频率最高的行为，并且要识别出是什么强化物在维持这一行为。

2. 设立基点行为

在后面的几天（至少三天）里观察学生，看看其目标行为发生的频率有多高。在此之前，教师需要明确界定这一行为的构成。例如，如果目标行为是"打扰同伴"，那么教师就得判断是什么具体行为构成了"打扰"（或许是逗乐、伸头、打断话语、拿取材料）。可以根据频率（如张某某擅自离座位多少次）或时间（离座位多少分钟）来测量基点行为。频率记录比较容易保持，教师只需在讲桌上放一些纸，在纸上做标记就行。

3. 选择强化物和强化的标准

行为主义学习理论和行为矫正实践都赞成强化恰当行为而不是惩罚不当行为的做法。惩罚往往会制造仇恨。即使用惩罚解决了一个问题，却可能会产生另一些问题，并且，惩罚还必须始终如一地使用。在行为矫正的开始阶段，需要始终如一地强化恰当的行为，但随着行为的改进，强化就可以越来越少。另外，从伦理方面来考虑，即使用惩罚和强化同样奏效，也应当避免使用惩罚，因为惩罚不利于建立一个快乐健康的课堂环境。在某些情况下可能需要一两种惩罚，但只有在无法使用强化策略或强化策略不管用时才使用惩罚。

典型的课堂强化物包括表扬、权利和奖品等。在一个结构严密的行为矫正程序里，表扬对改善学生的行为是极其有效的，有意忽视不当行为与表扬适当行为的效果相当。除了表扬以外，许多教师发现，给学生以红星、微笑或其他小奖品也是很有用的。有些教师在学生的作业上盖橡皮章，表示其学习不错。这些小小的奖品使教师的表扬更具体化，并且学生把作业带回家时可以接受父母的表扬。

4. 如有必要则选择惩罚

当使用强化也无法解决某一个严重的行为问题时，就需要使用惩罚了。惩罚就是个体都试图避开的任何不愉快的刺激。学校里常见的惩罚有申斥、逐出教室、停止学习等。

有研究者提出了七条有效而人道地使用惩罚的原则：偶尔使用惩罚；使学生明白他为什么要受惩罚；给学生提供一个可选的方法以获得某种积极的强化；强化学生做出与问题行为相反的行为；避免使用体罚；避免在教师非常愤怒或情绪不好时使用惩罚；在某个行为开始而不是结束时使用惩罚。许多研究提示，必然而轻微的惩罚能有效地减少不当行为。

5. 观察行为并与基点行为做比较

评价程序的有效性是非常重要的。一个行为矫正程序往往要持续好几天，如果一周以后行为并未得到改善，那么就要尝试其他方法了。

6. 减少强化的频率

若一个行为矫正程序在实施了一段时间后，学生的行为得到了改善，并且稳定在某个新的水平上，强化的频率就可减少了：一开始，适当的行为每出现一次就予以一次强化，随着时间的推移，出现几次适当行为才给一次强化。减少强化的频率有助于长时间维持新的行为，并且有助于把行为延伸到其他情境中。

## 第三节 师生互动与人际沟通

### 一、教师的领导风格

在教学情境中，教师因为具有奖惩权力、榜样作用以及专家权威而使学生服从。教师需要注意自身的修养，使自己成为学生认同的榜样与权威。作为榜样，教师的影响力是无穷的。有时候教师之所以能影响学生，是因为学生爱戴他，愿意向他看齐，甚至企图超越。另外，教师需要通过自己的品行、学问以及教学水平建立自己的威信。在年幼学生的心目中，教师是学问的化身，教师是无所不知、无所不能的，因而学生会对教师的领导表现出绝对的服从。但对年龄稍长的学生而言，教师也许不再是万能的，但他仍是某方面的专家而具有某些特殊智能，这种专家威望最容易激起学生的景仰而服从教师的领导。

教师除了建构自己的领导权威以外，还需要考虑自己的领导方式。一个班级就是一个小型社会。班级的成员因特定的学习目标而聚集在一起，所以它也是一个学习团体。在这个学习团体中，如何领导才能促进学生的人格正常发展？如何领导才能使学生所进行的计划、决策和行动变得有效？这就是所谓领导风格的问题。班级在不同方式的领导之下，所产生的班级气氛是不一样的。所谓班级气氛，有狭义和广义两种意义。狭义的班级气氛指的是因教师的领导方式不同所造成的情绪气氛；广义的班级气氛则包括班级内部师生的交互作用和班级中生生关系所形成的情绪气氛。

教师对班级的领导风格大致可分为权威式领导、民主式领导、放任式领导三种。在权威式领导中，教师自己做出决定，计划班级的学习活动，安排学习情境，指导学习方法，控制学生行为。学生没有自由，只是听从教师的命令。在民主式领导中，教师和学生共同决定将目的和方法作为共同遵守的准则的方式。教师花很多时间建立班级成员间的良好关系，鼓励学生对工作的目的和方法表达个人的看法和意见。因为学生对目的和方法已取得某种程度的一致意见，教师只需鼓励每一位学生对班级的任务尽量奉献自己的力量。在放任式领导中，事实上是不具任何方式的指导，教师只笼统地说明工作的目的，不参与也不干预学生的工作过程，一切由学生自由决定，自由活动。

关于领导风格对学习成果及情感表现的影响究竟如何，美国社会心理学家勒温（K. Lewin）等人进行了研究，从团体是否达成预期的目标和学生是否喜欢该项团体经验的情感表现两方面分析，得出了以下一些结论。①在权威式领导风格下的学生，工作成果最好，他们很快而且很有效率地达成预期目标；然而，他们却表现出紧张、敌意和被侵犯等消极的情感。②在民主式领导风格下的学生，其情感表现最佳，学生与教师之间或学生与学生之间的情感温馨而和谐；就工作成果而言，他们虽然不像权威式领导组那样有效，却比放任式领导组要优秀。③在放任式领导风格下的学生，无论在工作成果和情感表现方面，结果均不理想。因为在需要成人领导的情境下缺少必要的领导，学生大部分时间在摸索、彷徨和纷扰不安中度过，使他们既无成果可言，又对这种团体产生消极的情感。

## 二、教师对学生的影响

教师对学生的期望与教师自己的行为以及学生的成绩有关。罗森塔尔（R. Rosenthal）和雅各布森（L. Jacobson）最早对教师期望进行了研究。他们在开学初对小学生进行了一个非言语智力测验，并告诉教师这个测验能预测学生的智力发展。研究者随机选取了20%的学生，然后将学生名单告诉教师，并称这些学生是有发展潜力的。当然，教师并不知道该测验并不能够预测智力的发展潜力，也不知道学生是随机选取的。然后让教师进行正常教学。一年后，被指定为有发展潜力的学生和控制组的学生（没有指定为有发展潜力者）之间出现了智力上的显著差异，这种差异在一年级和二年级的学生身上表现得最为突出。

罗森塔尔和雅各布森认为，教师的期望是一种自我实现的预言，因为学生的成绩最终反映了这种期望。罗森塔尔等人将这一实验中的现象称为教师期望效应。这一效应也被称为罗森塔尔效应或皮格马利翁效应（Pygmalion effect）。皮格马利翁效应是指人们基于某种情境的知觉而形成的期望或预言，会使该情境产生适应这一期望或预言的效应。教师如果根据对某一学生的了解而形成一定的期望，就会使该学生的学习成绩和行为表现发生符合这一期望的变化。在课堂中，教师期望的实现过程可能是这样的：教师对某个学生的行为与成绩寄予某种期望；鉴于这些不同的期望，教师对不同的学生会做出不同的反应；教师对学生的行为与成就寄予的期望会影响学生的自我观念、成就动机和志向水平；如果这种对待持续不变，学生也不以某种方式抵制或改变它，那么它将会使学生的成就和行为定型，被寄予高期望的学生，其成就水平将会提高，而被寄予低期望的学生，其成就水平会下降；随着时间的推移，学生的成就和行为将越来越接近教师原来对他们的期望。

教师在有意识地使用教师期望效应时应做到以下几点。第一，教师只应有积极的期望，当教师低估了学生的潜力时，学生会出现低成就。但这一点并不容易做到，教师对那些爱捣乱、成绩差的学生往往不会有积极的期望。第二，教师的期望要适当。有期望但不一定很高，而且必须要以适当的行为来扩大其效果。这意味着，规划细小的进度时要符合学生已有水平，然后按照他们能够掌握的速度前进。只要学生正在逐步发挥自己的潜力，而且是按稳定的速度前进，教师就应当满意。第三，适时改变期望。教师应当使自己的期望留有余地。如果让期望一成不变，它们一开始就会使看法和行为发生歪曲。教师一开始可能就只注意符合自己期望的事而采取不良的教育行为。期望一旦形成，往往很难改变，这种情况无论对学生还是教师都是如此，因为期望会支配双方各自的观点和行为。教师应当对期望不断做出检测和调整，使学生发生日新月异的变化。

### 三、课堂人际交往

人际交往是指人与人之间传递信息、沟通思想和交流情感等方面的联系过程。在课堂上，师生之间、生生之间不断地进行人际交往，并在此基础上形成师生之间和生生之间的各种人际关系。

#### （一）吸引与排斥

每个学生都从各自的交往需求出发，通过相应的言语或非言语的行为与他人交往，发生相互作用。有时，交往双方会出现相互亲近的现象，称为人际吸引；有时，交往双方会出现关系极不融洽、相互疏远的现象，称为人际排斥。人际吸引以认知协调、情感和谐及行动一致为特征；人际排斥以认知失调、情感冲突和行动对抗为特征。现有的研究表明，距离的远近、交往的频率、态度的相似性、个性的互补性以及外形等因素是影响人际吸引和排斥的主要因素。在一般情况下，学生的居住地和座位等越邻近，交往的频率越高，态度和外形越相似，个性特性越能相互取长补短，学生之间就越容易相互吸引；相反，彼此就越容易排斥。

人际吸引和人际排斥使学生在课堂上处于不同的地位，出现人缘好的学生、被人嫌弃的学生和遭受孤立的学生。教师在课堂管理中必须重视被嫌弃者和被孤立者。一方面，针对这些学生的弱点，帮助他们改变不利于人际吸引的个性特征和不利因素，让他们摆脱窘境，增强吸引力。另一方面，教师除了自己热情关心这些学生外，也要引导全班学生主动接近他们，增加交往的频率，产生共同的话题和体验，结束不相往来的状况。

#### （二）合作与竞争

合作是指学生为了共同目标在一起学习或者完成某项任务的过程。合作是实现课堂管理促进功能的必要条件。①在解决新的复杂问题的时候，往往需要提出各种可供选择的假设情况，学生间的合作显然要胜过个人的努力。②合作能促进学生智力的发展，例如，对尚无定论的和有争议的问题的相互探讨，可以开阔学生的眼界，激发思考，促进学生根据别人的观点来检验和修正自己的观点。③合作能使能力较差的学生学会如何学习，改进学习方法。④合作有助于学生发展良好的个性，增强群体凝聚力，形成和谐的课堂气氛。

但是，课堂里的合作也有不足之处。①如果学得慢的学生需要得到学得快的学生的帮助才会有进步，那么，对于学得快的学生来说，在一定程度上就得放慢学习进度，影响自身的发展。②能力强的学生或活泼好动的学生有可能支配能力差或沉默寡言的学生，特别是在规模较大的班级里更是如此。因而,有可能造成沉默寡言的学生更加退缩,能力强的学生反而更加不动脑筋。③合作容易忽视个别差异,影响对合作感到不自然或焦虑的学生的进步。

竞争是指个体或群体充分实现自身潜能,力争按优胜标准使自己的成绩超过对手的过程。竞争必须具备三个基本条件:一是有共同争夺的目标;二是竞争的各方必须争夺同一对象;三是竞争的结果必使一方获胜。竞争是一种普遍存在的社会心理现象。

课堂里的竞争包括群体内的竞争和群体间的竞争两大类。在一个班级或小组内部,学生之间的相互竞争属于群体内的竞争。首先,这样的竞争能激发个人的努力,提高成就动机和抱负水平,缩小个人的能力与成绩之间的差距,提高学习效率。其次,竞争也能使学生较好地发现自己尚未显示出来的潜力和自己的局限性,有助于自觉地克服某些不良的人格特征。此外,竞争还可以增加学生学习的兴趣,使集体生活更富有生气。再者,如果群体成员对学习缺乏直接兴趣,竞争就有可能使一部分学生过度紧张和焦虑,抑制学习和竞争的积极性,从不胜任的活动中退缩下来,降低他们在集体中的地位。同时,由于优异成绩总是与某个具体的人联系在一起,因而,参加竞争的学生往往把别人的成就看作对自己的威胁,千方百计地想胜过对方,导致竞赛动机过于强烈,因而造成对学习的不利影响。

学校之间、班级之间和小组之间的竞争属于群体间竞争。一般来说,群体间竞争的效果取决于群体内的合作。如果群体内各个成员能够合作共事,会增加该群体与其他群体的竞争力。反之,群体内部竞争激烈,就会削弱与其他群体的竞争力。

竞争与合作是对立统一的,它们都会以能否满足各自的利益为转移。如果利益相斥,即一方的需要满足会阻碍他方需要的满足,往往出现竞争。如果利益一致,人际交往中的相互作用有助于各方需要的满足,则往往出现合作。在课堂的人际关系中,有时还可能同时发生合作与竞争,有时则交替地引起合作与竞争。

### 四、课堂人际沟通

教学情境是一种社会互动的情境,在此情境中,教师与学生之间要不停地交互作用、彼此沟通才能促进团体成员的发展。

#### (一)师生社会互动关系的分析

弗兰德斯(N. A. Flanders)从1970年开始,用系统观察的方法研究课堂教学过程中师生互动,提出了相互作用分析的模式(如表11-1所示)。

表 11-1　相互作用分析的模式

| | |
|---|---|
| 教师的间接影响 | 1. 接受感情:用没有威胁的方式接受和阐明学生的情感,可以是肯定的和否定的,也包括预期的和回忆的感受在内<br>2. 称赞或鼓励:称赞或鼓励学生的动作或行为,包括缓和紧张气氛的笑话,但不应当取笑另一个人;点头表示同意或说"嗯,嗯……""请说下去"等<br>3. 接受或采用学生的观点:阐明、建构或发展学生的看法<br>4. 提问:询问学生有关内容或程序方面的问题,要求学生回答 |

| | 续表 |
|---|---|
| 教师的直接影响 | 5. 讲解：叙述事实或讲述教学内容、程序或见解；谈论自己的想法，提出一些反问（学生不必回答，只为加深印象）<br>6. 给予指导：希望学生照着指导、要求或命令做<br>7. 批评或证明权威的正确性：进行陈述，以便把学生的行为从不听从改变为听从；责备学生，说明教师为什么这样做；极力证明自己的正确 |
| 学生的讲话 | 8. 学生的反应性讲话：回答教师的提问，由教师开始询问或要求学生叙述<br>9. 学生的主动讲话：由学生主动开始的讲话，包括向教师主动提问<br>10. 沉默或混乱：暂停、短时的沉默或观察者不能理解交流时的混乱 |

**（二）师生沟通的策略**

教学活动实际上是一种沟通的过程，教师必须善于运用沟通的原则和技巧。社会心理学家对沟通技巧的研究已有不少，教师可以将这些研究发现应用到教室情境中。

1. 述义

述义是指听完对方说话以后，再按自己所了解的，用自己的话将对方的意思说出来。述义可以帮助我们确定了解对方的真正意思，可以使他知道我们对他的话感兴趣，更可以使他愿意继续和我们沟通。

例：（良好的沟通）

甲："小李实在不应该当老师。"

乙："你是说他对学生管教太严……甚至太苛刻？"

甲："不是！我是说他喜欢挥霍，教师的待遇恐怕不够他开支。"

乙："原来如此，你认为他应该找薪水较高的工作。"

甲："正是，他实在不适合当老师。"

例：（不良的沟通）

甲："小李实在不应该当老师。"

乙："你的意思是说他不适合当老师？"（只重述对方的话）

甲："就是嘛！他实在不适合当老师。"

2. 行为描述

行为描述是指说话时只客观描述可观察到的可能改变的对方的行为。对不可能改变的行为不去描述，对对方的动机、态度、人格特质不宜做价值判断，更不能加以批评，以免对方产生防范心理，以致使沟通中断。

例：（良好的沟通）

教师："张华，今天在讨论的时候，你讲的比别人多得多，下次希望给别的同学更多机会，而且好几次别人还没讲完你就插嘴，这样不好。"

例：（不良的沟通）

教师："张华！你不懂讲话的礼貌。"（人格的判断）

教师："张华！你真喜欢出风头。"（动机的推论）

3. 情感描述

情感描述是指清楚而具体地描述自己的感情，好让对方了解自己现在内心的感受，这样可以避免对方的不了解或误解。

例：（良好的沟通）

教师："李叶，上课时你带头起哄，这让我很不高兴。"

例：（不良的沟通）

教师："你眼里根本没我这个老师！"（指控，描述内心的情感）

4. 印象检核

对方若不说明，我们就很难了解他内心的感情。所谓印象检核，就是根据对方的表情或语言来推测他的感情，并向对方求证是否推测对了。这样不会因为猜测错误影响双方的人际关系。

例：（良好的沟通）

教师："我觉得你是在跟我生气，对吗？"

例：（不良的沟通）

教师："你为什么生我的气？"（具威胁性，而且对方不一定是在生气）

教师如能经常练习这些技巧，并且真正以关心的态度来对待学生，师生间的沟通将变得更有效率，更有助于良好师生关系的建立。

## 本章概要

1. 课堂管理有三个最终的目标：争取更多的时间用于学习，争取更多的学生投入学习，帮助学生进行自我管理。

2. 发展一个有效的课堂管理系统要经历三个时期：设计（学年开始之前），管理（学年开始几周），维持和完善（学年之中到学年末）。在每一阶段，教师要完成相应的安排和管理任务。

3. 有效的课堂管理策略有：明察秋毫，一心多用，整体关注，变换管理。

4. 对一般性课堂问题行为最好以预防为主。一旦出现，教师处理时最好不要中断上课，只用非言语线索；如果非言语线索不能奏效，简单的言语提示将有助于把学生拉回到学习上来；在给言语提示时，教师可以表扬与问题行为相反的行为。

5. 行为矫正的一般过程是：识别目标行为和强化物，设立基点行为，选择强化物和强化的标准，如有必要则选择惩罚，观察行为并与基点行为做比较，减少强化的频率。

6. 教师的领导风格大致有三种：权威式领导，民主式领导和放任式领导。不同的领导风格对班级气氛有不同的影响。

7. 教师的适当期望会对学生产生积极的影响，当教师低估了学生的潜力时，学生就会出现低成就。教师的期望要适当，只要学生正在逐步发挥自己的潜力，而且是按稳定的速度前进，教师就应当满意。

8. 在课堂环境中，合作与竞争是对立统一的，可能同时发生合作与竞争，也可能交替地进行合作与竞争，过分强调哪一方都不好。

9. 教学情境是一种社会互动情境，教师要学会使用以下沟通策略：述义，行为描述，情感描述，印象检核。

### 思考题

1. 结合实例说明教师如何对小学一年级新生的班级进行课堂管理。
2. 怎样矫正严重的课堂问题行为？
3. 结合实例说明教师如何与有一般问题行为的学生沟通。

### 推荐阅读

1. 陈琦，刘儒德．教育心理学[M]．2版．北京：高等教育出版社，2011：第十五章．
2. SAVAGE T V, SAVAGE M K．成功课堂管理：如何培养学生的自控力[M]．杨宁，陈荣，卢扬，译．3版．北京：中国人民大学出版社，2016．

# 第十二章 学习评定

学习评定旨在运用适当的测验和技术搜集学生学习过程和结果的信息，从而描述和分析学生的学习与行为状况，并对课程、教学方法和培养方案做出决策。学习评定是教学过程的有机组成部分，不仅有助于教师准确评价教学成效，而且还能改善教与学的质量。本章将着重介绍学习评定的有关理论、评定方法及其最新进展等。

## 本章结构

- 学习评定概述
  - 学习评定的相关概念
  - 学习评定的方法
  - 良好评定的指标
- 教师自编测验
  - 设计测验前的计划
  - 教师自编测验的具体形式
  - 编制测验的注意事项
- 真实性评定与评定结果报告
  - 真实性评定
  - 评定结果的报告方式

# 第一节　学习评定概述

## 一、学习评定的相关概念

学习评定（也称学习评估）往往与测量和测验相关联，但也存在着区别。评定（assessment）是一个更为一般化的术语，是指利用各种方法（如纸笔测验、对真实性问题的解决等）获取与学生学业有关的信息，并对学生学业进步的价值进行判断的过程，它要回答的问题是"个人的表现如何"。测量（measurement）是根据教育目标和测量的具体目标，建立测量的量度标准，据此对学生现有的行为水平进行量化描述的方法，它要回答的是"程度"的问题，是评定中做出价值判断的主要依据。测验（test）是评价的一种特定的形式，它由一组题目组成，是在相同的条件下通过施测来测量一个行为样本的工具或方法，它回答"在与他人比较时，个人的表现如何"这一问题。其实，这三个过程解决了不同的问题：测量是用量化资料描述学生的学习情况，限于定量描述；评定是根据定量描述（测量）和定性描述（非测量）做出的一种主观的价值判断；测验是一种特定的测量活动或测量的工具，它的含义在这三个概念中最具体。图12-1体现了评定的全面性以及测量和非测量手段在评定过程中的作用。

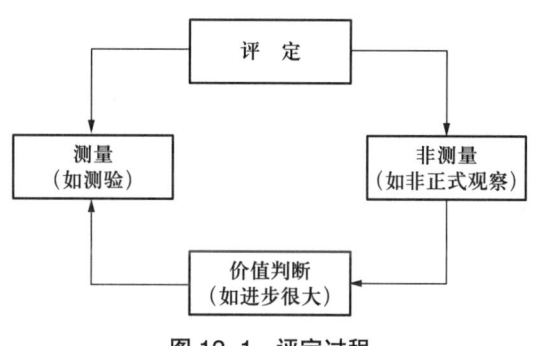

图12-1　评定过程

此外，学习评定还涉及评价的概念。评价（evaluation）是指为了特定的目的而对观点、作品、解答、方法或材料的价值做出判断。这些判断可能是定量的（如一些数据）或定性的（如一些品质术语）。这些判断或是学生自己确定的或是提供给学生的参考标准。这些标准被用来评定作品、观点或者特定解答的准确、有效、经济或者满意的程度。在一定的语境下，评定与评价相互通用。

## 二、学习评定的方法

评定策略必须与评定的目标相适应。教师要想正确地应用评定，首先要了解不同的评定方法。

### （一）诊断性评价、形成性评价和总结性评价

布卢姆依据学习评定在教学工作中的作用将其分为诊断性评价、形成性评价和总结性评价三类。诊断性评价（diagnostic evaluation）是在教学前进行的，旨在分析学生的起点

行为，确定学生对新任务的准备状态。形成性评价（formative evaluation）是在教学中多次进行的，旨在了解教学效果，探索教学中存在的问题。总结性评价（summative evaluation）是在课程、单元、章节或教学活动结束之后进行的，旨在判断是否达到教学目标，检查教学的有效性和教材、教法的适当性，考核学生的学习效果，确定学生的最终学习成绩。

### （二）常模参照评价与标准参照评价

根据评定时的比较标准还可以把评定分为常模参照评价和标准（效标）参照评价。常模参照评价（norm-reference evaluation）需要把学生的成绩与其所在团体或常模团体进行比较，根据个体在团体中的相对位置报告评价结果。标准参照评价（criterion-reference evaluation）基于某种特定的标准，评价学生对与教学密切关联的具体知识和技能的掌握程度，可以用来判断学生是否需要更多的指导。好的标准参照评价应该与特定的教学目标或者所教授课程的特定内容密切相连。

### （三）正式评价与非正式评价

学习评定按照其严谨程度可分为正式评价与非正式评价。正式评价（formal evaluation）是让学生在相同的情况下接受相同的评估，且采用的评定工具比较客观，如测验、问卷等。非正式评价（informal evaluation）则针对个别学生，且评定的资料大多是采用非正式方式收集的，如观察、谈话等。有时，教师也会采用非正式评价作为正式评价的补充。例如，教师已经得到了小西的智力测验的结果，再结合他平时的观察以及与小西面谈的情况后，可以得到比较全面的评价：测验得分并不是能力的准确反应，小西因为比较好动、注意力不易集中，所以在智力测验中的表现较差。

### （四）团体评价与个体评价

按照实施规模，学习评定可分为团体评价与个体评价。在同一时间对一定数量的学生（如一个班、一个年级等）的评定，叫作团体评价（group evaluation）。大部分教师事先准备好试卷，然后要求学生在课堂上作答的形式就属于团体评价。团体评价的标准既可能是标准参照的，也可能是常模参照的。

在同一时间对一个学生进行的评定叫作个体评价（individual evaluation），如一个学生接受一位导师的指导，这位导师将全面地考查该生运用所学知识解决问题的能力，并根据观察的信息主观地评定该生的学业成就，这就是个体评价。个体评价可以是标准参照评价的，也可以是常模参照评价的。

## 三、良好评定的指标

### （一）信度

信度（reliability）是指评定的可靠性，即多次评定分数的稳定、一致的程度。它要回答的问题是，关于某一个体或班级的评定结果是否跟某段时间内的评定结果大致相同，是否跟另一环境下的评定结果大致相同，是否跟另一个评分者的评定结果大致相同。例如，如果在三种互不相关的地点和情境下，每次的回答都是相同的，那么这样的信息被认为是可信的。通常，主观题的评分者信度较低，客观题的评分者信度较高。采用明确评分标准，对评分人员进行培训等方式会提高评分者信度。增加题目的数目也会提高测评的信度。

### （二）效度

效度（validity）是指评定的正确性，即一个评定在何种程度上测量了它想测的东西，并且在何种程度上允许对学生的技能和能力进行适宜的概化。例如，学生在完成一份有 10 道题目的加减法测验时答对了 9 道题目。如果这个测验是有效的，那么我们可以很"安全"地概括：随便让这个学生完成同样类型的题目，即使测验题中没有出现过的题目，他都能做得一样得好。评定结果将显示出对于测验题目拟评定的目标，学生是怎样对待和完成的。测量专家指出，测验效度和使用评定的目的密切相关。由此，一个测验对某一目的或许有效，但对另一个目的则全无效果。

## 第二节 教师自编测验

教师自编测验（teacher-made /developed test）是由教师根据具体的教学目标、教材内容和测验目的编制的测验。教师自编测验通常用于测量学生的学习状况。

### 一、设计测验前的计划

① 确定测验目的。测验是用于形成性目标还是总结性目标？抑或是为了诊断学习困难的儿童，以便提供特殊教育？不同的测验目的决定了测验的长度和题目的取样，也会影响测验题型的构成。

② 确定要考查的学习结果。如果在教学前已经具有了明确的目标，那么考试的重点应该与这个目标基本一致。例如，教师在教课时主要讲解了与测验有关的内容，在后继的考试中，大部分的试题应该与这方面的内容有关。如果教师在教学前没有明确的目标，那么在编写试题前，就要查阅自己的备课本以及教科书，并考虑此次测验要考查学生的哪些学习结果。

③ 列出测验覆盖的课程内容。

④ 写出考试计划或细目表。细目表是将考试计划具体化的最重要的工具，使得测验能够与教学目标和教学内容保持一致。细目表的形式是二维表，一般纵列表示学习结果，横列表示课程的内容或范围。中间的栏目，就是教师根据自己的情况，写明在测验中计划测量多大比例的学习结果和课程内容。表 12-1 是有关两步应用题（包括加减乘除）的例子。

表 12-1 两步应用题考试计划的细目表示例

| 教学目标 | 两步应用题的特点和形式（30%） | 解答两步应用题（50%） | 自己编制应用题（20%） |
| --- | --- | --- | --- |
| 知识<br>（6%）<br>3 题 | 两步应用题的形式（6%）<br>选择题 1 道、是非判断题 1 道、填空题 1 道 | | |
| 领会<br>（16%）<br>8 题 | 两步应用题的特点和结构（6%）<br>选择题 1 道、是非判断题 1 道、填空题 1 道 | 写出简单应用题的条件和解答步骤（10%）<br>选择题 2 道、是非判断题 2 道、填空题 1 道 | |

续表

| 教学目标 | 两步应用题的特点和形式（30%） | 解答两步应用题（50%） | 自己编制应用题（20%） |
|---|---|---|---|
| 运用（35%）16题 | 分析两步应用题的结构，明了变量之间的关系（10%）选择题2道、是非判断题2道、填空题1道 | 找出应用题的隐藏条件（15%）选择题2道、是非判断题2道、填空题1道、解答题1道 | 根据列式，能够自己编出题目（10%）选择题2道、是非判断题2道、填空题1道 |
| 分析（10%）2题 | | 分析条件之间的关系（10%）解答题2道 | |
| 综合（33%）9题 | 知道两步应用题是由两个有联系的一步应用题组成的（8%）填空题4道 | 解答应用题时，从已知条件入手或者从问题入手（15%）解答题3道 | 自由编题（10%）自编应用题2道 |
| 共计：满分100分；选择题10道，20分；是非判断题10道，20分；填空题10道，20分；解答题6道，30分；自编应用题2道，10分。 ||||

制订细目表时，具体可以遵循下列步骤：确定每个具体的教学目标属于哪一类型；确定测量每个教学目标大约需要多少题目，并在教学目标一栏标上数字；重复前两步，直至每个教学目标都得到分类和足够的题目数；将每个教学目标的数字相加，写在总计处；重复步骤前四步，直至每一项内容都具体化；将每个教学内容的数字相加，写在总计处；计算出每个单元格内的百分数。

⑤ 选择合适的题型。由于每种题型各有利弊，所以教师在选择题型时，要针对计划测量的学习结果，仔细权衡。

### 二、教师自编测验的具体形式

教师自编测验的题目可分为客观题和主观题。客观题包括选择题、是非判断题、匹配题和填空题。客观题具有良好的结构，对学生的反应限制较多。学生的回答有对错之分，因此教师评分时也就只有得分或失分两种情况。主观题包括论文题，要求学生自己组织材料，并采用合适的方式表达出来。教师在评分时，对学生的回答需要给出不同量的分值，而不仅仅是满分或零分。

教师自编测验还可以分为选择性反应题与构造性反应题。选择性反应题是指呈现给学生一系列项目，要求学生从中选择出正确答案，如选择题、是非判断题和匹配题。构造性反应题则要求学生必须自己构造出答案，如填空题和论文题。选择性反应题侧重对正确答案的再认能力，而构造性反应题注重学生的回忆、重组知识的能力。虽然测验有不同的分类，不同的类型却包含着相同的试题形式。

#### （一）选择题

选择题是由题干和两个或更多的选择项组成的。为了设置问题情境，题干可以是直接提问，也可以以不完整的句子呈现。而选择项则提供可供选择的答案，包括一个正确答案和若干具有干扰性的错误项。学生的任务就是阅读题目，再从一系列选择项中挑选出正确的项目。下面的例子说明了两种形式的题干：

例1．将等量的黄色和蓝色颜料混合，会得到什么颜色？
  A．黑色   B．灰色   C．绿色   D．红色
例2．在心理学流派中，_____主张整体大于部分之和。
  A．行为主义 B．人本主义 C．格式塔 D．机能主义

选择题具有如下优点：有较大的灵活性；能够在一个测验里尽可能多地从课程内容中取样；易于计分，客观性强。教师在自己编制选择题时要牢记：确保有能力的学生能够选出正确的答案，不受错误选项的干扰；另外，错误答案要具有迷惑性，要避免不了解相关知识的学生仅凭猜测就能选对答案，从而降低测验的信度和效度。

经过精心设计的题干和选择项，可以测查高于知道水平的任何目标等级。此外，选择题还有一种常用变式，即多选题，选择项中有一至多个正确答案，这种题型的难度远高于常规的单项选择题，可以有效地检查高一级的学习能力，在测验中使用得较广。

**（二）是非判断题**

是非判断题常用的形式是，陈述一句话再要求学生判断这句话的对错。是非判断题可用于测量不同水平的教学目标，而且形式简单，能够在一份试卷内覆盖大量的内容，教师在评判时也较客观，计分简便省时。但是，若做选择题只有对或错两种选择，那么，即使在完全猜测的情况下，学生也有50%的机会选择到正确答案。因此要增加题目的数量，对题目总体的取样较全面，使学生很难只凭猜测获得高分。

**（三）匹配题**

匹配题是另一种可提供多种选择的考试形式，题目包括两列词句，学生根据题意，按照某种关系将左右两列项目连接起来。匹配题形式简单，能够有效地测量学生对知识联系的掌握情况，且易于计分。但是，它只能用于测查简单关系的知识。匹配题要求项目之间具有内在联系，属于同一类型。匹配题对于较低水平的学习更为有效。

**（四）填空题**

填空题是一种特殊形式的小型论文题，只需要用一个词、一个短语或一句话来回答。常见的形式是，呈现给学生一句或一段不完整的话，也可直接提问，要求学生简要作答。当教师的目的只是让学生写出事实时，填空题则十分有用。经过认真设计后，填空题也可以要求学生构想出一个有意义的论点。

填空题的优点在于它考查了学生的回忆和再认能力，并把学生猜测的可能性降到最小。但是，填空题往往要求学生扼要地写出答案，因此经常只能考查较低层次的信息加工水平。此外，评分还会受到笔迹、用词等无关因素的影响。

**（五）论文题**

论文题要求学生阐述相关联的观点，篇幅可以从几段到几页不等。一般较常使用的类型包括有限制的问答题和开放式论文。有限制的问答题是指教师对回答的内容和长度都有规定，如平时测验中的简答题和论述题等。开放式论文则允许学生在内容上自由选材，而且篇幅较长。例如，教师要求学生就目前我国小学数学学习评定的情况写一份报告，学生可以从不同角度来探讨这个问题。论文题可以测验学生的知识、理解或运用水平，也可考查学生的分析、综合、类比和评估知识的能力，对于考查高级的思维能力，论文题是最佳

选择。论文题还有一项独特的功能——考查学生组织信息或表达陈述某个论点的能力。

但是，学生回答论文题需要花费很多时间，学生的写作能力也会影响其成绩，教师可以多出几道简答题。教师在判卷时很难做到客观，导致信度较低，因此，只有客观题不太有效时，才可考虑使用论文题。为了确保效度和信度，教师必须保证论文题目文字清晰、不模棱两可，使学生明白题意，而且要明确地提供正确答案包含的要点，以免论文偏离要点。

【链接】
晕轮效应

在评判论文时，最难的是如何保持测验的公平和准确。首先，应该提前建立论文的评分标准，这是评分的依据。在此基础上，至少有三种评分的具体方法。第一种，如果只有一篇长篇论文，教师要先把所有论文通览一下，分成几个等级，如分为五等，第一等级最优秀，第五等级最差，给所有论文排序后，评判相应的分数：第一等级为5分，第二等级为4分，依次类推。

第二种，在评分前，给每道题目写出一个答案范例，包括所有事实和主要论点，写出正确答案中每一部分的得分。这种方法适用于评估引出事实回忆、直接说明的论文。第三种，先建立一个通用计分要点，随后将其用于多种不同类型的论文评估。这种计分要点由代表每个分数的等级组成。例如，许多老师用1—5级量表评分，1代表差的论文，5代表好的论文。

为了保证评分的公平性，在准备批阅第二个问题前，教师要先评定所有学生对第一个问题的回答，以防止产生偏见；让学生把名字写在试卷的背面也是一个好办法，可以防止"晕轮效应"。

### 三、编制测验的注意事项

#### （一）测验应与教学目标密切相关

自编测验最重要的原则是，不能脱离教学目标和教学内容。测验应该考查学生对教学或课程中最重要的概念和技能的掌握状况。如果学生在接受课堂测验时发现许多东西都很陌生、没有学过，或者考查的都是不重要的部分，那么这份测验的编制应该说是失败的。

#### （二）测验必须是教学内容的良好取样

测验几乎不可能完全评定学生所学到的任何知识或技能。通常，题目是从学习结果的总体中取样得到的，代表了教学目标和教学内容。例如，教师在讲授应用题时，如果大部分的时间都在讲两步应用题，那么这部分知识在试卷中所占的分值就应该多于其他部分。这也启发和引导了学生，虽然他们不能确定考试题是什么，但是只要他们把所学内容全部复习，就可以通过考试。如果测验不能很好地覆盖教学内容，不仅会造成评定和教学的脱节，还会增加学生准备考试的难度。

#### （三）根据测验目的，确定测验的结构

首先，教师应明确测验的信息要用何种评价方式。形成性评价要求测验的内容与最近的教学内容相关；总结性评价涉及知识和技能的范围就超过前者。如果要判断造成阅读困难的原因是什么，诊断性测验是最好的选择；要评定学生的一般能力和知识水平，就应该考虑用预测性测验。在确定了测验的性质后，还需根据要测量的学习结果，选择最适宜的题目类型。选择题对于考查学生的再认能力比较有效，如果教师的目的是希望评价学生解决数学问题的能力，那么选择题显然不太适合。

### （四）注意测验的信度，在解释结果时应慎重

教师可以通过增加题量、减少区分度小的题目、界定好题目使之与教学目标联系紧密等方法，提高测验的信度。不过即使测验的信度较高，也还有很多因素会影响到学生的得分。例如，答题技巧、考试焦虑水平、学生猜测的运气、天气的好坏等。所以，教师在解释结果时，要知道测验分数只是大致反映了学生的学习水平。教师一般不要下绝对的定论，更多的时候需要思考为什么会是这样的结果。

### （五）测验应该能促进学生的学习

测验是教学的一个环节，所以不少专家强调把测验功能与学习功能结合起来，教师可以利用测验调整教学并指导学生的学习。教师在测验后，应尽快把评价信息反馈给学生，纠正学生的错误，告诉他们正确答案和合理的思考方式。教师要参考测验获得的信息，确定学生理解了哪些内容，还有哪些内容需要解释，从而完善教学计划和进度。此外，如果没有特殊的原因，教师事先应向学生说明测验的范围和时间，以便督促学生复习。当学生系统地回顾和整理已学知识时，也在进行学习。

## 第三节　真实性评定与评定结果报告

许多教育家认为，标准化测验和教师的自编测验的前提是有缺陷的，认为测验应该反映教育给学生准备的现实生活的各种表现形式。因此，新的评价系统就应运而生。这些评定系统中所蕴含的核心思想是：要求学生展示、应用在学校学习到的知识和技能来完成一些实际的操作，在真实的情境中展示水平。这些评定方式被称为真实性评定（authentic assessment）。

### 一、真实性评定

有研究者[①]描述了四种真实性测验的类型，这些测验通过模拟现实生活中的表现来评定学生的差异程度。第一类是与现实生活表现相似程度最低的纸笔测验。第二类是辨别性测验，它要求学生描述一些东西来展现他们的知识。例如，医科学生对人体骨骼的了解，学习雕塑的学生对各种工具用途的了解等。第三类测验就是模拟性表现评估，它要求在某种情境下，学生创造性地模拟现实生活，如穿戴保险设施在蹦床上练习高台跳水。第四类测验就是工作样本评估，评估的情境与现实生活一致，如在观众面前进行音乐表演。

可见，真实性评定并不排除纸笔测验，教师可以设计这样的测验：要求学生完成与现实生活有关的任务，如给一位当选的官员写一封建议信，给一座房子设计一个建筑计划，等等。真实性评定有多种形式，下面介绍几种真实性评定的具体方法。

#### （一）制作概念图

如果试图测量学生对知识的深层理解时，概念图（concept map）无疑是一个值得考虑的选择。借助概念图，教师可以清晰地把握学生在一段时间内知识理解的演变情况以

---

① LINN R L, GRONLUND N E. 教学中的测验与评价 [M]. 国家基础教育课程改革"促进教师发展与学生成长的评价研究"项目组，译. 北京：中国轻工业出版社，2003.

及已有知识的准备状态。概念图的支持理论来自学习心理学的发现：知识不是孤立、分离的，而是彼此相互联结的，构成了复杂的知识结构。测量学家从现象学的描述角度出发，让个体把自己头脑中的认知结构以可视化的方式展现出来。也就是说，个体绘制的示意图就是他们用以理解概念及其相互关系的知识框架的一个模型。概念图一般采用树状或非线性的结构来表现文本，节点表示一个概念或主题思想，连线表示概念之间的关系。

树状结构，除了处在开始或终结位置的节点外，每个节点都与上一级概念和下一级概念联结，从而构成一种阶层结构。某一个水平的节点只能通过其上、下水平来访问。

非线性结构，又叫网络结构，其性质刚好和树状结构相反，它的节点可以跟其他所有的节点相联系，彼此相通形成了一个网络状联系，于是各级水平之间的信息都存在多种联系（图12-2）。

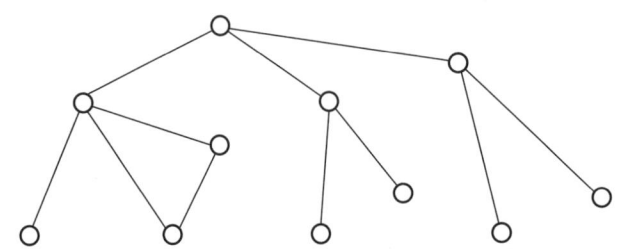

图12-2　概念图的非线性结构（○代表一个概念）

在评价时，可供参考的维度有：概念图的结构、概念之间的关系和类别、所包含的信息量、具体的错误概念。概念图的结构主要是指空间构造、结构的形式、连线结构等。在具备合理性的基础上，非线性结构往往代表了较高水平的理解。对概念之间关系的描述，是个体对概念因果关系进行推理和概括的结果。同时，概念树层次的合理性与多寡程度，也显示了个体对概念的概括和理解水平。在每个概念层次上涉及的信息节点越多，表明个体拥有的知识越丰富。如果概念图的分层、分类标准混乱，可以从中推测出所包含的错误概念和错误类型。评分时，教师根据特定教学目标和教学内容在每个维度上赋值，然后再综合考虑。

### （二）档案袋评价

档案袋评价，也称成长记录袋评价，（portfolio assessment）主要是按照一定标准搜集的学生认知活动的成果。档案袋是学生在长时间学习过程中表现的集合，而不是瞬间的、片断的资料，如平常的各类作业、各类测验的集合，等等。档案袋既可以是成品，如学生的家庭作业或课堂练习、论文、日记、手工制作的模型、绘画等各种作品；也可以是各种辅助性信息，如学生作品的草稿或草图、学生对自己作品的自评、家长的评价等。对这些材料进行考察分析，并就学生的能力和学业状况形成某种判断和决策的过程就是档案袋评价。

由于学生在能力和知识上的个体差异，他们的学习过程也互不相同。通过分析每个学生的档案袋，教师不仅能准确地了解每个学生的学习结果，而且能更准确地分析他们是如何进行学习的，这与一些教学理论特别是建构主义理论有契合之处。

档案袋评价适用于不同学科，但是在语文的阅读和写作中应用更广。不少教师主张，这种评价也可以由学生本人或其他同学进行，以便提高学生完成作业的兴趣和动机。但是采用这种方式后，教师要同时评定学生的作业和评价意见，因此工作量较大。在进行档案袋评价时，教师不妨参考如下建议：对学生的作品进行恰当的取样；让家长参与评定，使家长了解学生在学校所学的内容和从事的学习活动；向学生说明评定的目的和标准，让学生把最能体现他们的特长、完成得最满意的作业交给教师；通过班级讨论，决定评价的标准；要求学生写明评价的内容和依据。

### （三）表现性评价

教师在进行学习评估时，除了使用标准化测验外，还可以通过编制和实施问题解决类题目来考查学生高级思维能力和创造力，这就是所谓的表现性评价（performance evaluation）。问题解决类题目给学生设置了一定的问题情境和目标情境，要求学生通过对知识进行组织、选择和运用等复杂的程序来解决问题。通常有两种形式，一种是间接测验，即采用纸笔测验来评价学生的学业成就或能力。学生在完成时，必须因循自己的思路写出若干步骤或过程。教师评分时，按照步骤计分，如果缺少某些步骤就不能得分。平时的理科考试就多出现这种类型的问题解决类题目。例如，为了考查学生对凸透镜和凹透镜性质的掌握情况，可以让学生完成一些计算题；设想一个可以解决本市垃圾处理问题的方案，要求只写可行性措施，不超过500字；设计一个测量学校操场面积的方案；设计一个制作简易门铃的方案。

【微课】
表现性评价

在问题解决类题目中，更受研究者重视的是另一种方式——直接测验，即让学生动手制作和发明一些东西。由于它考查了学生解决实际问题的能力，所以有时又称为操作评定。评定应该以操作为基础，学生的学习成果表现在建构自己对知识的理解和完成自己的作品。表现性评价通常要求学生从事一项复杂的任务，可能需要创造出自己的认知产品。这些评定任务与现实世界中的任务极为相似，需要运用到大量生活常识和技能，所以这些任务又称为真实性任务（authentic task）。

### （四）观察

教学过程中的非正式观察也能够搜集到大量的关于学生学业成就的信息。这种观察不只限于智力的发展，还包括学生生理、社会和情绪的发展。为了确保观察的有效性，教师应自然地对学生进行全面系统的观察，然后客观、详细地记录下观察信息。教师可使用以下几种方法进行观察。

1. 检核表

教师可以使用检核表（checklist）来记录其在教学中的观察结果。检查单一般包括一系列教师认为重要的目标行为，通常采用有或无的方式记录，有时也记录下次数。如果行为是属于某一个好-坏连续体上的某一点，那么更适宜的方式是等级评定量表。当观察目标是具体的、特定的、经过了明确界定的行为时，检核表非常有效。

编制检核表前，教师需要确定观察的目标，然后进一步具体化，列出所检核的内容，详细地写出一系列的目标行为。将这些目标行为按照内在逻辑和关系排序，再加上学生个人资料，打印成表格，便形成了一份检核表。表12-2就是一份用于评价学生劳动行为的检核表的一部分。

表 12-2　劳动行为检核表

姓名：小西
时间：6 月 24 日—6 月 30 日
观察教师：

| 行为表现 | 出现左边的行为，请画 √ | 备注 |
| --- | --- | --- |
| 1. 抹桌子 | √ | |
| 2. 打扫走廊 | √ | 班长布置的 |
| 3. 为班级打开水 | | |
| 4. 帮老师擦黑板 | √ | |
| 5. 擦玻璃窗 | | |

2. 轶事记录

轶事记录（anecdotal record）是描述所观察的事件的方法。与检核表相比，轶事记录可提供比较详细的信息。这些记录一般按照发生时间排列。教师可以事先有明确的观察目标，就某一方面的行为进行记录；也可以没有明确目的，事后再专门分析或考察某一件事，这时教师就需要记下很多资料，甚至包括一些无关信息。轶事记录要求教师纯粹记载所观察到的内容，而不要掺杂个人的意见或观点。许多教师在他们的教案或工作日记上，都有轶事记录。但是，轶事记录比较费时，而且也很难排除主观偏见。

3. 等级评定量表

评定量表（rating scale）对于连续性的行为可能更为有效。它可用于判断某种行为的发生频率，以及某种操作或活动的质量，从而使得观察信息被量化。评定量表是一种间接的观察技术，通过量化所观察的信息，可以迅速、简便地获得概括化的信息。评定量表和检核表有一定关系。二者都要求教师对学生的行为进行判断，可以在观察过程中或结束后使用。但是它们的评定标准不同，检核表只需要做定性判断，而评定量表是做定量判断。

评定量表使用一系列数值，来表示从"不好"到"好"或从"不满意"到"满意"之间的几个等级。然后用这些数值对一些项目或描述进行判断。例如，下面表示了教师对学生行为的一项评定：

　　　　　　　　　　　　　1　　2　　3　　4
　参加周五的义务劳动　　总是　经常　有时　从不

许多学习结果可以通过这些观察技术来测量，包括口头表达能力、写作能力、听力、朗读技能、实验操作技能、演奏乐器的能力、学习技能和社会技能等。教师结合测验结果分析这些资料，可以对学生进行较客观的评定。还有一些项目很难使用纸笔测验进行，而且纸笔测验的结果也不准确可靠，如学生的社会态度、兴趣、与同伴的关系、对赞扬和批评的反应、情绪的稳定性等，通过观察来搜集资料就显得十分重要了。

## 二、评定结果的报告方式

教师在用各种方法评定学生的成绩之后，就要得出最后评分，并报告评分结果，具体包括以下几个方面。

### （一）评分的步骤

合理的评分过程应包括如下步骤：

· 搜集有关学生的信息。信息可以来源于不同类型、性质的测验甚至观察。例如，教师对学生期末学习成绩的评定，通常期末考试成绩占70%，平时作业和考试成绩占20%，课堂表现占10%。

· 系统地记录下评定的结果，并随时保持最新的结果。

· 尽量将搜集的资料量化，用数据表示学生的学习情况。

· 为了把评定的重点放在最终的学习成就上，教师需要加大最后测验得分的权重。

· 评定应该以成就为依据。而其他特征的评定，不要和成就的评定混杂起来。

### （二）评分体系

1. 分数

教师通常用分数或数值来报告评定的结果，如试卷的得分、成绩单上的成绩等。评分时，首先要确定比较的标准，根据它的性质可分为绝对标准和相对标准。绝对标准以学生所学的课程内容为依据。学生的分数和其他同学的回答情况没有关系。而且绝对标准强调，由于不同学生的学习起点和背景情况的差异，他们的学习结果也是不可比较的。它对应标准参照评价。

相对标准是以其他学生的成绩为依据，对应常模参照评价。相对标准的评定不仅与学生自己的成绩有关，还与其他同学的成绩有关。例如，小西阅读成绩是80分（满分100），按照绝对标准属于及格。但是按照相对标准却有不同的解释，如果班里同学考的是50—60分，那么他的相对分数很高，达到了优秀水平；反之，如果同学们的分数都在92—98分，那么他的相对分数就非常低，很可能属于不合格水平。

这两种分数都可以用数值或者1—5分的等级来表示。绝对分数是学生的试卷得分，而相对分数则需要经过转化。此外，相对标准的评定结果还可以用百分等级表示。教师通常习惯用绝对分数来评定学生的成就，当把全班成绩排序时，也就相当于使用了相对标准来衡量学生的成就。

2. 合格/不合格

有些课程采用合格/不合格来评定学生的成就，而不是使用传统的分数。教师可以根据学生是否每次都完成了学习任务来评定，也可根据学生的几次作业情况综合评分，评分的标准甚至可以是学生的出勤情况。这种评分方法的优点在于：由于降低了学生之间的竞争性，从而减轻了学生考试焦虑，创造了比较轻松、宽容的学习气氛，鼓励学生敢于尝试有挑战性的学习任务；它的评分标准大多是由教师和学生一起商议得到的，有助于加强教师和学生合作，协调师生关系。

与传统评分方法相比，合格/不合格提供的信息较少，教师、家长和学生不能从评定结果中了解学生在学习中存在的问题和不足。而且由于没有分数的压力，学生很容易通过评定，所以他们极可能放松对自己的要求，把标准降低到合格。当教师对学生采用分数评定时，学生的学习状况普遍好于采用合格/不合格的评定方式。因为后者的标准较低，如果学生不能通过，则他体验到的情绪困扰更严重。此外，这种评定方法也很难做到客观和准确。例如，由于教师的评定标准不一，对学生的影响可能不是几分的出入，而是合格与不合格的区别。

一般在考查性的选修科目，教师倾向于采用这种方法。更多时候，教师把它和传统评分方法结合起来使用。

3. 评定结果的其他报告方式

除了常用的评分方法，教师还可以使用其他方式来报告评定结果。教师可以将学生的期末个人鉴定或定期的综合评定提供给家长和学生。这使得教师有机会思考每个学生的优点和缺点。教师在指出学生的缺点后，还应提出改正的建议和教育对策，并留出空间，鼓励家长和学生写下自己的意见。这项工作有助于教师重视每个学生的表现，但比较费时，有较强的主观性，而且对教师的书面表达能力要求较高。

观察报告也是一种报告评定结果的形式。例如，教师可以使用检核表来报告评定结果。同前一种方法相比，它对信息进行了初步的量化，但又比分数提供的信息更具体详细。学生可以从检核表上看到，他完成了哪些学习内容，在哪些方面还需要努力。由于检核表易于理解，可以考察态度、行为等非学业方面的内容，所以在教学中的应用较广。

此外，通过与家长面谈，教师也可以收集关于学生的学习、行为和态度等方面的资料。教师采用家访或者召开家长会的形式与家长会面，一起探讨学生的学习状况和适合该生的教育计划。虽然这种方式比较费时，而且不够正式，但是在实际教学中，教师都十分重视和家长的面谈。通过谈话，教师可以向家长通报学生在学校的表现，而且还能够了解到学生课外的情况，从而对学生在教学中的某些问题找到可能的解释。从这个意义上看，面谈也是一种收集资料的有效途径。此外，与家长面谈还有助于加强学校和家庭的联系与合作，提高对学生教育的有效性。

##  本章概要

1. 学习评定按照其作用可分为诊断性评价、形成性评价和总结性评价；按照其比较标准可分为常模参照评价和标准参照评价；按照其严谨程度可分为正式评价和非正式评价；按照其实施规模可分为团体评价和个体评价。

2. 良好评定需要具有良好的信度和效度。信度反映评定的可靠性，效度反映评价的正确性。

3. 教师自编测验需要做好测验前的计划：确定测验目的；确定要考查的学习结果；列出测验覆盖的课程内容；写出考试计划或细目表；选择适合的题型。

4. 教师自编测验的题型可分为客观题（如选择题、是非判断题、匹配题和填空题）和主观题（如论文题）。客观题具有良好的结构，有对错之分。主观题要求学生自己组织材料，教师评分时要对学生的回答给出不同量的分值。

5. 教师自编测验的各种题型都有一定编制要求和所考查的目标范围，也各有自己的优点和不足，需要教师根据教学情境和评定要求而灵活选用。

6. 真实性评定要求学生展示、应用所学知识和技能来完成一些实际操作。常用的真实性评定方法有制作概念图、档案袋评价、操作评定和观察（包括行为检核表、轶事记录和等级评定量表）。

7. 评定结果可以以分数、合格/不合格以及其他形式进行报告。

## 思考题

1. 描述标准化测验的优点和存在的问题。
2. 解释诊断性评价、形成性评价和总结性评价的相同和不同点。
3. 我们为什么使用传统评定测验？为什么用操作评定？
4. 运用实际例子论证学习评定的重要性。

## 推荐阅读

1. 陈琦，刘儒德．教育心理学[M]．2版．北京：高等教育出版社，2011：第十四章．
2. 斯滕伯格，威廉姆斯．斯滕伯格教育心理学：第2版[M]．姚梅林，张厚粲，等译．北京：机械工业出版社，2012：第十三、十四章．
3. 申继亮，陈英和．中国教育心理测评手册[M]．北京：高等教育出版社，2014．

# 主要参考文献

[1] 安德森. 认知心理学及其启示：第 7 版 [M]. 秦裕林，程瑶，周海燕，等译. 北京：人民邮电出版社，2012.

[2] 布鲁纳. 布鲁纳教育论著选 [M]. 邵瑞珍，张渭城，等译. 北京：人民教育出版社，1989.

[3] 陈琦，张建伟. 建构主义学习观要义评析 [J]. 华东师范大学学报（教育科学版），1998, (1): 61–68.

[4] 陈琦，张建伟. 建构主义与教学改革 [J]. 教育研究与实验，1998, (3): 46–50.

[5] 陈琦. 认知结构理论与教育 [J]. 北京师范大学学报：社会科学版，1988 (1): 73–79.

[6] 董奇. 论元认知 [J]. 北京师范大学学报：社会科学版，1989, (1): 68–74.

[7] 董奇. 自我监控与智力 [M]. 杭州：浙江人民出版社，1996.

[8] 杜威. 我们怎样思维：经验与教育 [M]. 姜文闵，译. 北京：人民教育出版社，2005.

[9] 段继扬. 创造性教学通论 [M]. 长春：吉林人民出版社，1999.

[10] 冯忠良. 结构化与定向化教学心理学原理 [M]. 北京：北京师范大学出版社，1998.

[11] 弗斯坦. 思维工具强化：弗斯坦智力开发课程 [M]. 刘育明，张绪扬，译. 北京：春秋出版社，1989.

[12] 格塞格，津巴多. 心理学与生活：第 19 版 [M]. 王垒，王甦，译. 北京：人民邮电出版社，2014.

[13] 吉尔福特. 创造性才能 [M]. 施良方，译. 北京：人民教育出版社，1991.

[14] 李伯黍，岑国桢. 道德发展与德育模式 [M]. 上海：华东师范大学出版社，1999.

[15] 林丰勋. 皮亚杰智力发展理论的教育价值新探 [J]. 普教研究，1997(5): 21–22.

[16] 林丰勋. 皮亚杰智力发展理论对教学改革的启示 [J]. 山东教育学院学报，1997(1): 15–19.

[17] 林丰勋. 现代学习心理学 [M]. 济南：山东教育出版社，1999.

[18] 马斯洛. 人性能达的境界 [M]. 林方，译. 桂林：云南人民出版社，1987.

[19] 潘菽. 教育心理学 [M]. 北京：人民教育出版社，1983.

[20] 皮连生. 智育心理学 [M]. 北京：人民教育出版社，1996.

[21] 皮连生. 学与教的心理学 [M]. 2 版. 上海：华东师范大学出版社，1999.

[22] 皮亚杰，英海尔德. 儿童心理学 [M]. 吴福元，译. 北京：商务印书馆，1980.

[23] 皮亚杰. 发生认识论原理 [M]. 王宪钿，等译. 北京：商务印书馆，1981.

[24] 皮亚杰. 教育科学与儿童心理学 [M]. 傅统先，译. 北京：文化教育出版社，1981.

[25] 斯莱文. 教育心理学：理论与实践 [M]. 吕红梅，姚梅林，译. 10 版. 北京：人民邮电出版社，2016.

[26] 斯滕伯格，威廉姆斯. 教育心理学：第 2 版 [M]. 姚梅林，张厚粲，译. 北京：机械工业出版社，2016.

[27] 伍尔福克. 教育心理学：第 12 版 [M]. 伍新春，张军，季娇，译. 北京：中国人民大学出版社，2015.

[28] 叶平枝. 集体游戏矫正幼儿社交退缩的个案研究 [J]. 中国心理卫生杂志，2003, 17(1): 27–29.

[29] 张春兴，林清山. 教育心理学 [M]. 3 版. 台北：东华书局出版社，1983.

[30] 张春兴. 教育心理学：三化取向的理论与实践 [M]. 杭州：浙江教育出版社，1998.

[31] 张建伟，陈琦，常原. 通过问题解决来建构复合物理量的初步研究 [J]. 教育学报，1998, (3): 32–35.

[32] 张建伟，陈琦. 简论建构性学习和教学 [J]. 教育研究，1999(5): 56–60.

[33] 张建伟，孙燕青. 初中学生的知识观与学习观的初步研究 [J]. 心理发展与教育，1997, V13(4): 12–17.

[34] 张建伟. 概念转变模型及其发展 [J]. 心理科学进展，1998, 16(3): 34–38.

[35] 张庆林. 当代认知心理学在教学中的应用 [M]. 重庆：西南师范大学出版社，1995.

[36] 朱克曼. 科学界的精英 [M]. 周叶谦，译. 北京：商务印书馆，1979.

[37] ANDERSON J R, CORBETT A T, KOEDINGER K R, et al. Cognitive tutors: lessons learned[J]. Journal of the learning sciences, 1995, 4(2): 167–207.

[38] COHEN E G. Restructuring the classroom: conditions for productive small groups[J]. Review of educational research, 1994, 64(1): 1–35.

[39] COHEN L, MANION L, MORRISON K. Research methods in education [M]. London: Routledge, 1995.

[40] GABRYS G, WEINER A, LESGOLD A. Learning by problem solving in a coached apprenticeship system[M] // RABINNOWITZ M. Cognitive science foundations of instruction. New Jersey: Lawrence Erlbaum Associates, Inc, 1993.

[41] OSBORNE R J, WITTROCK M C. Learning science: a generative process[J]. Science education, 2010, 67(4): 489–508.

[42] POMERANTZ E M, MOORMAN E A, LITWACK S D. The how, whom, and why of parents' involvement in children's academic lives: more is not always better[J]. Review of educational research, 2007, 7(3): 373–410.

[43] POSNER G J, STRIKE K A, HEWSON P W, et al. Accommodation of a scientific conception: toward a theory of conceptual change[J]. Science education, 1982, 66(2): 211–227.

[44] POSNER G J, STRIKE K A, HEWSON P W, et al. Accommodation of a scientific conception: toward a theory of conceptual change[J]. Science education, 2010, 66(2): 211–227.

[45] VOSNIADOU S. Capturing and modeling the process of conceptual change[J]. Learning &

instruction, 1994, 4(1): 45–69.

[46] WILDER S. Effects of parental involvement on academic achievement: a meta-synthesis[J]. Educational review, 2014, 66(3): 377–397.

[47] WITTROCK M C. Generative teaching of comprehension[J]. Elementary school journal, 1991, 92(2): 169–184.

## 郑重声明

高等教育出版社依法对本书享有专有出版权。任何未经许可的复制、销售行为均违反《中华人民共和国著作权法》，其行为人将承担相应的民事责任和行政责任；构成犯罪的，将被依法追究刑事责任。为了维护市场秩序，保护读者的合法权益，避免读者误用盗版书造成不良后果，我社将配合行政执法部门和司法机关对违法犯罪的单位和个人进行严厉打击。社会各界人士如发现上述侵权行为，希望及时举报，我社将奖励举报有功人员。

反盗版举报电话　　（010）58581999　58582371
反盗版举报邮箱　　dd@hep.com.cn
通信地址　　北京市西城区德外大街4号
　　　　　　高等教育出版社法律事务部
邮政编码　　100120

读者意见反馈

为收集对教材的意见建议，进一步完善教材编写并做好服务工作，读者可将对本教材的意见建议通过如下渠道反馈至我社。

咨询电话　　400-810-0598
反馈邮箱　　gjdzfwb@pub.hep.cn
通信地址　　北京市朝阳区惠新东街4号富盛大厦1座
　　　　　　高等教育出版社总编辑办公室
邮政编码　　100029